Callwey

Günter Smentek

Technisches Zeichnen für Maler

Callwey

CIP-Kurztitelaufnahme der Deutschen Bibliothek
Smentek, Günter:
Technisches Zeichnen für Maler: [Zeichn.-Normen, Konstruktionen, Darst.] / Günter Smentek. –
4., neu bearb. u. erw. Aufl. – München: Callwey, 1986.
ISBN 3-7667-0799-X

4., neu bearbeitete und erweiterte Auflage 1986

Schutzumschlag Baur + Belli Design, München
Satz und Druck Druckerei Rieder, Schrobenhausen
Bindung Moritz Schauenburg GmbH, Lahr
Printed in Germany

INHALT

EIN BLICK IN DIE GESCHICHTE

Die Entwicklung der Menschheit ist ohne die Zeichnung nicht vorstellbar. In ihren Zeichnungen spiegeln sich die Taten der Menschen. Sich verständigen, sich mitteilen und sich zu informieren gehören zu den notwendigsten Bedürfnissen. Wir nennen dies heute Kommunikation. Sie funktioniert durch Worte, Zeichen, Schrift und Bild. Am Anfang war das Wort, und das Zeichen unterstützte das Wort. Aus Zeichen wurden Schriften und bildliche Darstellungen.

Der nomadisierende Urmensch setzte Zeichen, um sich zu orientieren. Oft genügte ihm die in den Sand gezogene Spur. Der Seßhaftgewordene hatte sich Land genommen, indem er Grenzzeichen setzte. Er mußte sein Privates abstecken und vermessen. Hierfür schuf er erste geometrische Gesetze. Seine Maßstäbe gab ihm der eigene Körper (Fuß, Schritt, Spann, Elle usw.). So nahm er sich selbst zum Maß aller Dinge. Die Naturbeobachtung lieferte ihm das Lot, die Senkrechte, die Waage (Horizont) und alle Winkel dazwischen. Im Rundblick gewahrte er den Kreis. Selbst harmonische Maßverhältnisse, wie den Goldenen Schnitt, hatte ihm die Natur eingegeben.

Den darzustellenden Raum erfuhr der Mensch in unserem Kulturkreis erst zu Beginn der Neuzeit, als vor rund fünfhundert Jahren die Entdeckungen des Kopernikus unser technisches Zeitalter einleiteten. Jetzt lernte der Mensch seine Welt mittels Perspektiven und Projektionen dreidimensional, das heißt räumlich zu zeichnen. Der Seßhafte muß konstruieren, und dafür beginnt er technisch zu zeichnen, denn er muß bauen, sich Geräte und Fahrzeuge schaffen. Zur Verteidigung seines Eigentums benötigt er Waffen. Die erste eigene technische Großtat des Menschen war die Erfindung des Rades, denn die Natur lieferte hierfür kein Vorbild. Über Zahnräder und Getriebe führte ein stetiger Weg zur Maschine, bis hin zum »denkenden« Automaten. Der Wegbereiter war die technische Zeichnung.

Die Technik des Zeichnens wurde immer vollkommener, so daß wir uns heute mit ihr über alle Sprachen der Völker hinweg verständigen können. Zeichen, in ihrer Vereinfachung als Symbole oder Piktogramme benutzt, beweisen dies an vielen Plätzen. Unsere moderne Welt stellt an den technisch Zeichnenden höchste Anforderungen. Er hat sich einer strengen Regel und Norm zu unterwerfen.

Mit welchen Mitteln haben unsere Vorfahren technisch gezeichnet?

Als Zeichnungsträger, wir verstehen heute darunter den Bogen Papier, diente dem vor- und frühgeschichtlichen Menschen die in den Sand gezogene Spur, die in Lehm oder Wachs gedrückte Linie, der Schnitt in Holz, sowie das Ritzen auf Schiefertäfelchen oder Kratzen und Schlagen in Stein. Eine mit einer Leiste umrahmte, tragbare Holztafel wurde mit Sand gefüllt. Sie gestattete immer neue Zeichenversuche, denn einfaches Rütteln löschte den Einfall. Auf stationären Sandtafel-Tischen konnte großformatig gezeichnet werden. Mit einem runden Holzstab wurde gelöscht **(1)**.

Die Römer kannten zusammenklappbare Wachstäfelchen. Als eine Art Notizblock konnte es der Zeichner mit sich führen **(2)**. Zum Aufbewahren oder gar Vervielfältigen von Zeichnungen wurde die Spur in Lehm zu hartem Ton gebrannt.

Erste Zeichenwerkzeuge waren der bloße Finger, der gespitzte Stock oder Span, Knochensplitter, später dann Metallstifte und Schneidwerkzeuge.

Die Römer nannten ihren Bronzestift »stilus« **(3)**. Als Materialien wurden auch Eisen oder Elfenbein verwendet. Mit der Spitze des Stiftes ritzte man in Wachs, mit der flachen Platte ließ sich durch »plätten« leicht löschen (radieren).

Übrigens ist es für den Maler bedeutsam zu wissen, daß unser Wort »Stil«, zum Beispiel für Bau- oder Zeichenstil, von diesem antiken Zeichen-Stilus herkommt. Die Spur der zeichnenden oder schreibenden Hand verrät etwas über Eigenart und Charakter. In Schrift und Zeichnung drückt der Mensch sich selbst aus.

Eine Zeichenspur durch Abrieb erzeugten angekohlte Späne, farbige Erden und Steine, Graphit und Bleistücke. Der Einsatz von Pergamenthäuten und die Erfindung des hand-

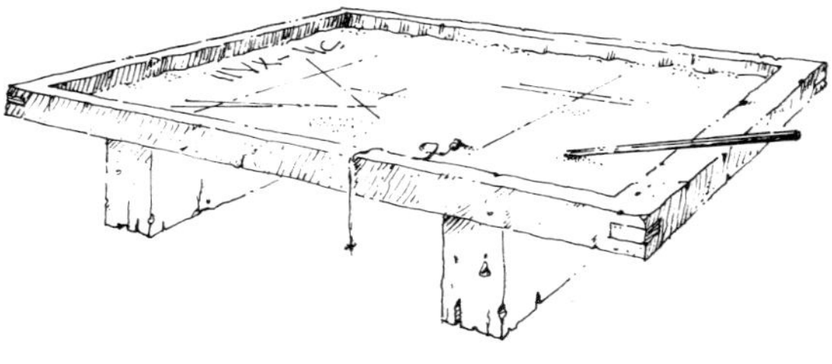

1 Sandtafel mit Löschholz und Zirkelschnur

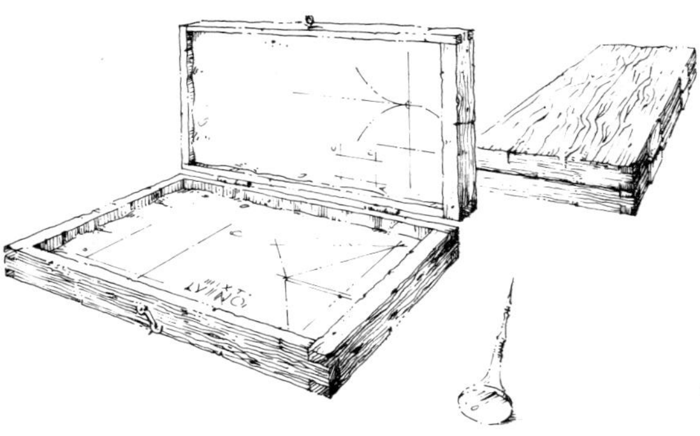

2 Wachstafeln mit Bronzegriffel

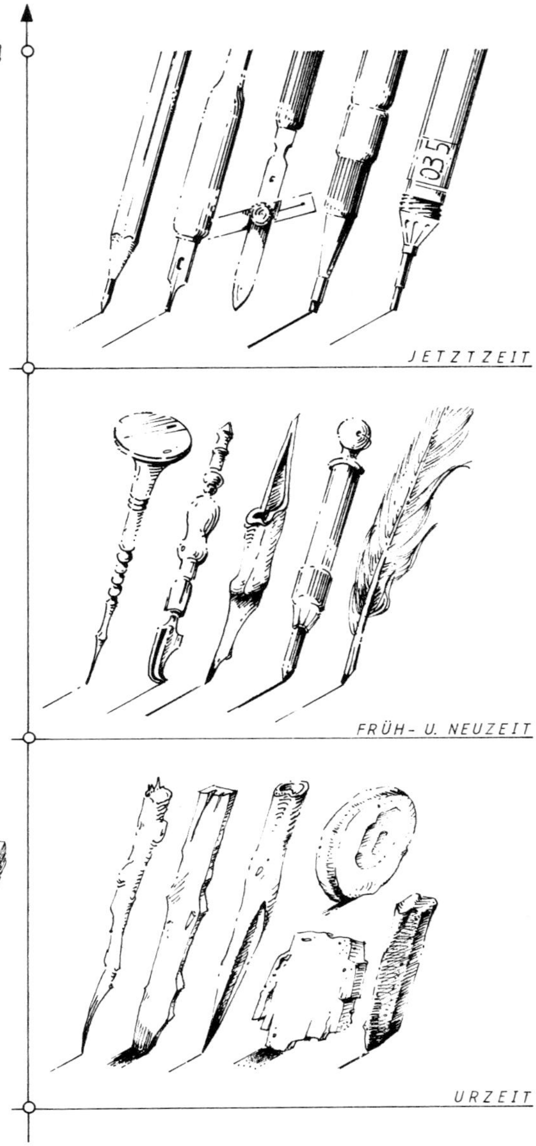

3 Vom Zeichenstock zum Tuschefüller

geschöpften Papieres (Bütten) führten zu ersten Tuschefedern (Reißfedern, Federkiele und Stahlfedern). Vom urzeitlichen Zeichen-Stock bis zu unseren praktischen Tuschefüllern und gar zu elektronisch gesteuerten Zeichenautomaten war es ein langer Weg **(3)**.
Die ersten handwerklichen Maler galten unter ihren Zeitgenossen als die deutlichsten »Schilderer«. Malen als bildliches Darstellen, aber auch Anstreichen, heißt auf niederländisch bedeutsamerweise »schilderen«. Deshalb bezeichnen sich unsere holländischen Kollegen aus frühmittelalterlicher Zunfttradition heute noch als die »Schilderer«. Maler gesellten sich als geniale Zeichner zu den Erfindern und Konstrukteuren. Leonardo da Vinci (1452–1519), der Schöpfer so großartiger Bildnisse, war der bedeutendste unter ihnen. Maler also gehörten wegen ihrer Fähigkeiten zu den frühesten technischen Zeichnern. Im Mittelalter gesellten sich zu ihnen die »Reißer« oder »Anreißer« als selbständige Handwerker. Ihre damaligen Reißwerkzeuge geben vielen unserer neuzeitlichen Zeichengeräte heute noch den Namen »Reißzeuge«. So sprechen wir immer noch von »Auf-, Grund- und Seitenrissen«.

Ritzen – Reißen – Zeichnen, das sind die Stufen des Fortschritts in der Geschichte des technischen Zeichnens.

ZEICHNUNGSNORMEN

Die Sprache der Technik in den Zeichnungen

In unserer heutigen Welt sind wir alle von Maschinen, Apparaten und technischen Einrichtungen sich ständig ändernder Art umgeben. Nicht nur im beruflichen Alltag, sondern gerade auch im persönlichen Leben bedient sich wohl jedermann automatischer Geräte. Unser Wohnen, Arbeiten, Fortbewegen und unsere Freizeit sind technisiert. Das bedeutet, daß der moderne Mensch die Sprache der Technik lesen, verstehen und anwenden muß. Mittels dieser Sprache gewinnen wir den nötigen Einblick in die Bauweise und Funktion der Apparatur. Unter dem vielseitigen Angebot von Fahrzeugen, Maschinen, Bauobjekten, Möbeln und anderer Gebrauchsgüter können wir sicherer wählen. Bei erforderlichen Reparaturen oder Umbauten und bei eigenen Konstruktionsvorhaben verständigen wir uns besser mit den ausführenden Handwerkern und Technikern. Wenn das hier Gesagte für den außerberuflichen Bereich gilt, um wieviel intensiver ist dann die Auseinandersetzung mit der Technik am Arbeitsplatz! Nicht allein Angehörige der konstruierenden Berufe benötigen die Klarheit der technischen Sprache, sondern auch alle anderen Handwerker, gleich ob sie fast ausschließlich handwerklich schaffen oder ob sie darüber hinaus noch schmückende Dienste leisten.
So hat sich auch das Malerhandwerk mit den Forderungen der Technik auseinanderzusetzen. Der Maler gehört zu den Bauschaffenden, zwar nicht wie z. B. die Maurer und Zimmerleute zum Bauhauptgewerbe, wohl aber wegen seiner Tätigkeit in und an Hochbauten zu den Ausbaubetrieben. Das verlangt besonders auch ein Verständnis des im Baubereich üblichen Zeichnungswesens und eigene entsprechende Fähigkeiten. Im einzelnen:
1. Jeder Maler muß Bau- (Architekten-) Zeichnungen zum konstruktiven und räumlichen Verständnis lesen können, da viele seiner Arbeiten damit zu tun haben.
2. Der Maler selbst hat oft kleine Skizzen oder gar fertige Zeichnungen von Bauteilen, Räumen oder Fassaden anzufertigen.
3. Vor der Ausführung ornamentaler Schmuckarbeit von Schriften, Schildern u. ä. sind zeichnerische Entwürfe erforderlich.
4. Aus den Bauzeichnungen müssen für das Aufstellen von Aufmaßen und zum Errechnen der Massen (m^2, m) die gültigen Werte herausgelesen werden können.

5. Die Ausführung von technischen Zeichnungen erzieht zu Sauberkeit und Gründlichkeit. Das Verstehen solcher Zeichnungen fördert das räumliche Vorstellungsvermögen und das fachtechnische Denken. Gerade das ist für den Baumaler besonders wertvoll.
So sind also die Zeichnungen der Architekten und Bauhandwerker Grundlage für die gesamte Arbeitsabwicklung vom Angebot bis zur Fertigstellung. Sie sind Bedingung für eine sachgemäße technische Werkausführung, Unterlage für das Aufmessen und nicht zuletzt Niederschlag der Entwurfstätigkeit. Darüber hinaus ist der Umgang mit Zeichnungen auch für den Maschinen- und Fahrzeugeinsatz – wenn auch in geringerem Maße – eine gute Hilfe.
6. Da die auszubildenden Maler zu den nicht konstruierenden Handwerkern gehören, wird für sie an den meisten berufsbildenden Schulen das technische Zeichnen als selbständiges Unterrichtsfach nicht erteilt. Aber innerhalb der fachtechnologischen Fächer, vor allem in Mathematik und Gestaltung, findet diese Disziplin ihre Anwendung wegen der oben erwähnten erzieherischen Wirkungen für die Durchdringung der Stoffgebiete und deren Problembewältigung.
7. Eine technische Zeichnung ermöglicht das kürzeste, übersichtlichste und unmißverständlichste Erfassen geplanter oder bereits erstellter Werkstücke. Stellen wir uns vor, ein Architekt wollte dem Bauherren und den bestellten Handwerkern seinen Bauplan in Worten schildern. Dazu wäre ein umfangreiches Textbuch erforderlich. Wollte man sich daraus ein plastisches Bild machen, so vergeudet man endlose Zeit. Rasche Einblicke in Details wären ausgeschlossen und Irrtümer wären an der Tagesordnung. Deshalb muß auch der Maler neben seinem gestalterischen Freihandzeichnen die Grundlagen seiner berufsgebundenen technischen Zeichnungssprache beherrschen. – Diese Schrift will in den folgenden Abschnitten das nötige Rüstzeug vermitteln.

Die Allgemeingültigkeit der technischen Zeichnung

Die überall verstandene Sprache der modernen Arbeitswelt ist demnach die technische Zeichnung. Deshalb vermitteln heute schon die allgemeinbildenden Schulen Fertigkeiten zum technischen Zeichnen. Neben Rechnen, Lesen und Schreiben bildet Zeichnen eine der Kulturgrundlagen unserer Zeit. Die Zeichnungssprache ist jedem Techniker nicht nur in unserem Land, sondern in der gesamten Welt zugänglich. Der Grund hierfür sind Zeichnungsnormen für das Bauwesen, die vom »Deutschen Institut für Normung e.V.« (DIN) herausgegeben werden und die in ihren Grundlagen den internationalen Zeichnungselementen (ISO) entsprechen. Unter dem Zeichen DIN werden den technischen Wandlungen ständig angepaßte »Normblätter« herausgebracht. Mit Sorgfalt werden solche Regelungen wie Vereinheitlichungen von Benennungen, Formaten, Abmessungen, Darstellungen usw. festgesetzt. Als sogenannter »Gelbdruck« erscheinen sie zunächst für die Fachwelt zur kritischen Prüfung, das heißt, sie dürfen noch nicht angewandt werden. Als weitere Stufe erscheinen sie in einer »Vornorm«, damit die Bauwelt mit ihr praktische Erfahrungen sammeln kann. Erst im »Weißdruck« liegen die neu erarbeiteten Normblätter in endgültiger Fassung vor. Ein Verzeichnis aller Normen und Normentwürfe erscheint jährlich beim Deutschen Institut für Normung als DIN-Katalog.
Unter dem Zeichen ISO arbeitet die »International Organization for Standardization« in Genf. Mehr als sechzig angeschlossene Staaten geben Empfehlungen und Normen heraus, die von nationalen Instituten übernommen oder den eigenen Bedürfnissen angeglichen werden. Bei voller Übernahme steht dann meist als Normzeichen DIN/ISO.

Benennen von Bauzeichnungen

Die wichtigsten Benennungen von Plänen oder Zeichnungen nach DIN sollte auch der Maler kennen:
1. Bauzeichnungen für Entwurf und Bauvorlage
Vorentwurfszeichnungen sind bereits im Maßstab (M 1:500 oder M 1:200) auszuführen.
Entwurfszeichnungen werden im Maßstab 1:100 mit genauen Abmessungen erstellt.
Bauvorlagenzeichnungen sind meist Entwurfszeichnungen, die den Vorschriften der

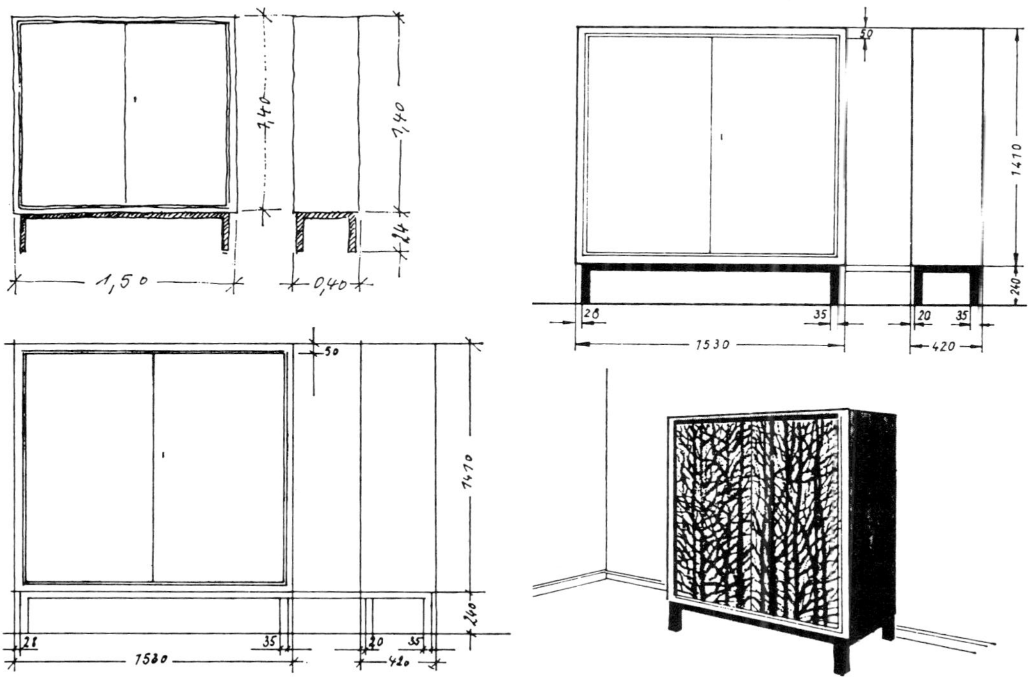

4 Von der Freihandskizze zum Schaubild

jeweiligen Baugenehmigungsbehörde zu entsprechen haben.
Neben diesen Zeichnungen für die Objektplanung gibt es
2. Bauzeichnungen für die Arbeitsausführung
Sie werden *Ausführungszeichnungen* genannt und sind im Maßstab 1:50 mit allen notwendigen Hinweisen für die Werkerstellung zu zeichnen. Im einzelnen gibt es hierfür *Teilzeichnungen* oder *Detailzeichnungen,* die in den Maßen 1:20, 1:10, 1:5 bis 1:1 genaueste, ergänzende Einblicke darzustellen haben.
Sonderzeichnungen für die einzelnen Ausbaugewerke.
Schaubilder
Darunter sind perspektivische Konstruktionen zur räumlichen Veranschaulichung zu verstehen. Für das gestalterische Feld des Malers sind solche Raumbilder besonders wirkungsvoll.

Abbildung **(4)** veranschaulicht am Beispiel eines Möbelstücks die Zeichnungsschritte von der Freihandskizze bis zum Schaubild. Weitere Benennungen sind Skizze, Zeichnung, Lageplan und graphische Darstellung. Nach der Ausführungstechnik unterscheiden wir die Blei- oder Tuschezeichnung sowie die kolorierte Zeichnung. Neuerdings gibt es die Montagezeichnung, die mit selbstklebenden Folien und Anreibesymbolen und -buchstaben mehr zusammengebaut als gezeichnet wird. Nach Branchen gegliedert, interessieren den Maler Zeichnungen für die Bautechnik, die Druck- und die Holztechnik.

Werkzeuge, Geräte, Zeichenhilfen

Jede Malerarbeit erfordert einwandfreies Werkzeug. Noch viel mehr gilt dies für die korrekte Zeichnung. Wir benötigen für die Zeichenarbeit des Malers im einzelnen:
1. *Zeichenstifte*
Holzgefaßte Bleistifte haben Graphitminen mit den Härtegraden H = hard (hart), F = firm (mittelfest) und B = black (schwarz). Wir kommen aus mit H–6H (hart–sehr hart), mit F, HB und 2B (weich u. schwarz). Die noch weicheren der Reihe B (bis 8B) eignen sich nicht zum technischen Zeichnen. Eventuell sind sie mit ihrer tiefen Schwärze für gestalterische Effekte nutzbar.
Klemmstifte oder *Fallminenstifte* im Minenhalter sind leicht zu spitzen.
Dünn- oder *Feinminen* (∅ = 0,3–0,9 mm) im Feinminenhalter werden immer beliebter, auch für das Freihandzeichen. Anspitzen ist nicht mehr nötig.
Farbstifte. Ohne sie kommt ein Maler bei seinen technischen Zeichnungen nicht aus. Zu empfehlen sind Dünnkern-Farbstifte (∅ = 2 mm), trocken oder feucht vermalbar.
Marker (art Marker) sind für den Maler unentbehrlich. Sie sind in über 60 transparent-leuchtenden, wasserfesten Farbtönen erhältlich. Mit ihrer Kunststoffspitze – sie ist pinselweich – lassen sich feine und breite Linien ziehen, gleichzeitig auch Flächen zulegen. Viele Töne lassen sich durch Überstreichen mischen.
Maler brauchen zusätzlich *Filz-* und *Faserschreiber, Kugelschreiber* sowie *Rotmarderpinsel* zum farbigen Anlegen oder zum Vermalen von Farbstiften.
2. *Spitzer* für Bleistifte und für Minen.
3. *Zeichen- und Schreibfedern* aus Stahl zum Einstecken in einen Halter haben noch eine gewisse Bedeutung. Maler benutzen sie außerdem zum Freihandbeschriften.
4. *Tuschefüller* mit Präzisions-Zeichenelementen nach dem Röhrchenprinzip haben den sogenannten »Graphos« mit den auswechselbaren Stahlfedern für Linear- und Schriftzeichnen fast völlig verdrängt. Sie funktionieren so zuverlässig und präzise, daß der Maler sich ganz auf sein Zeichnen konzentrieren kann.
Die für uns gebräuchlichen Linienbreiten in mm: 0,18 – 0,25 – 0,35 – 0,5 – 0,7 – 1,0 – 1,4. Es ist vorteilhaft, sie in einer Arbeitskassette komplett sortiert zu haben. Tuschefüller sind international genormt. Das bedeutet: immer zueinander passende, nach Kennfarben geordnete Liniengruppen (Tabelle I). Außerdem wurden den Röhrchenfedern die Schriftbreiten für Zeichen- und Schriftschablonen nach DIN 6775 zugeordnet. Dadurch können alle Herstellererzeugnisse untereinander ausgetauscht werden.
5. *Zeichentuschen,* schwarz, für Füller oder Reißfeder. Farbtuschen, lasierend oder dekkend.
6. *Radierer* für Blei, Tusche oder beides zusammen aus Gummi oder Plastik. Für Tusche benutzen wir außerdem Glasradierer, Tuschehobel, Radiermesser und die Rasierklinge.
7. *Zeichenbesen* zum Einkehren der Radierkrümel. Maler können auch ihren Dachshaarvertreiber benutzen.
8. *Schneidmesser* besitzen die Maler bereits in ihrem Handwerkskasten als Abbrechklingen (Cuttermesser), Schneidfedern für den Federhalter, umlaufende Messer für Kurven (Kurvenschneider, Zirkelmesser). Es darf nur an Metallschienen geschnitten werden!
9. *Reißzeug* (Präzisions-Zirkelbesteck) kann je nach Ansprüchen zusammengestellt werden.
Die Benennungen und ihre Zuordnung nach Verwendungsgruppen sind genormt (DIN 58500):
Gruppe P = Präzision, für den Beruf.
Gruppe S = Schule, für die Ausbildung.
Einsatzzirkel und *Schnellverstellzirkel* für Blei und Tusche mit Adapter (Universalaufnahme). Adapter sind sehr wichtig zum Befestigen von Tuschefüllern, Farbstiften und Schreibgeräten jeder Art. Verlängerungsstange. Auch *Stechzirkel* sowie *Fallnullenzirkel* für Blei und Tusche werden benötigt.
Reißfedern (Ziehfedern). Maler ziehen mit ihnen hauptsächlich Farblinien.
Der Stangenzirkel eignet sich für großforma-

KENNFARBE		GRAU	GRÜN	ORANGE	BLAU	BRAUN	GELB	WEISS	ROT	VIOLETT
LINIENBREITE IN mm		2,0	1,4	1,0	0,7	0,5	0,35	0,25	0,18	0,13
LINIENGRUPPEN (DIN 15, REIHE 1)	1,4	▷ FÜR DIN A0								
	1,0		▷ FÜR DIN A1							
	0,7			▷ FÜR DIN A2						
	0,5	WICHTIGSTE LINIENGRUPPEN			▶ FÜR DIN A3					
	0,35					▶ FÜR DIN A4				
	0,25						▷ FÜR DIN A5			

Tabelle I

tige 1:1-Zeichnungen, zum Beispiel für Schrift- und Ornamentkonstruktionen.

10. *Zeichenbretter* (Reißbretter) aus Linde oder Pappel, auch mit Schrägstellvorrichtung, z. B. 700 x 500 mm für DIN-Format A 2.

11. *Zeichenplatten* aus Kunststoff mit Klemmvorrichtungen (DIN A 4, A 3, auch A 2) sind den Zeichenbrettern vorzuziehen.

12. *Zeichentisch* – DIN A 2, komplett ausgestattet mit stufenlosem Schrägsteller, ist für das Aufsetzen auf jeden Tisch preiswert und praktisch.

13. *Zeichenschienen* (Reißschienen) mit mm-Skalen auf beiden Tuschekanten. Feststellbare Schienen sind vorzuziehen. Der Schienenkopf ist stets an der linken Plattenkante zu führen.

14. *Lineale mit mm-Teilung* an der Tuschekante.

15. *Zeichendreiecke,* 45° (gleichwinkl. = 90° + 45° + 45°), 60° (spitzwinkl. = 90° + 60° + 30°), mit mm-Teilung an der Tuschekante. Das 45°-Dreieck mit aufgedruckter 180°-Winkelteilung und Griff ist unentbehrlich für konstruktives Zeichnen.

16. *Kurvenlineale* mit oder ohne mm-Teilung und doppelseitiger Tuschekante.

17. *Schablonen* für Kreise von ∅ 1–36 mm mit Achsen zur Mittelpunktjustierung werden wegen des Zeitgewinns dem Zirkel bereits vorgezogen.
Spezialschablonen für rationelles und genaues Arbeiten, zum Beispiel für Abrundungen, Ellipsen, für die Axonometrie (Isometrie, Dimetrie) und Bemaßung.

18. *Schriftschablonen* für Maler mit den Höhen h = 2,5 – 3,5 – 5 und 7 mm.

19. *Folien,* selbstklebend, transparent, (Maßstab 1:50, 1:100) mit Aufdrucken von Schraffuren, Rastern, Linien, Flächen- und Dekorformen sind rationell und effektvoll **(5)**.
Transparente Farbfolien zu gestalterischen Zwecken, zum Beispiel auf Innen- und Außenarchitektur, sowie zum Anschaulichmachen durch farbiges Herausheben. Sie werden einfach angerieben. Es gibt auch dekkende Farbpapiere zum Aufkleben auf die fertige Zeichnung.
Anreibefolien und -karten für Schriften, Einrichtungsgegenstände (Symbole) für alle gängigen Maßstäbe, sowie für Umfeld-Gegenstände (Bäume, Menschen, Tiere, Fahrzeuge und Raster für Rasen, Pflaster, Platten, Dächer usw.) **(151)**.

20. *Klebstreifen,* Kreppbänder oder Transparentfilm zum Befestigen und Spannen der Zeichenpapiere anstelle der früher gebräuchlichen Reißbrettstifte.

21. *Reduktionsmaßstäbe,* z. B. Dreikantmaßstäbe mit Griffleiste und Hohlkehlen, ermöglichen die zweckmäßigsten Verkleinerungen. – Der Fachhandel bietet über jede Grundausstattung hinaus weiteren speziellen Zeichenbedarf an. Von Zeit zu Zeit sollte man sich informieren und beraten lassen. Die zu erwartenden Neuentwicklungen erleichtern nicht nur die Zeichenarbeit, sondern sie ermöglichen noch wirkungsvollere Ergebnisse in der Darstellung. Es kann hier nur erwähnt werden, daß der Berufszeichner heute schon raffinierte Zeichenmaschinen bedient. Mit Hilfe der Elektronik lassen sich für Zeichenautomaten Daten erfassen und speichern. Beschriftungsautomaten sind im Gebrauch. Zum Kopieren und Vervielfältigen werden moderne Apparaturen eingesetzt.

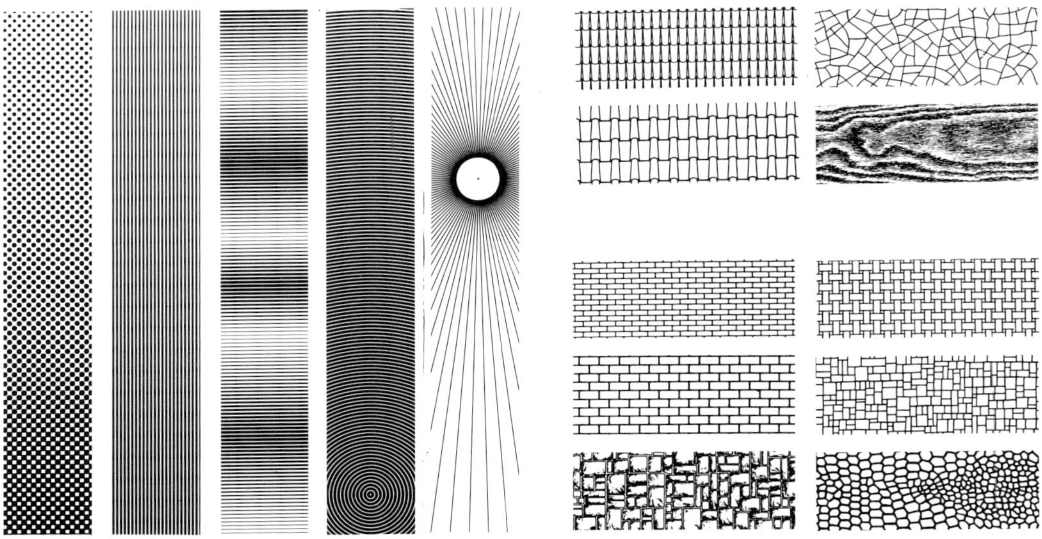

5 Raster- und Dekorfolien

Zeichnungsträger

Große Sorgfalt sollte auf die Wahl der Zeichenpapiere gelegt werden. Maler, die mit Schreib-, Zeichen- und Maltechniken für ihre gestalterischen Aufgaben vertraut sind, wissen das bereits. Mit leicht durchführbaren Proben können wir die Qualität des Papieres selbst testen. Neben dem Prüfen der Laufrichtung bei Maschinenpapieren ist der Test für die Tinten- und Tuschefestigkeit der dringlichste. Nur auf gut geleimten Papieren bleiben Tuschelinien randscharf stehen. Voll durchgeleimtes Papier leistet dieses sogar auf Radierstellen. Die gedeckten (opaken) Zeichnungsträger sind Papier (25–170 g/m²), Halbkarton (200 g/m²), Karton (bis 500 g/m²) oder Pappe (über 500 g/m²). Alle Zeichnungsträger sollten holzfrei, weiß bis schwach gelblich getönt sein und einen leichten Glanz zeigen. Die Minen aller Zeichenstifte bleiben dann leicht haften. Die Oberfläche ist radierfest und bleibt unverletzt. Auch wasserverdünnbare Farben können auf diesen maßhaltigen Papieren gleichmäßig aufgetragen werden.
Durchscheinende (transparente) Papiere, man nennt sie auch Detailpapiere (40–150 g/m²), werden zum Entwerfen und Lichtpausen gebraucht. Es ist zu empfehlen, Transparentpapier zu benutzen, das auf einer Seite matt und auf der anderen glatt ist. Die matte Fläche ermöglicht starken Graphitabrieb, während auf der glatten Seite kontinuierlicher Tuschefluß garantiert wird. Die hohe Oberflächenleimung macht beide Seiten extrem radierfest.
Oberstes Ziel jeder Zeichnung ist ihre Deutlichkeit. Deshalb sollte man ein Gitternetz mit einer möglichst groben Millimeterteilung wählen. Die blauen 5-mm-Quadrate erscheinen nicht auf der Licht- oder Fotopause. Orangene oder grüne Netzlinien pausen sich dagegen durch. Von grünen Millimeterpapieren heben sich Zeichnungen am vorteilhaftesten ab.

Formate der Zeichnungsträger

Vor Beginn jeder Zeichenarbeit wählen wir das entsprechende Papierformat. Es darf nur auf genormten Zeichnungsträgern gearbeitet werden (Tabelle II). Für alle Zeichnungsträger gilt die Hauptreihe A. DIN A 0 mit 1 m² Flächengröße bildet den Ausgang. Durch Teilung ergeben sich immer kleinere Formate, bis DIN A 10 **(6)**. Für den Zeichner ist höchstens noch DIN A 5 vertretbar. Die Teilung führt außerdem zu immer gleichen Seiten-

verhältnissen. Die Laufrichtung des Papieres wird durch ein M (Maschinenrichtung) hinter der betreffenden Formatzahl vermerkt.
Die Maler denken bei aller Normung vor allem an eine bildhafte Ausgewogenheit. Es muß auf einen breiten Rand – unten mehr als oben – und somit auf ein gutes Verhältnis zwischen bezeichneter und freier Blattfläche geachtet werden. Genügend Raum ist für die Beschriftung einzuplanen.
Kunststoffolien, zum Beispiel aus Polyester, sind mit matter oder glatter Oberfläche erhältlich. Gegenüber den transparenten Papieren haben sie den Vorteil, daß sie glasklar und gilbungsfrei, reißfest, maßhaltig und nicht alternd sind. Daher können sie trotz des höheren Preises und ihrer etwas nachteiligen Elektrostatik für wertvolle und effektreiche Darstellung eingesetzt werden.
Vordrucke auf deckenden oder transparenten Papieren, auch auf matten Kunststofffolien, ermöglichen leichteres Entwerfen und einfacheres Konstruieren von Schriften, Perspektiven sowie graphischen Darstellungen. Unter diesen sogenannten Millimeterpapieren kann gewählt werden zwischen 1-mm-, 2-mm- und 5-mm-Teilungen. Für Axonometrien und perspektivische Darstellungen gibt es praktische Gitternetze, die man zusammen mit Axonometrieschablonen benutzen kann (siehe Seite 100 u. 150).

Tabelle II

Blattgrößen nach DIN 476 u. DIN 823 in mm
Seitenverhältnis 1:√2 = Flächenverhältnis 1:2

Reihe A DIN 476	Zeichnung, beschnitten	m²	Zeichenfläche	Blatt, unbeschnitten
A 0	841 x 1189	1,000	831 x 1179	880 x 1230
A 1	594 x 841	0,500	584 x 831	625 x 880
A 2	420 x 594	0,250	410 x 584	450 x 625
A 3	297 x 420	0,125	287 x 410	330 x 450
A 4	210 x 297	0,062	200 x 287	240 x 330
A 5	148 x 210	0,031	138 x 200	165 x 240

6 DIN-Formate AO

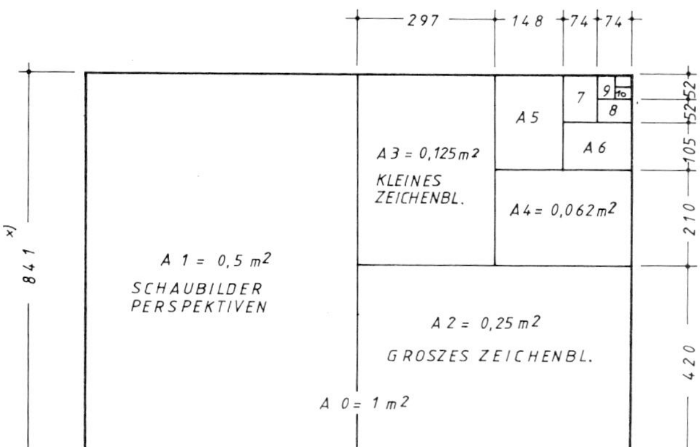

6.1

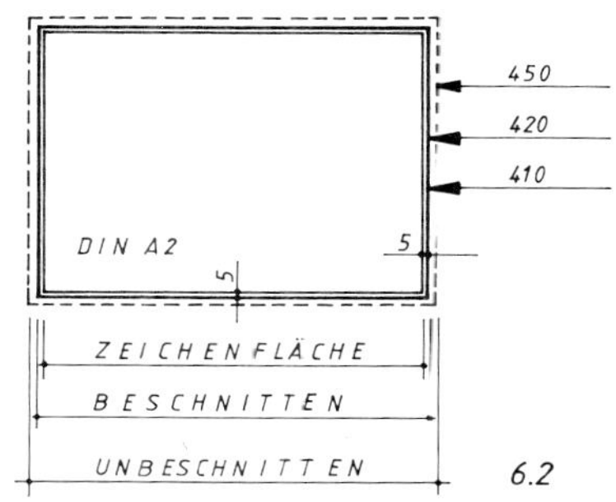

6.2

6.1 HALBIEREN DER FORMATE
6.2 VOM ROHBLATT ZUR ZEICHENFLÄCHE
6.3 REIHUNG VON FORMATEN

x) 1mm ABWEICHUNG ZUR ADDITION

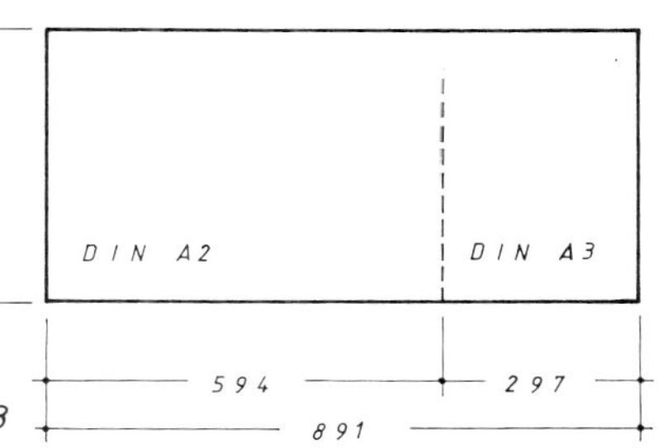

6.3

Für den Auszubildenden und den nur gelegentlich Zeichnenden genügt jeder gut ausgeleuchtete Raum mit einem für Schreibarbeiten üblichen Tisch, der eine körpergerechte Sitzhaltung erlaubt. Maler aber, die wiederholt umfangreiche Zeichen- und Malarbeiten zu bewerkstelligen haben, benötigen für Entwurf und Ausführung einen gesonderten und zweckmäßig ausgestatteten Arbeitsraum. Der Zeichentisch sollte DIN A 1- und DIN A 2-Formate aufnehmen können. Es werden Kombinationen angeboten, die Büro- und Zeichenarbeit an einem Tisch erlauben. Unter der Arbeitsplatte, die stufenlos in Höhe und Schräglage verstellbar ist, sind praktische Ablagen angeordnet. Der Ablagetisch mit darunterliegenden Schrankfächern sowie ein zusätzlicher Arbeitstisch sind am besten von einem bequemen Drehstuhl auf fünf Rollen erreichbar. Alle Tischflächen sollten aus weißem Kunststoff bestehen. Wandschienen mit Klemmvorrichtungen oder Magnetbefestigung ermöglichen es, Zeichenblätter aufzuhängen und leicht wieder zu wechseln. Abbildung **(7)** zeigt die vorteilhafte Sitzhaltung des Zeichners. Ein geordneter Arbeitsplatz ist Voraussetzung für ordentliche Zeichnungen.

Licht am Arbeitsplatz

Gutes Licht am Arbeitsplatz und direkt auf dem Zeichnungsträger ist für den technischen Zeichner unerläßlich. Nach DIN 5035 soll es möglichst 1000 Lux betragen. Damit die Augen nicht überanstrengt werden und damit keine Ermüdung aufkommen kann, soll die Ausleuchtung gleichmäßig, neutral weiß und blendungsfrei sein. Die Hände dürfen die Arbeitsfelder nicht störend beschatten. Auch die Kanten der Zeichengeräte dürfen durch Schlagschatten das Messen und Linienziehen nicht behindern. Andererseits kann der Schattenwurf beim präzisen Einstechen der Zirkelspitze sehr hilfreich sein. Zum direkten Ausleuchten des Papieres dienen Einzelleuchten an oder auf der Arbeitsplatte. 60 oder 100 Watt sind erforderlich, wobei bekanntlich Leuchtstoffröhren mehr Lichtausbeute bringen als die Glühlampe. Fenstervorhänge verhindern die Blendung durch Tageslicht und am Abend störende Reflexe auf den blanken Scheiben.

7 Sitzhaltung des Zeichners

HANDHABE UND PFLEGE DES ZEICHENBEDARFS

Die zweckmäßige Führung der Werkzeuge sowie ihre sachgerechte Pflege und Aufbewahrung wollen erlernt und geübt sein. Dem Maler, der nur mit sorgfältig gepflegten Pinseln und Spritzpistolen hervorragende Oberflächenwirkungen erreichen kann, dürfte diese Aufgabe keine Probleme bereiten.
In diesem Abschnitt können nur die wichtigsten Grundsätze behandelt werden:
Saubere Hände und geordnete Arbeitsbedingungen sind selbstverständlich. Wer auf dem Reißbrett arbeitet, muß das einwandfreie Blatt parallel zur Brettkante, wie es Abbildung **(8)** zeigt, aufziehen.
Holzstifte müssen tadellos gespitzt sein. Der Holzmantel wird am besten mit dem Messer zugespitzt. Die Mine soll danach so fein wie möglich geschliffen werden. Sie muß weit aus dem Holz herausragen. In Abbildung **(9)** ist zu sehen, wie die Minen zum Linienziehen und für den Zirkel zu spitzen sind. Radieren ist bei jedem Freihandzeichnen, leider auch beim technischen Zeichnen, nicht zu vermeiden. Radierstellen müssen aber unsichtbar bleiben. Wichtig ist, daß zunächst eine Art Vorzeichnung mit hauchdünnen Graphitlinien durchzuführen ist. Danach wird auf Fehler kontrolliert, die sich nun einfach beseitigen lassen. Das Papier spannen wir zwischen Daumen und Zeigefinger, um Verwerfungen und Risse auszuschließen. Zum Abradieren von Tuschezeichnungen nimmt man den Plastikradierer ohne Schleifmittel, damit die zarten Tuschelinien unverletzt bleiben. Beschädigtes Papier kann mit dem Daumennagel, besser mit der Kunststoffkappe eines Halters geglättet werden, vor allem, wenn die radierte Stelle nochmals mit einer Tuschelinie überzogen werden muß. Mit weichen Radierern lassen sich verschmierte Papiere ganzflächig säubern.
Bleistifte aller Art sind während des Zeichnens in der Hand zu drehen. Dadurch bleibt die Spitze länger erhalten **(10.1)**. Mit leichter Hand zeichnen. Das Papier darf durch zu starken Druck nicht geprägt oder gar geritzt werden. An Linealen werden Minenstifte lotrecht zur Kante geführt **(10.3)**.

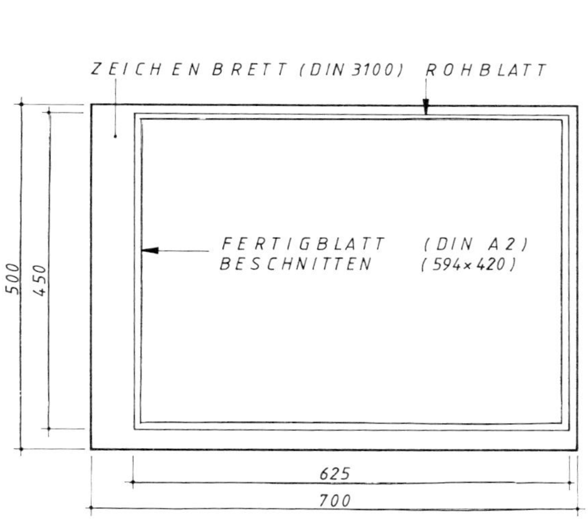

8 Blattaufziehen

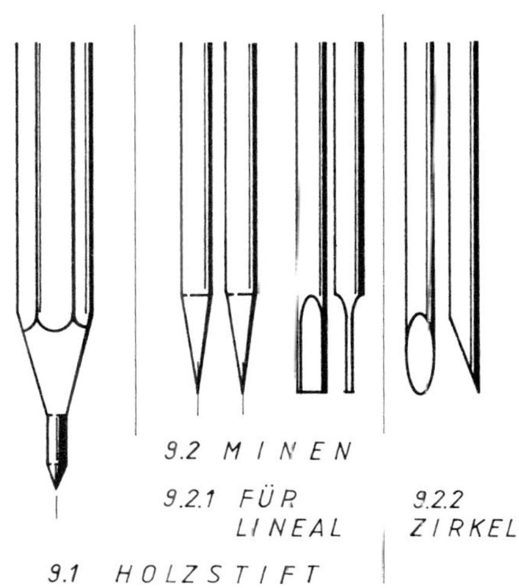

9 Minenspitzen

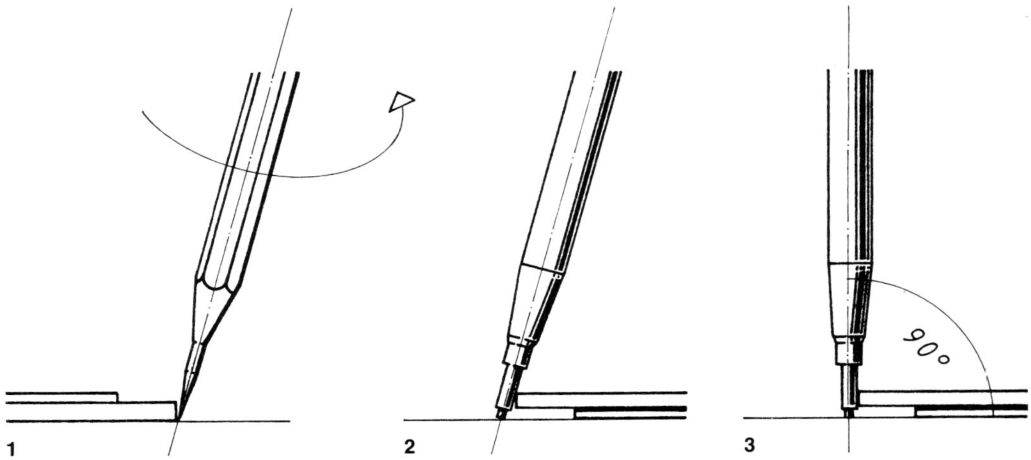

10 Führen der Minenstifte

Lineale und Winkel müssen fehlerlose Kanten aufweisen. Dasselbe gilt für die Schiene, die an der linken Brettkante anzulegen ist **(11)**.
Die Zirkel müssen gängig gehalten werden. Die Nadel darf nicht verbogen oder abgebrochen sein. Sie kann nur auf weichen Papierunterlagen mit Bedacht eingestochen werden. Zeichenteil und Nadel sind so weit zu kippen, daß sie senkrecht zum Papier gerichtet sind. Die keilförmig zugeschliffene Graphitmine zeigt mit der abgeschrägten Fläche nach außen **(12)**. Der Tuschefüller zieht nur mit seinem Eigengewicht. Bei stets senkrecht gehaltener Nadel vermeidet man im Bogenfluß Ansätze und Verschiebungen.
Die Reißfeder arbeitet ohne Klecksen, wenn sie dünnfließendes Material enthält und nach jedem Gebrauch sofort mit einem Läppchen gesäubert wird. Die Klingen dürfen nicht beschädigt werden, sonst reißen sie die Papierfläche an und werden verstopft. Nie über dem Zeichenbogen füllen! Nach dem Füllen ist jeder erste Strich auf einem Papierstück oder auf dem Handrücken zu probieren. Mit der Feder läßt sich Aquarellfarbe, aber auch Tempera ziehen, wenn beides auf die Konsistenz von Ziehtusche gebracht wird. An der Tuschekante des Lineals ziehen, damit keine Flüssigkeit darunterlaufen kann. Zeichnungen werden erst mit Tusche oder Farbe ausgezogen, wenn die Bleistiftarbeit vollständig abgeschlossen ist **(13)**.
Mit Tuschefüller wird nur auf gut geleimtem Papier gezeichnet, sonst verstopft das feine Röhrchen. Es darf nicht »geschrieben« werden. Zu beachten ist, daß die Tuschelinien stets breiter als die Bleistiftlinien zu ziehen sind, denn Tusche haftet schlecht auf der Bleistiftspur. Auf Temperafarbe platzt Tusche weg. Für Tuschefüller ist nur die leicht fließende Röhrchentusche zu verwenden.
Der Tuschefüller muß an Schiene und Dreieck leicht schräg gegen die Zugrichtung geführt werden, damit Schmutzteilchen nicht in das enge Röhrchen eingepreßt werden können **(14)**. Daher nur auf vollkommen sauberer Fläche ziehen! Wird mit Schablonen gezeichnet, und dies gilt vor allem bei der Schriftschablone, so ist das Röhrchen senkrecht zu führen. Dabei ist mit leichtem Druck gegen die Tuschekante zu ziehen. Die Ziehgeschwindigkeit muß gleichmäßig bleiben, sonst würde das Gleichmaß der Linie durch lauter Abrisse unsauber erscheinen. Zum Ziehen der Normschrift innerhalb der Schablone ist das Gelenkstück zu benutzen. Es befindet sich zwischen dem Halterschaft und dem Tuschefüller und gestattet dadurch, das Röhrchen bei normaler Schreibhaltung senkrecht zu führen **(15)**.
Tuschefüller, die täglich einsatzbereit sein müssen, sind öfter gründlich zu reinigen. Bei verhärteter Tusche geht dies nicht allein mit Leitungswasser. Für diesen Fall gibt es wirksame Reinigungskonzentrate. Im verschließbaren Reinigungsbehälter geht die Säuberung selbsttätig über Nacht. Im übrigen sind für die Pflege der empfindlichen Tuschefüller die Herstellervorschriften zu beachten.

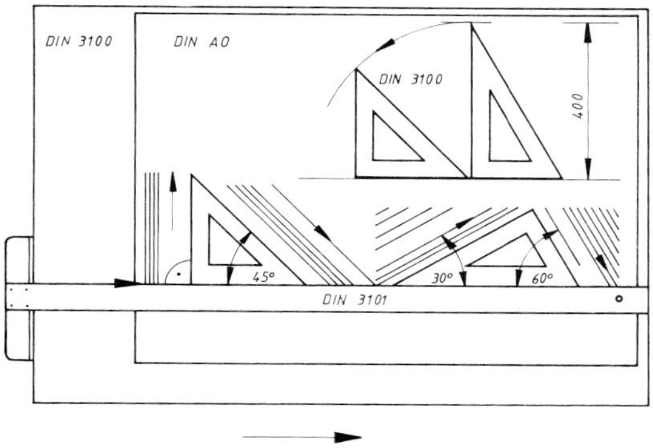

11 Zeichnen auf dem Reißbrett

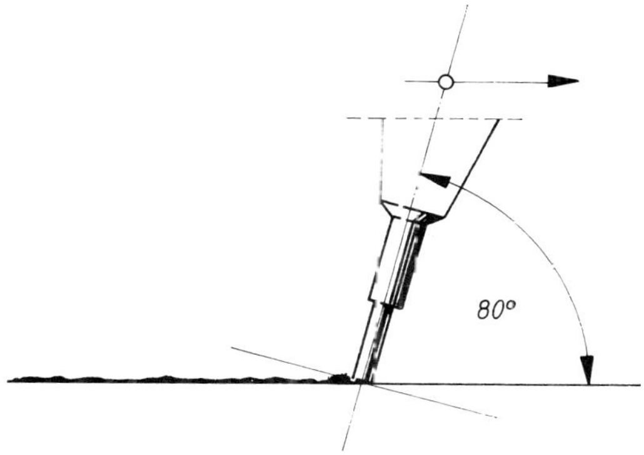

14 Ausziehen mit Tuschefüller

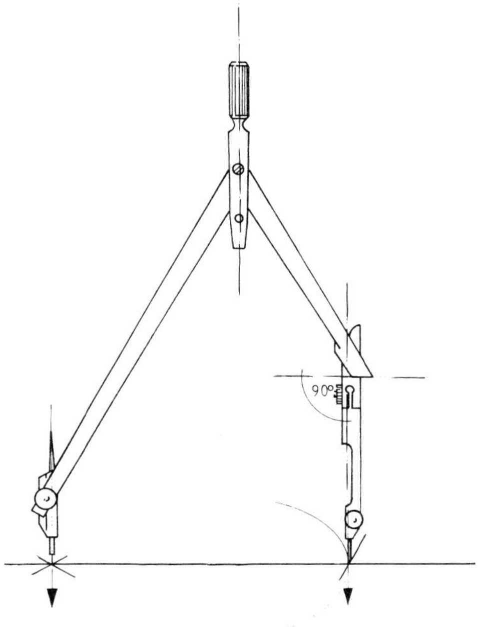

12 Handhabe des Zirkels

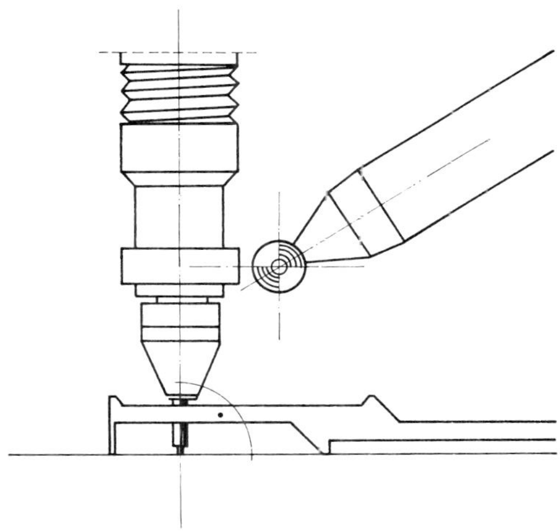

15 »Schreib«-haltung mit dem Tuschefüller

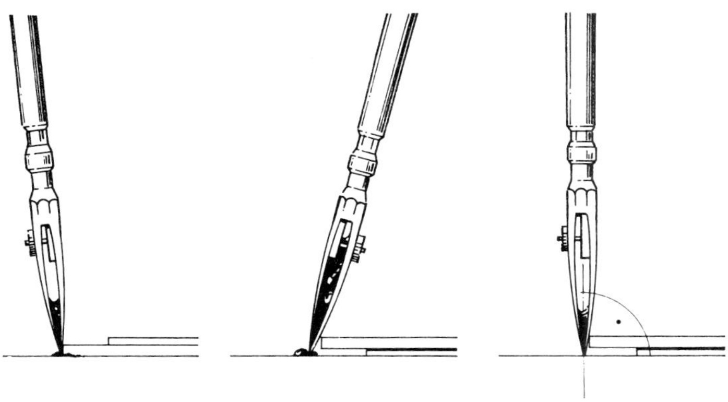

13 Ziehen mit der Reißfeder

Linienarten und Linienbreiten

Ihre Norm muß beachtet werden. Allein dadurch wird eine Darstellung überall in der Welt lesbar. Maler können mit vier Linienarten auskommen **(16)**:
Vollinie **(16.1)**, Strichlinie **(16.2)**, Strichpunktlinie **(16.3)**, Freihandlinie **(16.4)**. Ihre Breiten sind nach dem Faktor $1:\sqrt{2}$ gestuft. Es ist dieselbe Stufung wie bei den DIN-Formaten. Die Linienbreiten sind somit harmonisch nach den Maßstäben der Zeichnung abgestimmt. Deshalb wurden auch die Röhrchenfedern dieser $\sqrt{2}$-Teilung unterworfen.
Nach DIN 15 sind die Linienbreiten in Liniengruppen geordnet und an das Zeichenformat gebunden. Durch diese Abstimmung ist stets Klarheit gewährleistet. Auch jede Vervielfältigung und eine eventuelle Mikroverfilmung wird vorteilhafter. Zu einer Liniengruppe gehören drei Breiten. Die breiteste Linie gibt der Gruppe den Namen. Maler benutzen am häufigsten die Liniengruppen 0,5 für DIN A 3 und 0,7 für DIN A 2. So kommen sie mit 4 Röhrchenfedern aus. Wollen sie auch auf DIN A 4 arbeiten, so kommt die Liniengruppe 0,35 dazu. In diesem Fall wird noch eine fünfte Röhrchenfeder (0,18) für den Tuschefüller benötigt (siehe Tabelle I, Seite 13).
An dieser Stelle muß angemerkt werden, daß es leider für den Bau- und Metallbereich immer noch keine übereinstimmende DIN-Grundlage gibt. Für Bauzeichnungen gilt weiterhin die DIN 1356 vom Juli 1974. Allerdings veröffentlichte der Normenausschuß Bauwesen (NABAU) im August 1981 zur Prüfung in der Praxis einen Entwurf, der die DIN 1356 in bestimmten Teilen ändern und ergänzen soll. Es ist daher ratsam, unabhängig von den sich nur wenig voneinander unterscheidenden Normungen und den sich möglicherweise in absehbarer Zeit gering ändernden Teilen, für den Maler diesen Grundlagenbereich zu vereinheitlichen. Die Allgemeingültigkeit für die Darstellung und ihre Lesbarkeit werden hierdurch nicht angetastet. Die Tabelle I auf Seite 13 folgt der DIN 15, Teil 1. Wie sich die Breitenstufung in Millimetern nach dem Faktor $1:\sqrt{2}$ errechnet, soll am Beispiel der Liniengruppe 0,5 gezeigt werden: breit $= 0{,}5 \cdot \frac{1}{\sqrt{2}} = 0{,}35 =$ mittel und $0{,}35 \cdot \frac{1}{\sqrt{2}} = 0{,}25 =$ schmal.

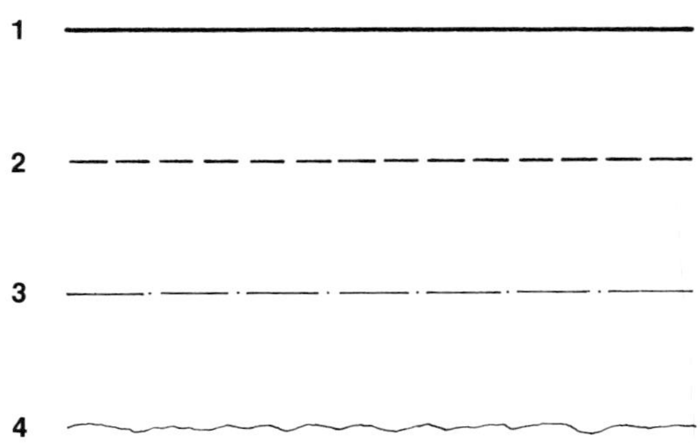

16 Die vier Linien des Malers

Anwenden der Linien

1. Die Anwendung nach Grundsätzen der Sorgfalt
In einer Darstellung darf nur mit einer Liniengruppe gezeichnet werden. Alle Linien sind sorgfältig zu ziehen. Das bedeutet: gerade, gleich breit, kontrastvoll und gleichmäßig **(17)**.
Gerade werden Linien, wenn der Tuschefüller an der Tuschekante in gleichbleibender Haltung geführt wird.
Gleich breit, wenn nur einmal mit gleicher Geschwindigkeit gezogen wird.
Kontrastvoll durch volle Deckkraft und scharfe Kanten.
Gleichmäßig müssen Striche und Punkte bei den Strich- und Strichpunktlinien aussehen. Das ist mit Augenmaß zu bewerkstelligen.
Ecken sind durch ihre Linien sauber und paßgenau zu verbinden.
Abbildung **(18)** zeigt, wodurch unordentliche Linien und Eckverbindungen entstehen.
2. Die Anwendung nach den Bestimmungen der Norm
Die breite Vollinie. Sie ist die breiteste Linie in der Zeichnung. Ihre Breite zeigt nach in-

nen, also in die Innenfläche der Zeichnung, damit das Maß von Außenkante zu Außenkante der Wirklichkeit entspricht. Sie stellt die sichtbaren Umrisse und Kanten dar. Flächen haben Umrisse, Körper besitzen Kanten **(19)**. Außerdem wird die breite Vollinie für die Darstellung von Sinnbildern und Symbolen benutzt.

Die Strichlinie. Sie ist nur bei der Darstellung von Körpern, und hier allein für die verdeckte, also unsichtbare Kante anzuwenden. Abbildung **(20.1)** stellt einen geschlossenen und einen offenen Würfel dar. Hieran ist zu erkennen, daß mittels der Voll- und Strichlinie Raumverhältnisse sichtbar gemacht werden können. Strichlinien sind etwas schmaler als ihre Vollinien. Die Striche müssen länger als ihre Lücken sein. Das erforderliche Gleichmaß zeigt Abbildung **(20.2)**. Folgende Gesetzmäßigkeiten sind ebenfalls in Abbildung **(20)** verdeutlicht: Zwischen zwei Körperkanten ist mit dem Strich zu beginnen und zu enden. Führt eine sichtbare Kante in eine unsichtbare, so ist mit einer Lücke fortzusetzen. Eng nebeneinander laufende Strichlinien werden mit versetzten Strichen gezogen. Unsichtbare Ecken bilden zwei rechtwinklig zueinander stehende Striche.

Die Strichpunktlinie. Ihre Gesetzmäßigkeiten zeigt die Abbildung **(21.1)**. Es sind Punkte und keine Striche zu zeichnen! Bei der breiten Strichpunktlinie sind die Striche ungefähr doppelt so lang wie bei der Strichlinie. Die Strichlänge der schmalen Strichpunktlinie richtet sich nach dem Format der Zeichnung. Für DIN A 4 beträgt sie etwa 10 mm. Auf enge Zwischenräume ist zu achten. Anfang und Ende bilden immer ihre Striche. Bei Mittelpunktangaben kreuzen sie sich nur mit ihren Strichen **(21.2)**. Im rechten Kreis ist der Mittelpunkt falsch dargestellt. Bei engen Durchmessern sind nur zwei schmale Vollinien zu kreuzen.

Die breite Strichpunktlinie – genauso breit wie die Vollinie – wird für Schnittführungen eingesetzt **(22)**. Ihre Striche müssen über die Schnittkanten hinausragen. Anfang und Ende der Schnittführung werden durch Buchstaben gekennzeichnet. Außerdem erhalten sie Pfeile, welche die angenommene Blickrichtung erkennen lassen. Abbildung **(22.1)** zeigt einen senkrechten Schnitt durch einen Grundriß, Abbildung **(22.2)** zwei senkrechte Querschnitte (gerade und versprungen) und eine waagerechte Schnittführung durch einen Aufriß. In Abbildung **(22.3)** ist ein senkrechter Längsschnitt durch eine Draufsicht zu sehen. Man denke sich den abgeschnittenen Teil I (schraffiert dargestellt) fortgenommen und schaut gegen den nichtschraffierten Teil II.

Der gesamte Schnittverlauf braucht nicht voll durchgezeichnet zu werden. Ein Schnittversprung muß allerdings gekennzeichnet sein.

Abbildung **(21.2)** zeigt Beispiele für die Anwendung der schmalen Strichpunktlinie; oben als Mittelpunktangabe, darunter als Körperachse (Mittellinie). Beim Zeichnen symmetrischer Werkstücke, Buchstaben oder Ornamente ist mit der Mittellinie zu beginnen. Von ihr ausgehend trägt man alle Maße nach den Seiten hin ab.

Freihandlinien **(23)**. Sie gehören zu den schmalsten Linien in der Zeichnung. Die leicht geschwungene Freihandlinie wird für Unterbrechungen (Bruchlinien) bei der Zeichnung von Metallen und ähnlichen Stoffen verwendet **(23.1)**. In Bauzeichnungen ist heute die *»schmale Punktlinie«* für abzubrechende Teile üblich **(23.2)**.

Bei zylindrischen Querschnitten, zum Beispiel bei Rohren, wird sie als symmetrische Schleife gezogen **(23.3)**. Schnitte durch hölzerne Werkstücke sind mit der leicht gezackten Freihandlinie in gleichen Abständen zu zeichnen. Die Abbildungen **(24.1)** und **(24.2)** zeigen Hirnschnitte durch Massivholz. Es wird in 45°-Richtung schraffiert. In **(24.1)** wurde nachlässig und falsch verfahren. Nach Abbildung **(24.3)** wurde Massivholz längs geschnitten. Hier ist parallel zur Holzkante, also in Längsrichtung zu schraffieren. Aus verschiedenen Vollhölzern zusammengefügte Teile werden zur Verdeutlichung ihrer Konstruktion in entgegengesetzten Richtungen schraffiert. Je kleiner der Holzquerschnitt, desto enger die Freihandschraffur **(24.4)**. Laut Zeichnung **(24.4)** sind verschiedene Hirnhölzer und in Zeichnung **(24.5)** verschiedene Langholzflächen verbunden. Die feste Bindung von Vollhölzern, zum Beispiel als Verleimung, ist in Abbildung **(24.6)** dargestellt.

In den Abbildungen **(25)** sind Schnittflächen durch Platten aus Holzwerkstoffen zu sehen. Hierfür ist rechtwinklig zur Längsrichtung der Platte zu schraffieren. Wie bei allen

17 Sorgfältig gezogene Linien

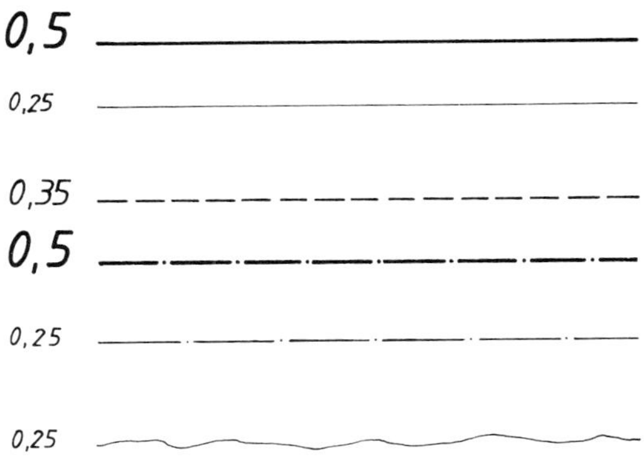

18 Nachlässig gezogene Linien

18.1 Wechselnde Haltung – unterschiedliche Ziehgeschwindigkeit

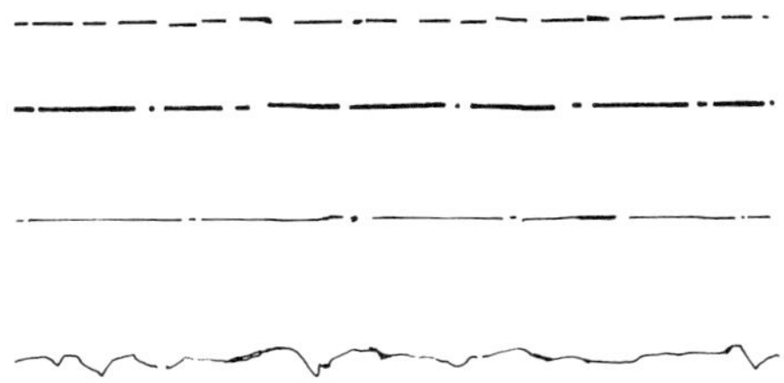

18.2 Fehlende Sorgfalt – kein Augenmaß

18.3 Nachlässigkeit – wechselnde Haltung – fehlendes Augenmaß

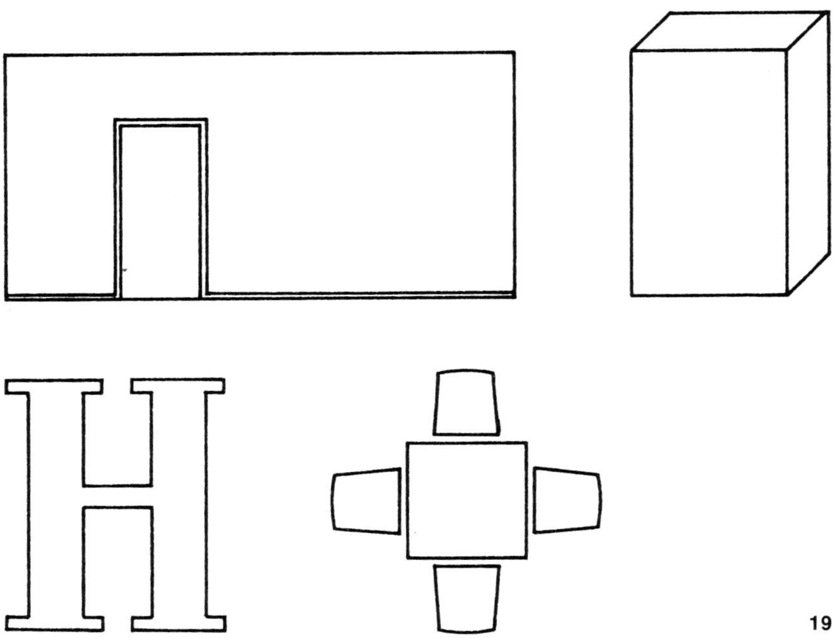

19 Sichtbare Kanten

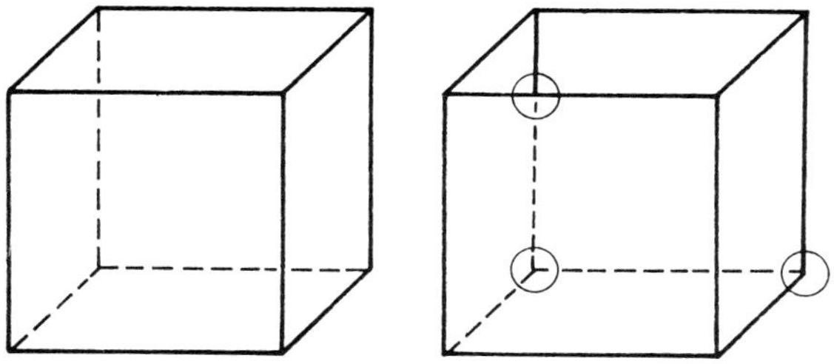

1

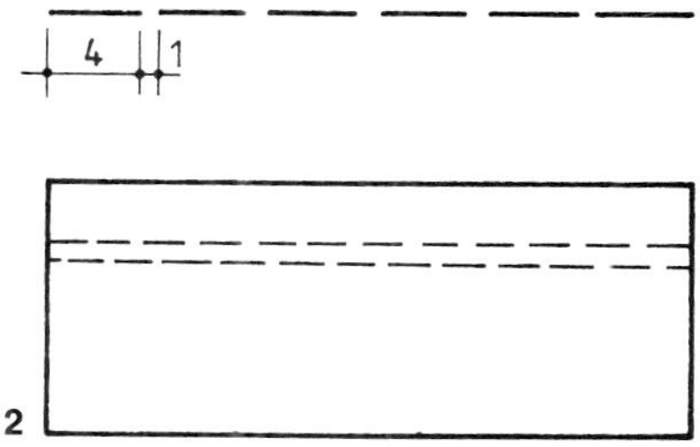

2

20 **Verdeckte Kanten**

1

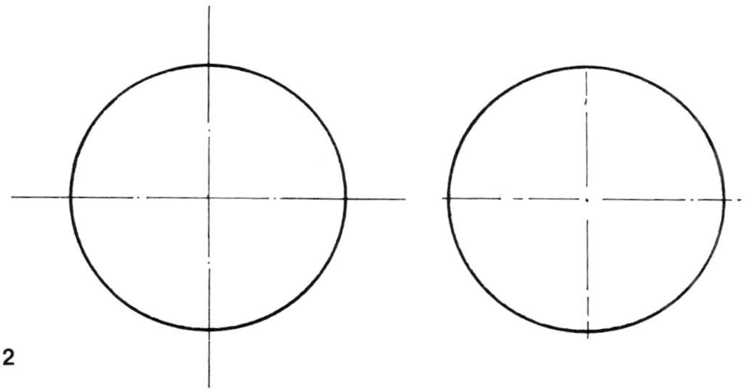

2

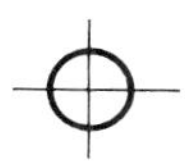

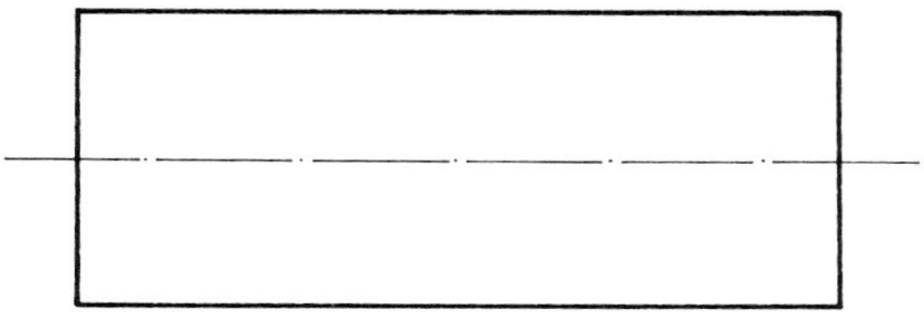

21 **Mittellinien**

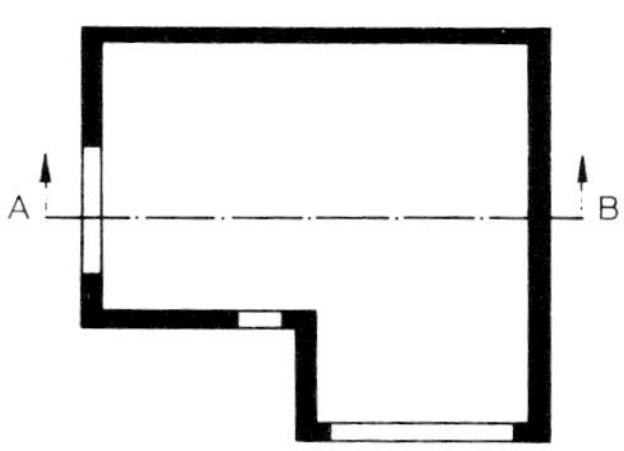

1

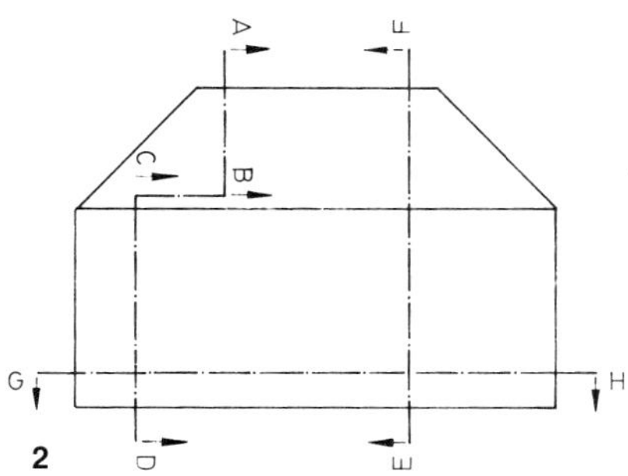

2

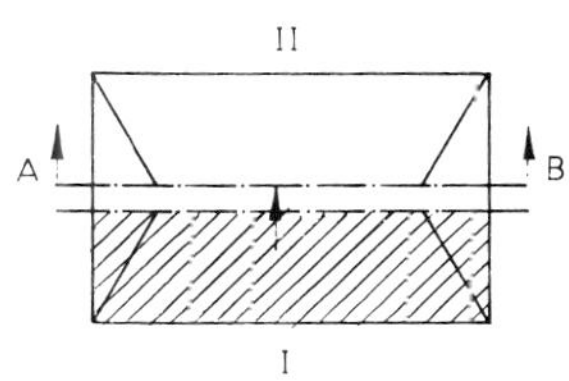

3

22 **Schnittführungen**

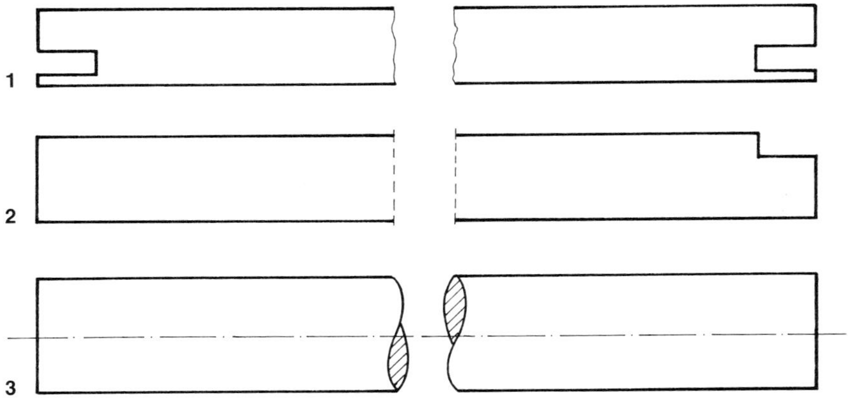

23 Bruchlinien

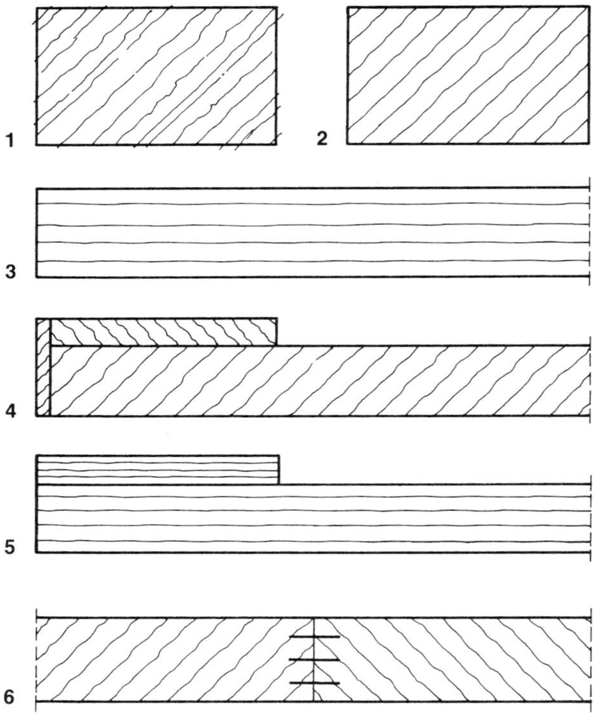

24 Schnittschraffuren

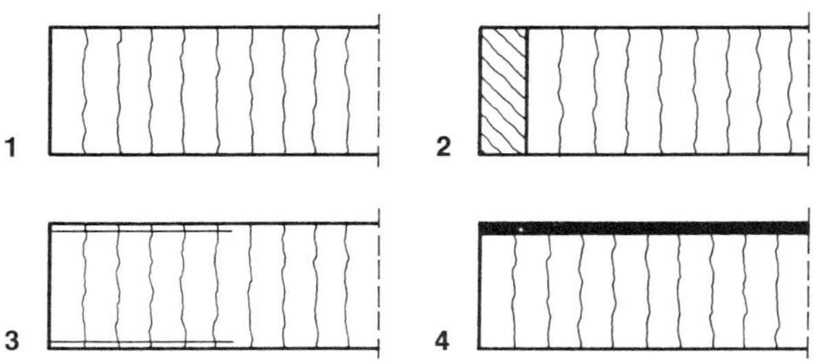

25 Schnitte durch Hölzer

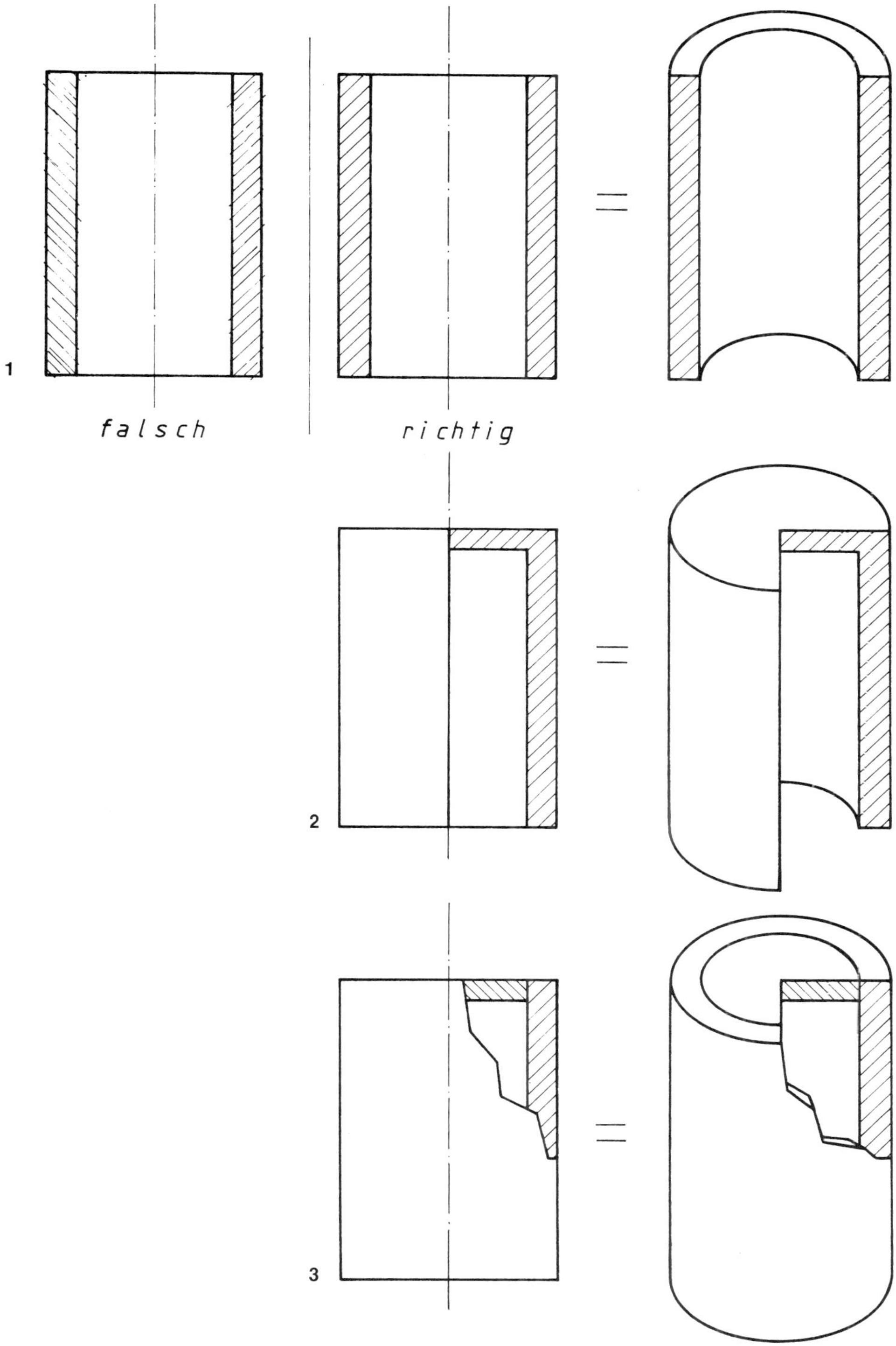

26 Einblick in Werkstücke

Schraffuren so ist auch hier auf gleiche Abstände zu achten **(25.1)**. Bild **(25.2)** veranschaulicht, daß die linke Plattenkante mit einem Anleimer versehen ist. Bild **(25.3)** zeigt, daß die Ober- und Unterfläche der Platte überfurniert ist. In Abbildung **(25.4)** wird erkennbar, daß die obere Fläche einen Belag, zum Beispiel eine KH-Platte, trägt.

Die schmale Vollinie. Früher wurde sie auch als Haarlinie bezeichnet. Abbildung **(26)** zeigt ihre Verwendung für die Schraffur von geschnittenen Metallwerkstücken. Unter Schnitten verstehen wir das gedachte Zerlegen eines Objektes senkrecht zur Zeichenebene. Schnitte ermöglichen einen klaren Einblick in das Werkstück (siehe Bauzeichnungen!). Man unterscheidet Vollschnitt **(26.1)**, Halbschnitt **(26.2)** und Teilschnitt = Ausbruch **(26.3)**. Abbildung **(26.1)** zeigt den senkrechten Schnitt durch einen dickwandigen Hohlzylinder. Da dieser Körper aus einem Material besteht, muß auch die Schraffur in eine Richtung laufen.

Im Gegensatz zu Zeichnungen im Metallbereich werden geschnittene Wände im Hochbau folgendermaßen dargestellt: Bei Vorentwurfszeichnungen im Maßstab 1:200 zeichnet man geschnittene Wände vollflächig. Für Entwurfszeichnungen (1:100) und Ausführungszeichnungen (1:50) werden geschnittene Wände mit der doppeltbreiten Vollinie (bei der Liniengruppe 0,5 also mit 1 mm Stärke) ohne Schraffur begrenzt. Sollen Schnittflächen bei anderen Darstellungen hervorgehoben werden, so können sie zusätzlich mit der Schraffur oder auch mit einer Tönung versehen werden **(27)**. Die schmale Vollinie dient auch zur Begrenzung von Ausschnitten (Details). In diesem Fall ist wie in Abbildung **(28)** abzugrenzen oder einzurahmen.

Die schmale Vollinie wird hauptsächlich für die Bemaßung (siehe Seite 27ff.), aber auch für Bezugslinien (Hinweise), wie in Abbildung **(42)**, eingesetzt.

Bei Formstücken **(29)** markiert die schmale Vollinie Biegekanten (1) und Lichtlinien (2).

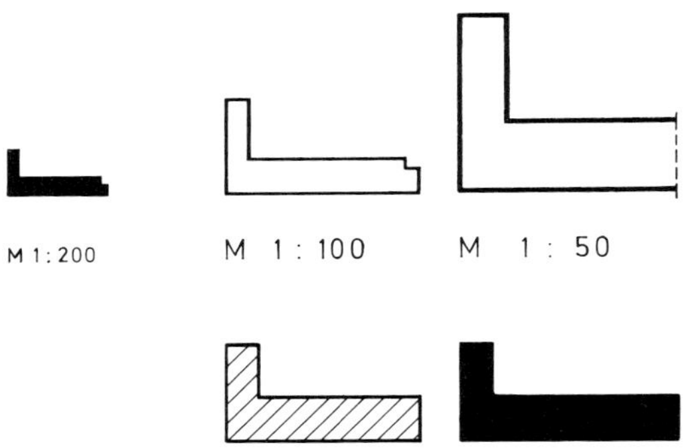

27 Wandschnitte

29 Biegekanten (1), Lichtlinien (2)

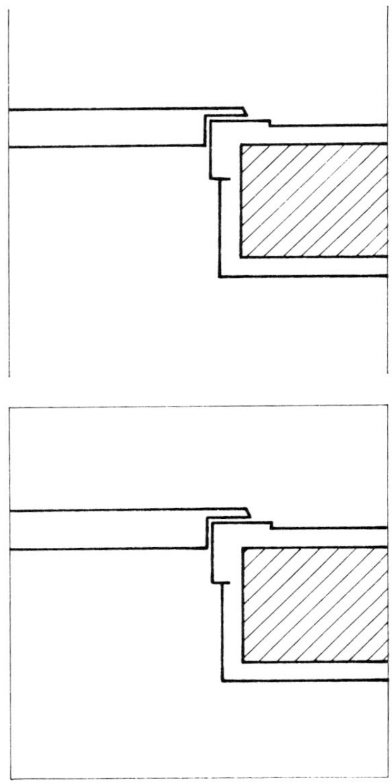

28 Ausschnittbegrenzungen

Bemaßen

1. Allgemeine Hinweise

Die Bemaßung von Bauzeichnungen (DIN 1356 vom Juli 1974) weicht in einigen Teilen von der DIN 406 für Metallberufe ab. Es gelten im allgemeinen die Rohbaumaße. Für die Bemaßungslinien wird die schmale Vollinie als dünnste Linie in der Darstellung benutzt. Niemals darf hierzu die Strichlinie genommen werden. Korrektes Vorgehen ist Grundbedingung, um eindeutig ablesen zu können, von wo bis wo welche Kante mit welcher Maßeinheit gemessen worden ist.
Die Klarheit des gezeichneten Gegenstandes darf durch die Bemaßung nicht beeinträchtigt werden. Maler haben die gesamte Bemaßungstechnik sicher zu beherrschen, da sie aus ihr die Aufmaße für ihre Bearbeitungsflächen erstellen. Die Bemaßung **(30)** besteht aus der Maßzahl (1), der Maßlinie (2), den Maßhilfslinien (3) und der Maßlinienbegrenzung (4).

2. Die Maßzahl

Sie ist nicht zu schreiben, sondern sorgfältig zu zeichnen. Formgerecht geht das mit der genormten Schriftschablone. Die Größe der Maßzahl – sie darf nicht kleiner als 2,5 mm sein – wird dem Zeichenformat angepaßt. Sie steht in der Regel senkrecht gezeichnet mitten über der durchgezogenen Maßlinie. Der Abstand von ihr soll 1–2 mm betragen. An senkrechten Umriß- oder Kantenlinien muß die Maßzahl von rechts, das heißt von unten nach oben lesbar sein **(31)**. Maßzahlen dürfen durch Mittel- oder Hilfslinien nicht geschnitten werden.
Die Maßeinheiten richten sich nach der Art des dargestellten Objektes. Es ist zu empfehlen, die gewählte Maßeinheit zusammen mit dem Maßstab anzuführen, zum Beispiel M 1:100 – m. Außerdem ist auf die Schreibweise der Maßzahlen zu achten (s. Tabelle).

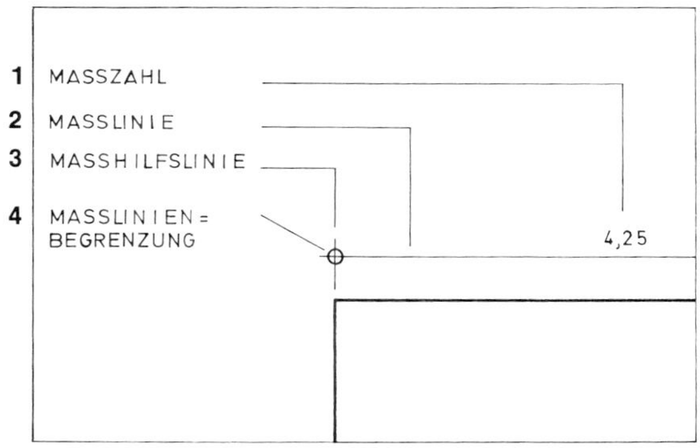

30 Die Bemaßung

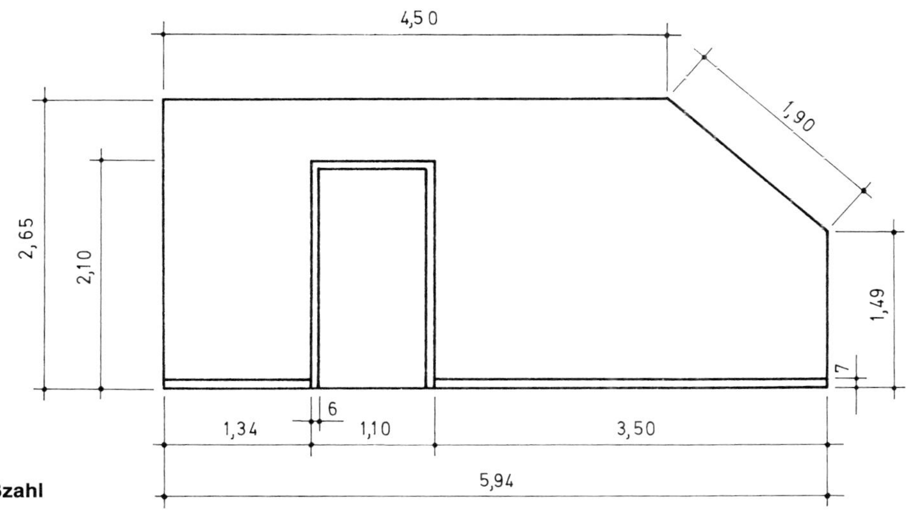

31 Die Maßzahl

Tabelle III

Maß-einheit	Maße unter 1 m			Maße über 1 m	
m	0,5	0,25	0,75^{4}	1,0	4,315
cm	5	25	75,4	100	431,5
cm/m	**5**	**25**	**75,4**	**1,00**	**4,31^{5}**
mm	50	250	754	1000	4315

halbfett = gebräuchlichste Schreibweise:
unter 1 m = cm-Werte ohne Komma, mm als Hochzahl
über 1 m = m-Werte mit Komma, mm als Hochzahl

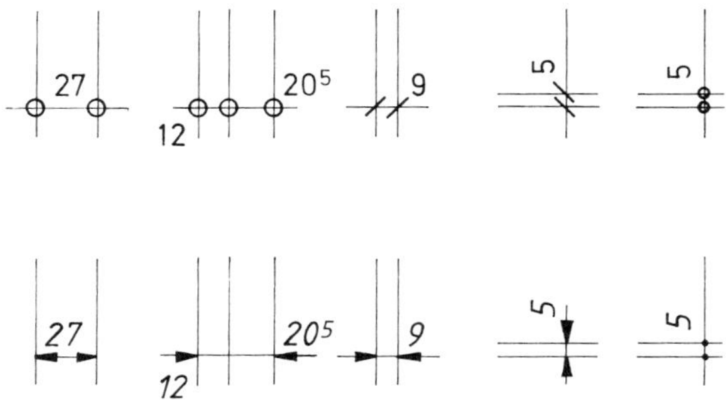

32 Enge Maßlinienzwischenräume

Wenn Maßzahlen auf zu kurzen Maßlinien keinen Platz finden, werden sie wie in Abbildung **(32)** eingetragen. An schräg verlaufenden Kanten ist die Maßzahl nach Abbildung **(33)** anzuordnen. Die Schräglage 30° von der Vertikalen ist optisch unvorteilhaft. Daher sind bei solchem Kantenverlauf Maßzahlen möglichst zu vermeiden. Sollte ihre Angabe nicht zu umgehen sein, dann können sie von links lesbar gezeichnet werden. Da der kritische 30°-Bereich auch bei der Winkelbemaßung vorliegt **(34)**, sollte außerhalb dieser Zone bemaßt werden.

Die Bemaßung von Kreisbögen und Radien zeigt Abbildung **(35)**. Radien erhalten vor der Maßzahl den Großbuchstaben R. Bei Segmentbögen ist zu beachten, daß die Maßhilfslinien senkrecht zur gedachten (nicht eingezeichneten) Sehne stehen. Über die Maßzahl ist das Bogenzeichen ⌒ zu setzen. Die Maßlinie folgt dem Bogenverlauf **(36)**. Sollte aus der Darstellung eines Körpers mit nur einer Ansicht nicht ersichtlich sein, daß es sich um ein Prisma mit quadratischem oder mit kreisförmigem Querschnitt handelt, so ist vor die Maßzahl eines der zutreffenden Zeichen □ ∅ zu setzen **(37)**.

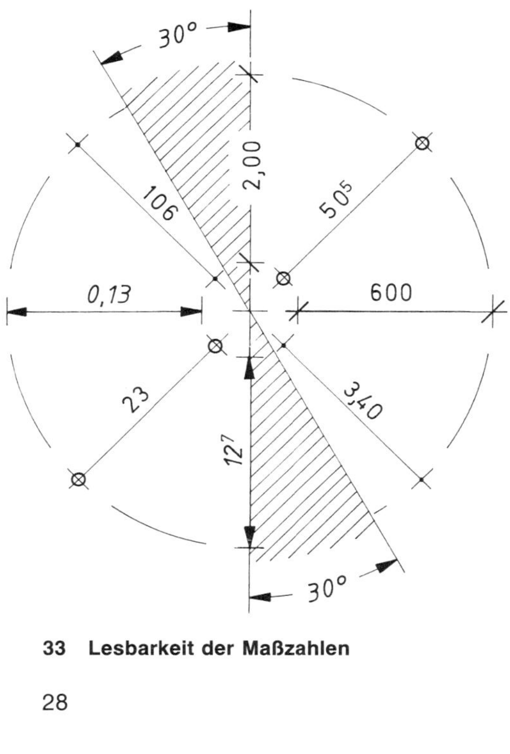

33 Lesbarkeit der Maßzahlen

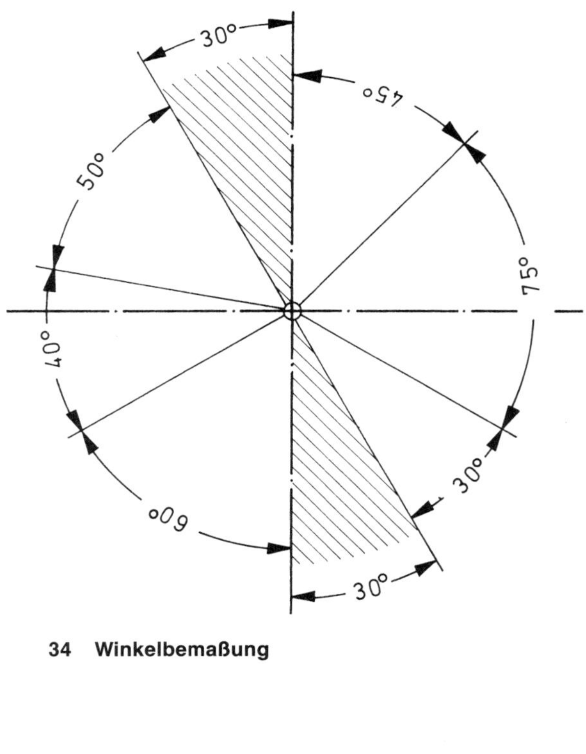

34 Winkelbemaßung

Dicken von Platten und Blechen sind innerhalb der Fläche zu kennzeichnen. Bei Platzmangel kann das Maß auch außerhalb stehen, zum Beispiel 4 dick.
Wandöffnungen in Grundrissen werden heute so bemaßt, wie es Abbildung **(38)** ausweist. Die zusätzliche Höhenangabe von Türen und Fenstern ist dann unter der Maßlinie anzuordnen. Das bietet die Grundlage für das Aufmessen von Malerarbeiten, bei denen das erste Maß gleichfalls die Breite und das zweite unverwechselbar die Höhe einer Wandöffnung bedeutet. Für Skizzen und Entwürfe können Maler auch nach Abbildung **(39)** verfahren.

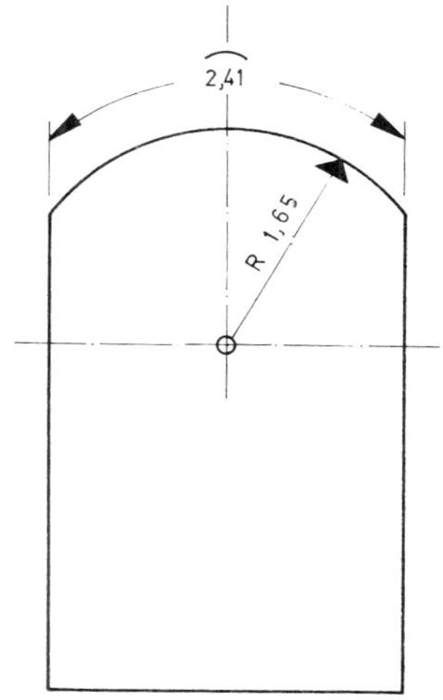

36 Bögen bemaßen

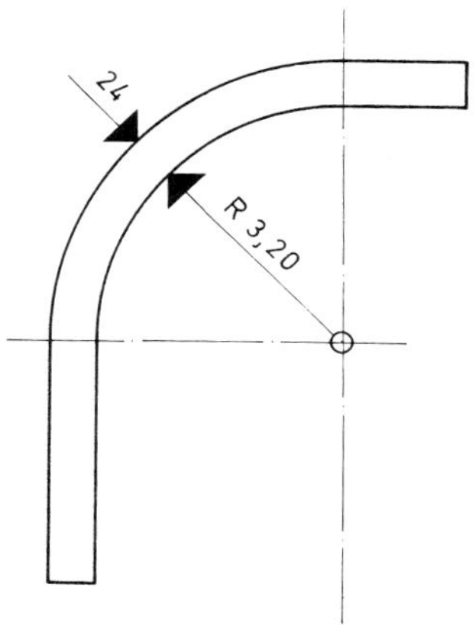

35 Radien und Kreisbögen

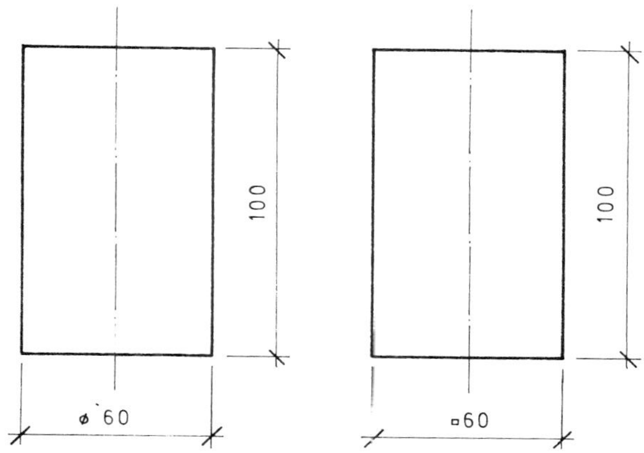

37 Quadrat- und Durchmesserzeichen

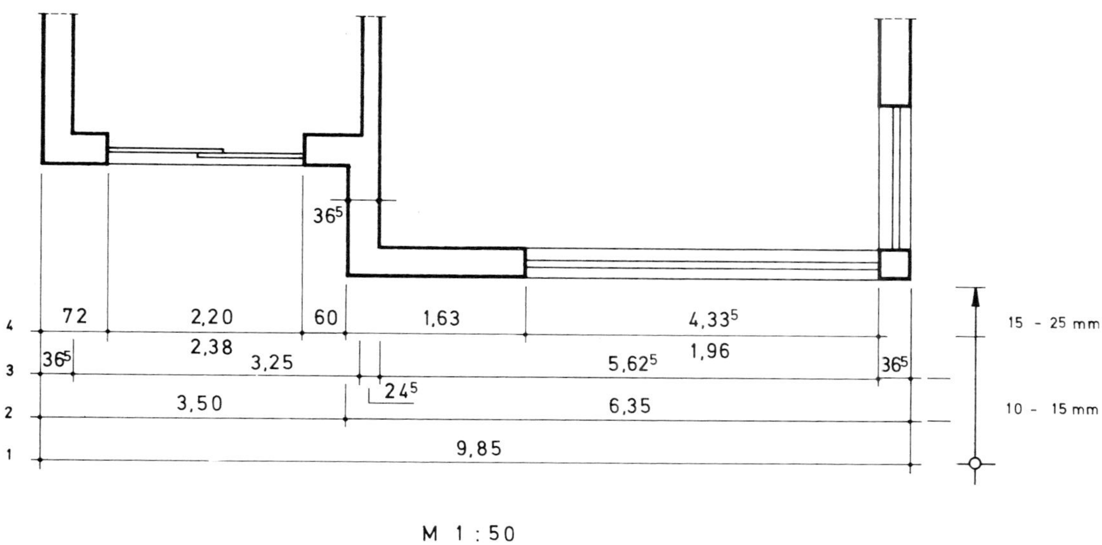

38 Maßketten und Wandöffnungen

3. Die Maßlinien

Sie werden als schmale Vollinien parallel zur bemaßten Kante in mindestens 8 mm Abstand zu ihr gezogen. Maßlinien kreuzen sich mit den beiden Maßhilfslinien, je nach Maßstab mit 2–4 mm Überstand. Sie können aber auch ohne Maßhilfslinien direkt zwischen den breiten Vollinien der Zeichnung, zum Beispiel bei einem Grundriß, verlaufen. Heute brauchen sie aus Gründen der Arbeitserleichterung nicht mehr für die Maßzahl unterbrochen zu werden.
Maßlinien dürfen durch andere Linien nicht geschnitten werden. Sie selbst können sich untereinander kreuzen, wenn es unumgänglich ist. In diesem Fall muß eine der beiden Maßlinien unterbrochen werden.

4. Die Maßhilfslinien

Sie sind als schmale Vollinien im rechten Winkel, also senkrecht zur bemaßten Kante zu ziehen. Maßhilfslinien beginnen bei Bauzeichnungen von den bemaßten Kanten deutlich abgesetzt in etwa 2 mm Abstand **(40.1)**. Bei Zeichnungen im Metallbereich beginnen sie laut DIN 406 unmittelbar an der Umrißlinie beziehungsweise Kante **(40.2)**.

5. Die Maßlinienbegrenzung **(41)**

Hierfür gibt es verschiedene Möglichkeiten:
Punkte werden mit Tuschefüller 1,0 oder 1,4 mm, ungefähr ein Drittel der Maßzahlenhöhe, gesetzt **(41.1)**.
Kreise sind nach der Baunorm DIN 1356 mit der mittleren Vollinie zu ziehen. Dazu wird die Schablone benutzt. Die Schnittpunkte der Bemaßungslinien müssen in den offenen Kreisen – Durchmesser ungefähr zwei Drittel der Maßzahlenhöhe – sichtbar bleiben **(41.2)**.
Schrägstriche werden mit der mittelbreiten Vollinie ungefähr 4–5 mm lang nur rechtsschräg im Winkel von 45° gezogen. Sie eignen sich besonders für die Skizze **(41.3)**.
Liegende Kreuze sind nur für Stoffachsen vorgesehen **(41.4)**.
Der 90°-Pfeil, voll mit Tusche zugelegt, wird für Radien verwendet **(41.5)**.
Der *15°-Pfeil,* ebenfalls voll zugelegt, gilt mit seiner schlanken Spitze für den Metaller. Die Länge beträgt ungefähr das Fünffache der breiten Vollinie. Die Spitzen haben sich mit den Maßhilfslinien zu berühren. Mit Schriftschablonen lassen sie sich maßstabgerecht zeichnen. Wenn es sich nicht um Bauzeichnungen handelt, die den strengen Maßstäben des Ingenieurs entsprechen müssen, könnte sich der Maler für die schlanken Maßpfeile entscheiden, weil diese seinem gestalterischen Empfinden mehr entsprechen **(41.6)**.
Für *eine* Darstellung darf nur *eine* Möglichkeit der Maßlinienbegrenzung verwendet werden. Ausgenommen ist der 90°-Pfeil für eventuell vorkommende Radien.

6. Maßketten

Sie sind übersichtlich anzuordnen, im allgemeinen parallel unter der Darstellung und rechts von ihr. Maßketten müssen von außen nach innen geordnet werden, da in Darstellungsnähe die meisten Maßzahlen erforderlich sind. In Abbildung **(38)** ist die Maßkette 1 für das Gesamtmaß, die Maßkette 2 für Vor- und Rücksprünge von Mauerwerk, 3 für Mauerdicken sowie Räume und 4 für Pfeiler und Wandöffnungen vorgesehen.
Doppelte Maßeintragungen sind zu vermeiden. Die Summe aller Teilstücke hat das Gesamtmaß zu ergeben.
Je nach Maßstab und Höhe der Maßzahlen sind die Abstände der Maßlinien zu wählen. Bei eng übereinanderlaufenden Ketten können die Maßzahlen versetzt eingetragen werden. Wenn es der Maßstab zuläßt (ab M 1:50), dürfen Maße auch innen eingetragen werden. Dabei ist zu beachten, daß die Raummitten für etwaige Eintragungen frei bleiben.

7. Hinweislinien (Bezugslinien) **(42)**

Für die Bemaßung sind sie möglichst zu vermeiden. Enge Zwischenräume können Ausnahmen bilden. In einem solchen Fall ist die Linie kurz zu halten. Hinweislinien zu einer Fläche enden mit einem Punkt auf der Darstellung, zu einer Kante mit einem Pfeil. Weisen sie auf Linien, Zahlen oder Beschriftungen, so enden sie frei. Sie müssen in Blökken, möglichst nur rechtwinklig, geordnet werden und dürfen höchstens zweimal abgewinkelt sein. Hinweise unter 45° sind nur gestattet, wenn sie zur Verdeutlichung beitragen. Querschnitte können mit einer Hinweislinie in Bruchform bemaßt werden.

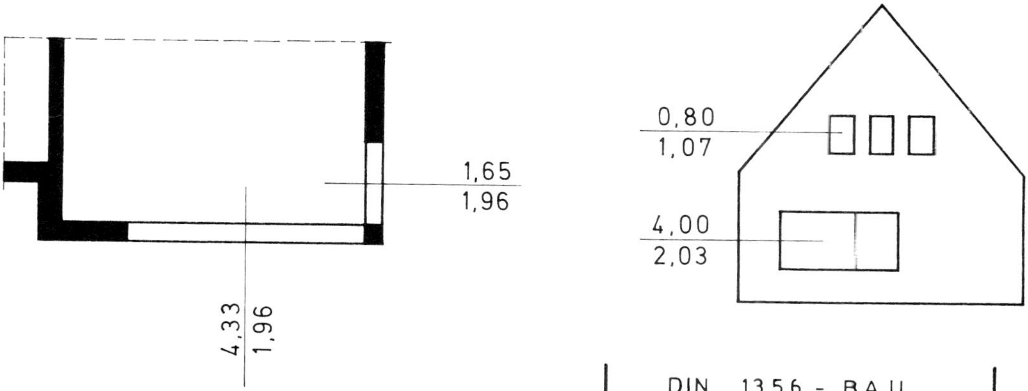

39 Wandöffnungen nach Malerart

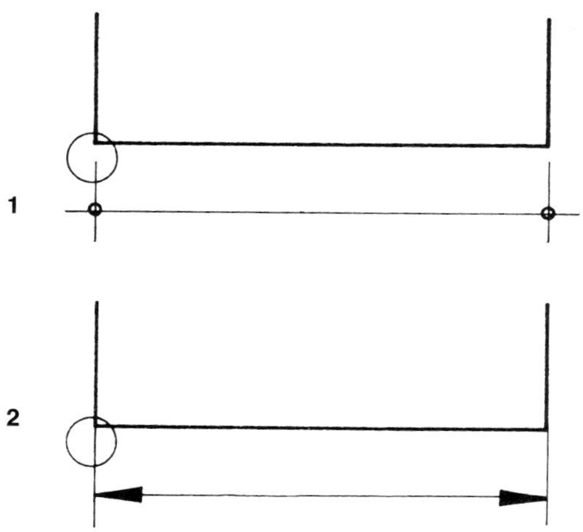

40 Maßhilfslinien

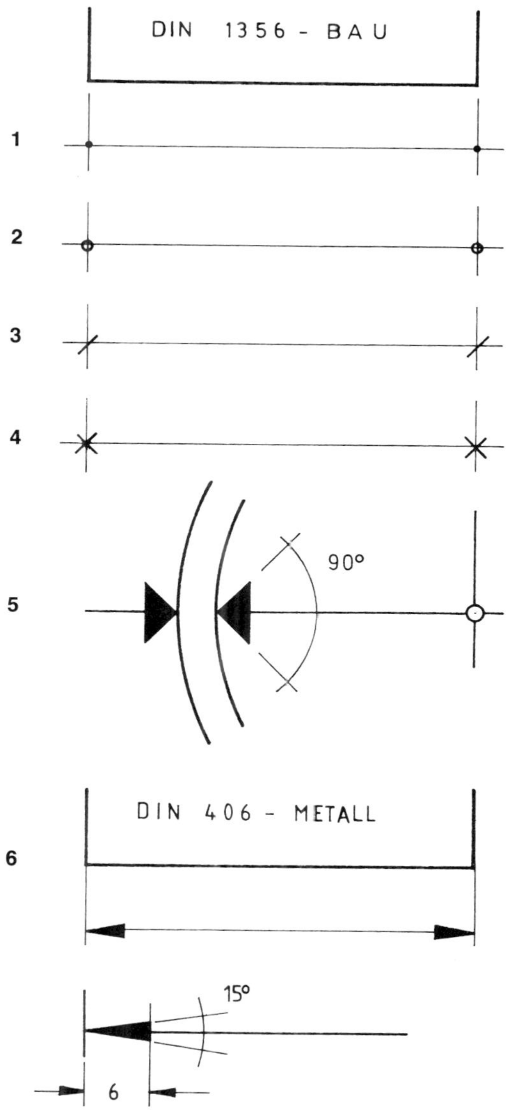

41 Maßlinienbegrenzung

8. Fehlerhafte Bemaßungen

Abbildung **(43)** zeigt fehlerhafte Bemaßungen. Man prüfe, wo die Fehler und Nachlässigkeiten zu finden sind. Das geschieht am besten, wenn die Punkte 1–7 dieses Kapitels überdacht und mit den dazugehörigen Bildbeispielen verglichen werden.

9. Schritte beim Zeichnen der Bemaßung

Sie sind in Abbildung **(44)** dargestellt. Bemaßt wird erst, nachdem die Zeichnung in Graphit und Tusche fertig ist.
Die Arbeit mit Graphit:
Mit einem Feinminenstift sind die Maßhilfslinien zu ziehen **(44.1.1)**
Die Maßlinien werden gezogen **(44.1.2)**

Die Arbeit mit Tusche:
Die Maßlinienbegrenzungen sind mit Schablone beziehungsweise frei zu zeichnen **(44.2.1)**
Die Maßzahlen werden mittels Schablone gezeichnet **(44.2.2)**
Kontrolle auf Vollständigkeit und Richtigkeit
Die Maßlinien, danach die Maßhilfslinien ausziehen **(44.2.3)**
Endkontrolle und Abradieren des Graphitstaubes, eventuell ausbessern und ergänzen.
Bleibt eine Darstellung eine Bleistiftskizze, so wird auch die Bemaßung einschließlich ihrer Maßzahlen in Bleistift ausgeführt.

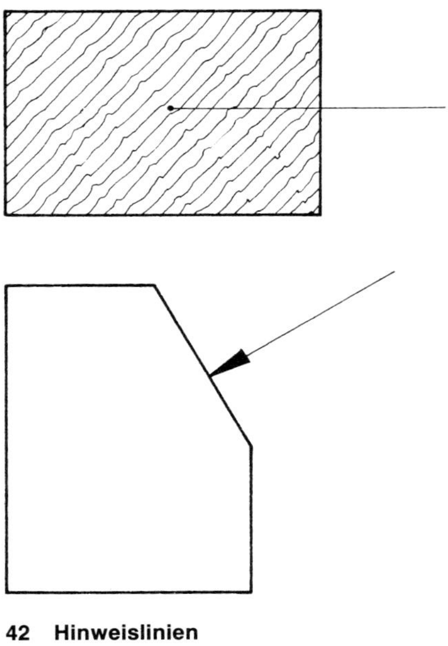

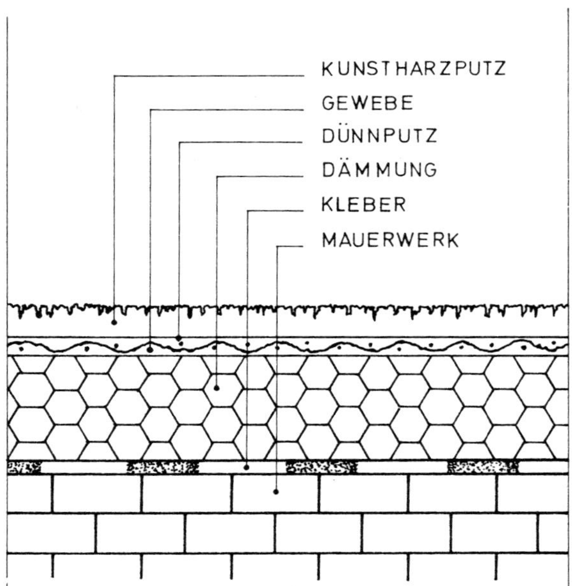

42 Hinweislinien

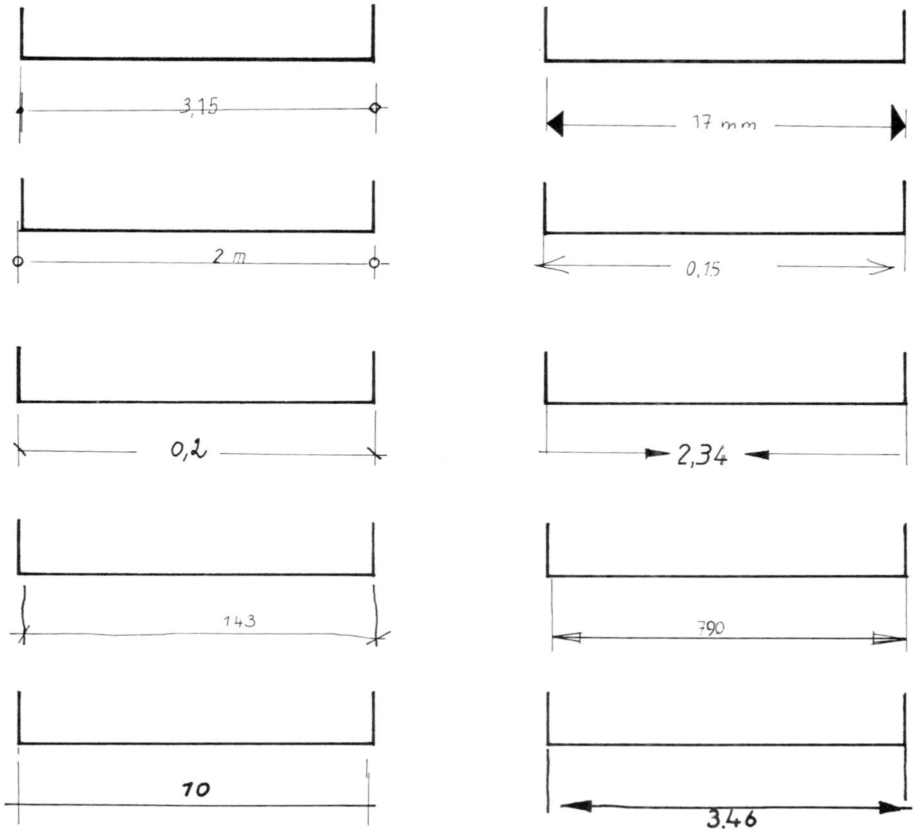

43 Fehlerhafte Bemaßung

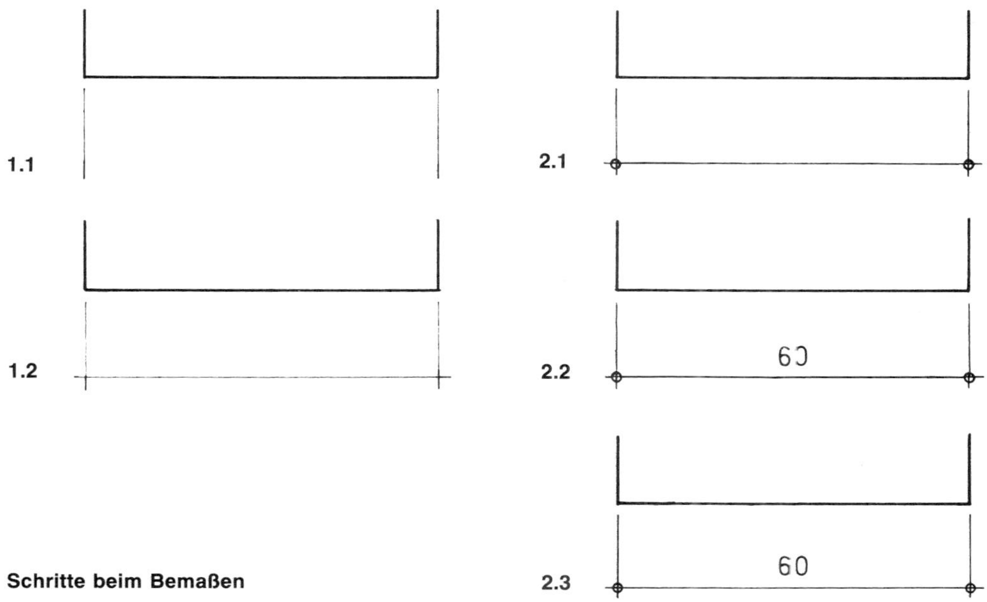

44 Schritte beim Bemaßen

Beschriften

Es ist für die Gesamtwirkung unserer Zeichnung von großer Bedeutung. Da Maler grundlegende Schriftkenntnisse und -fertigkeiten besitzen, dürfte das Beschriften von Zeichnungen keine Schwierigkeiten bereiten. Diesen Bestandteil einer jeden Zeichnung sollten wir daher mit besonderem Eifer behandeln.

Die Beschriftung muß folgende Forderungen erfüllen:

Das Schriftbild ist deutlich lesbar zu gestalten. Das einzelne Wort oder der kurze Text soll für den Inhalt typisch sein. Die Schriftzeilen sollen den richtigen Platz erhalten, d. h., sie sind geordnet, übersichtlich, schmükkend, aber ohne die Darstellung zu beeinträchtigen, einzusetzen. Alle Schriftzeichen sind formgerecht und sauber auszuführen. Form, Maßstab und Linienstärke sind dem Wesen der Zeichnung anzupassen. Die Größe hängt außerdem von der Wichtigkeit des Inhaltes ab. Es ist immer vorteilhaft, die Schriftgröße, besonders auch den Namen, möglichst klein zu wählen, damit sie sich der Darstellung unterordnet. Die Schriftart und das Schreibmaterial dürfen auf einem Blatt nicht wechseln. Wenn die Zeichnung in Blei ausgeführt ist, dann muß auch mit dem Bleistift beschriftet werden. Auch bei farbigen Arbeiten ist zu empfehlen, die Schrift in dünnen Linien mit hartem Blei zu zeichnen. Andere Materialien, z. B. Tusche, wären in der Wirkung zu hart und würden das Gesamtbild stören.

In der Praxis des Technikers ist die Beschriftung (Zeichen und Anordnung) nach DIN genormt. Für unsere Zeichenarbeit wird dies nicht verlangt. Wir sind daher nicht gezwungen, die nüchterne Normschrift anzuwenden. Jeder Maler sollte eine eigene Schriftart für seine Zeichnungen entwickeln. Am besten eignet sich eine Grotesk **(45)**, die der sachlichen Normschrift entgegenkommt, aber doch etwas gefälligeren Charakter besitzt. Es ist anzuraten, für Haupttexte nur Großbuchstaben zu benutzen, da diese ein schöneres Zeilenbild ergeben und wegen ihrer vorwiegend geraden Linienelemente einfacher zu zeichnen sind.

Über die Schreibtechnik braucht für Maler an dieser Stelle nichts Wesentliches ausgeführt zu werden. Auf einige Punkte soll aber hingewiesen werden:

Die Schrift darf auf keinen Fall mit flüchtiger Hand geschrieben werden. Es hat Buchstabe für Buchstabe in sorgfältiger Zeichenarbeit zu entstehen.

Die vorgeschriebenen Buchstabenbreiten sind einzuhalten.

Zwischen den Buchstaben sollen die Zwischenraumflächen optisch ausgewogen sein. Das ist immer ohne Probleme zu schaffen, wenn möglichst weite Abstände gewählt werden. Es fördert außerdem die Lesbarkeit, die im anderen Falle bei einer Großbuchstabenzeile nur schwer zu erreichen ist.

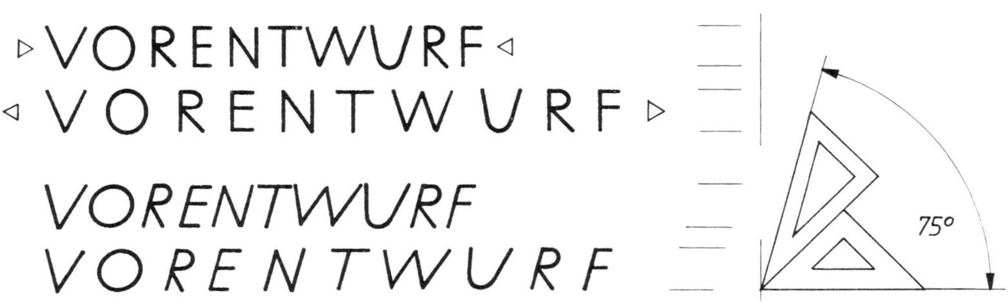

45 Freihand-Grotesk

Die Bauschrift der Architekten und Maler eignet sich gleichfalls für die Zeichnungen des Malers. Sie ist ihm nicht fremd, weil sie als eine Grotesk aus der römischen Capitalis Quadrata entwickelt wurde. Außerdem kommt sie seinem Gestaltungssinn entgegen. Für ihre senkrechte Form gibt es Schriftschablonen, sie kann aber auch mit freier Hand kursiv angewendet werden.
In Abbildung **(46)** ist ihre Konstruktion mit den festgelegten Buchstabenbreiten dargestellt. Bei den Ziffern ist zu beachten, daß nur die 1 und die 0 Quadrathöhe beanspruchen. Die geraden Zahlen besitzen zusätzlich 1/7 als Oberlänge **(46)**. Für die ungeraden Zahlen kommt 1/7 Unterlänge dazu. Die Linienbreiten der Bauschrift können der Tabelle IV entnommen werden. Sie betragen 1/14 ihrer Schrifthöhe.

Tabelle IV

Schrifthöhe mm	Linienbreite mm
2,5	0,25 (0,18)
3,5	0,25
5,0	0,35
7,0	0,50
10,0	0,70

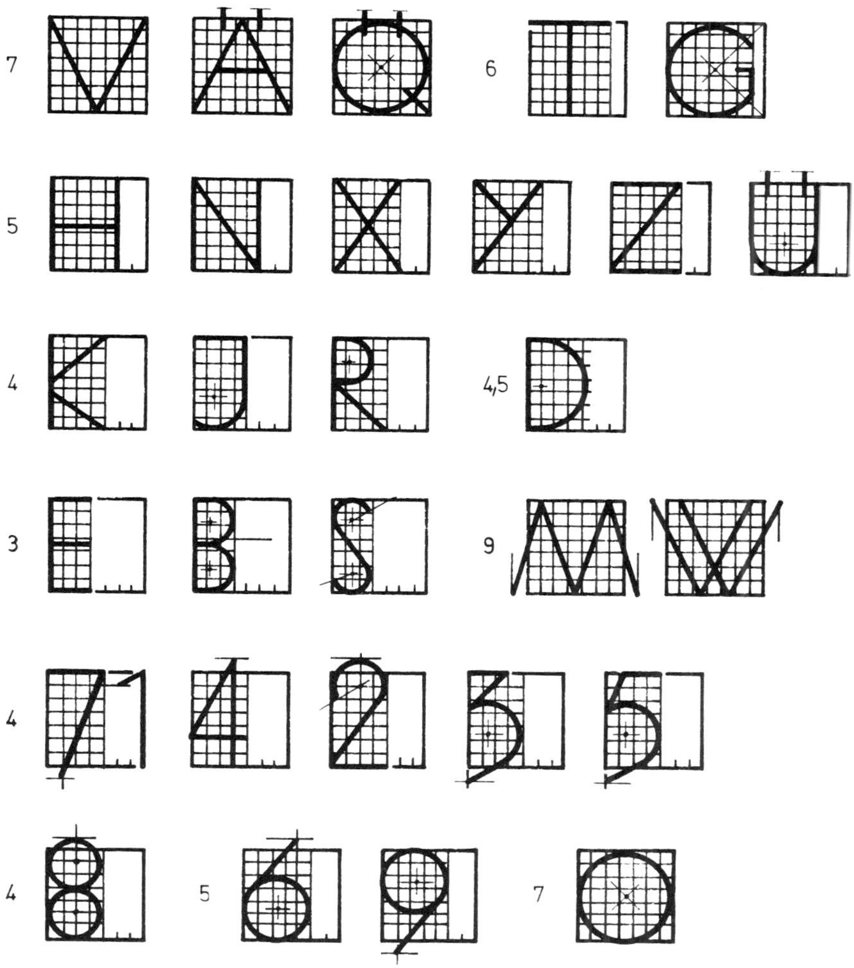

46 Die Bauschrift

Abbildung **(47)** zeigt am Beispiel »LAMPE« den Ausgleich der Buchstabenzwischenflächen. Da die Gesetze für diese optische Ausmittlung jedem geschulten Maler bekannt sind, braucht hierauf nicht weiter eingegangen zu werden.
Für die ingenieurgemäße Zeichnung ist nach der modernen DIN 6776 zu beschriften. Sie ist nach ISO 3098 international genormt und steht mit der Schriftform B im Verhältnis 1:10. Sie kann kursiv und vertikal gezeichnet werden **(48)**.
Diese neue, erstmals international genormte Schrift ist der Computerschrift nachempfunden. Sie ist als klare Ingenieurschrift der reinen Zweckform unterworfen und bietet folgende Vorteile:

1. Gute Lesbarkeit, da die einzelnen Teile unverwechselbare Merkmale haben.
2. Zeichnung und Schrift haben dieselbe Linienbreite.
3. Leichtes Zeichnen mit und ohne Schablone, da alle Rundungen in die Senkrechten gerade einlaufen.
4. Leichter Schreibfluß ohne dunkel wirkende Tuscheanhäufungen, da die vereinfachten Formen keine Tangenten bilden.
5. Die Schriftschablonen sind dieser Norm angepaßt.

Daher beim Kauf auf das Zeichen ISO achten!
Die Tabelle V zeigt die Maße der für die Praxis gebräuchlichsten Schriftform B (DIN 6776 = ISO 3098/I B).

Tabelle V

Verhältnis	1:10	Maße in mm				
Linienbreite		1	0,7	0,5	0,35	0,25
Schrifthöhe der Großbuchstaben	10/10	10	7	5	3,5	2,5*
der Kleinbuchstaben	7/10	7	5	3,5	2,5	–
Mindestabstand zwischen den Buchstaben	2/10	2	1,4	1	0,7	0,5**
zwischen den Wörtern	6/10	6	4,2	3	2,1	1,5
zwischen den Zeilengrundlinien	16/10	16	11,4	8	5,7	4

* *Schrifthöhe nicht kleiner als 2,5 mm!*
** *Buchstabenabstände optisch ausgleichen!*

47 Optische Ausmittlung

47.1 Gleiche Abstände = optisch unausgewogen

47.2 Gleiche Flächen = optisch ausgewogen geschlossene Buchstaben (G) = weit auseinander
offene Buchstaben (O) = eng aneinander

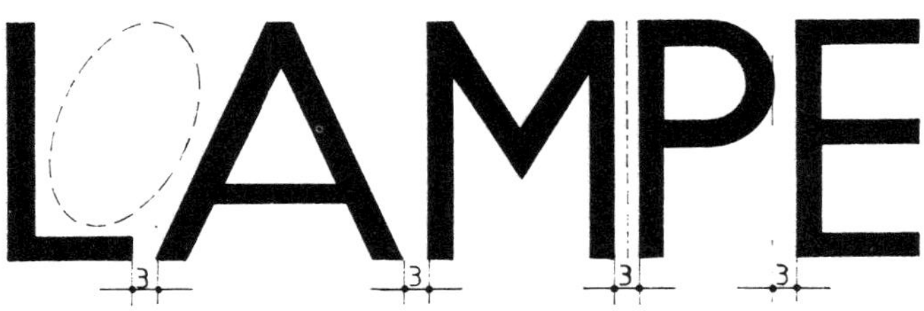

47.1

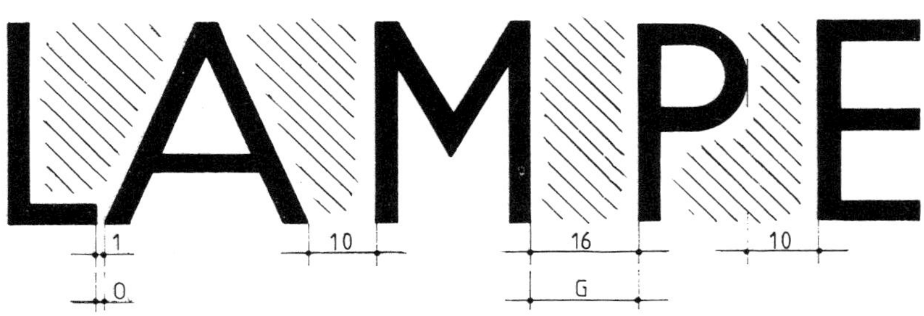

47.2

Diese nüchternen Zweckformen muß sich auch der Maler durch wiederholtes Üben einprägen, besonders da die Schriftzeichen von der ihm geläufigen Grotesk erheblich abweichen.

Zum Üben mit freier Hand und mit Schablone eignen sich die im Handel erhältlichen Normschrift-Linienblätter. Abbildung **(49)** zeigt die beiden üblichen Schriftschablonen, die obere mit Randleisten, die untere mit Z-Profil. In Abbildung **(50)** sehen wir die Handhabe für die unbedingt senkrechte Führung des Tuschefüllers. Sie wird möglich durch das Gelenkstück zwischen Halter und Füller **(15)**. Die Schablone läßt sich sicherer führen, wenn eine rutschfest beschichtete Schablonen-Anlegeschiene benutzt wird.

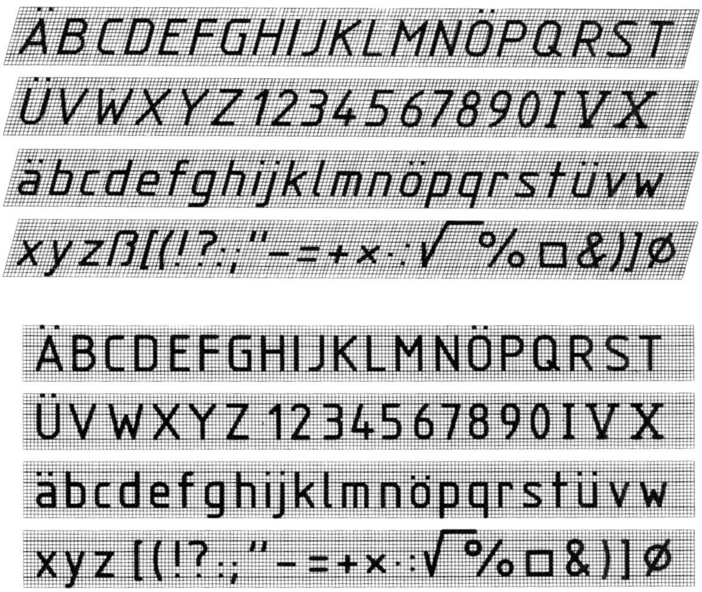

48 Normschrift DIN 6776

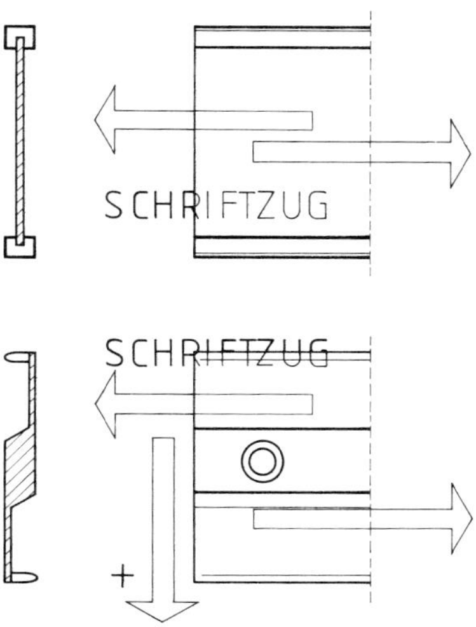

49 Schriftschablonen-Profile

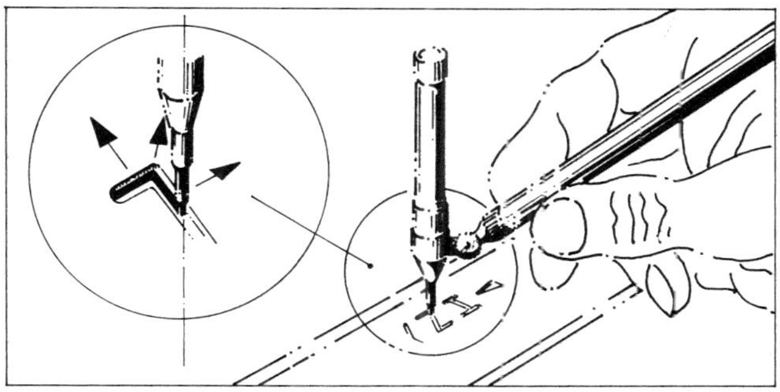

50 Führen des Tuschefüllers

Technische Zeichnungen erfordern Konstruktionen nach geometrischen Gesetzen. Unter Konstruieren versteht man das schrittweise Zusammenfügen einer Zeichnung aus verschiedenen Linien und Punkten mit Zirkel und Lineal. Diese Zeichnungsverfahren braucht jeder Maler vor allem zum Entwerfen geometrischer Ornamente und nicht weniger zum Konstruieren von Schriften. Zunächst müssen die Grundbegriffe für die geometrische Konstruktion verstanden werden.

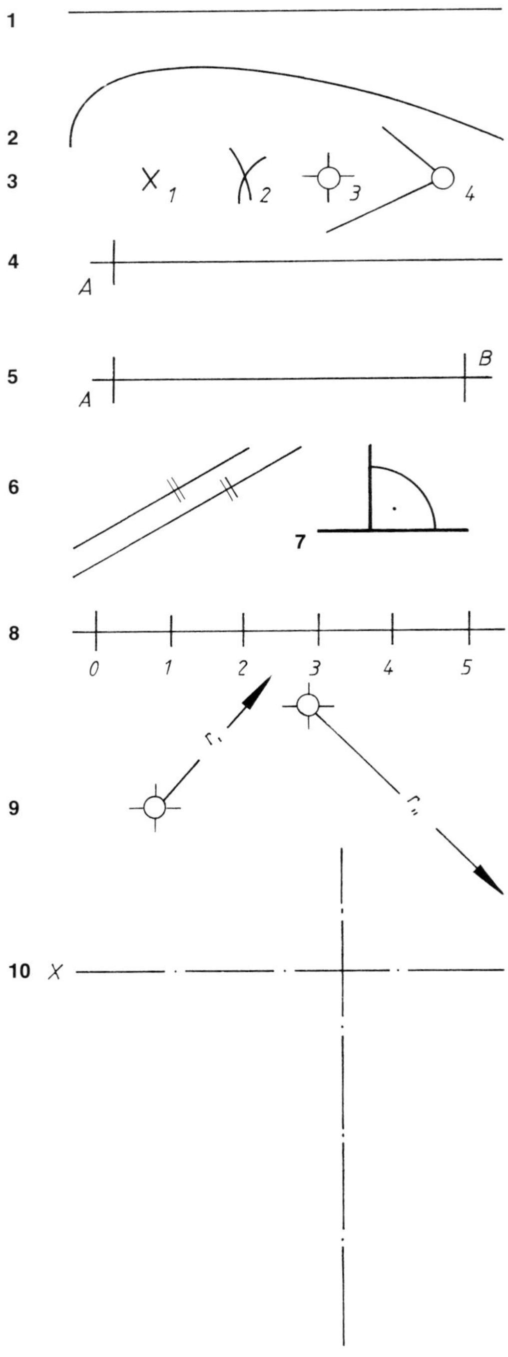

51 **Geometrische Linien**

Geometrische Linien

Zum Verständnis der gebräuchlichsten Konstruktionsverfahren müssen die verschiedenen Linienarten aus der darstellenden Geometrie bekannt sein **(51–53)**.

Die Gerade (gerade Linie) ist eine geometrische Linie ohne Krümmung und ohne Begrenzung, d. h. ohne Anfangs- und Endpunkt **(51.1)**.

Die Kurve ist eine krumme Linie ohne Begrenzung **(51.2)**.

Der Punkt entsteht immer, wenn sich zwei Geraden oder Kurven schneiden (kreuzen, **51.3**). Er hat keine Ausdehnung und Richtung, nur eine bestimmte Lage. Wenn wir beim Zeichnen Punkte festlegen, so ist dies nur durch ein Schneiden zweier Geraden oder Kurven (Zirkelschläge) oder einer Geraden mit einer Kurve vorzunehmen. Die Punkte 3 und 4 in Abbildung **(51.3)** bezeichnen den Einsatzpunkt für den Zirkelschlag bzw. den Scheitelpunkt eines Winkels.

Der Strahl ist eine gerade Linie, die in ihrem Ausgangspunkt beginnt und sich im Unendlichen fortsetzt **(51.4)**.

Die Strecke ist eine durch zwei Punkte (Anfang und Ende) begrenzte Gerade. Sie ist daher in ihrer Ausdehnung bestimmbar (meßbar, **51.5**). Die Begriffe »Strecke«, »Gerade« und »Strahl« sind wegen ihrer unterschiedlichen Wesensmerkmale deutlich zu trennen. Je nach Richtung der Linie spricht man von der Waagerechten, Senkrechten oder Schrägen (Horizontalen, Vertikalen, Diagonalen).

Die Parallele ist eine Gerade, die zu einer anderen Geraden in allen Punkten in gleichem Abstand weiterläuft, ohne die andere Gerade jemals zu schneiden. Selbstverständlich können auch Kurven parallel zueinander verlaufen **(51.6)**.
Der rechte Winkel (90°, **51.7**).
Die Numerierung, z. B. von gleichen Teilungen **(51.8)**.
Der Radius und Radien mit verschiedenen Längen **(51.9)**.
Das Achsenkreuz. Die x-Achse verläuft waagerecht, die y-Achse steht senkrecht **(51.10)**.
Die Tangente ist eine Gerade, die eine Kurve, z. B. einen Kreis, in einem bestimmten Punkt berührt (nicht schneidet!). Der Radius des Kreises trifft die Tangente in ihrem Berührungspunkt im rechten Winkel **(52.1)**.
Die Sehne schneidet in einem Kreis einen Kreisabschnitt außerhalb des Mittelpunktes ab. Sie verbindet als Strecke zwei Punkte des Kreisumfangs. Der Radius trifft die Sehnenmitte senkrecht im rechten Winkel **(52.2)**.
Der Winkel ist eine bestimmbare (Winkelmesser) Neigung zweier sich in einem Punkt schneidender Geraden. Der Schnittpunkt heißt Scheitel. Die beiden Geraden, die Schenkel des Winkels, werden dadurch, daß sie sich schneiden, zu zwei Strahlen **(53)**.

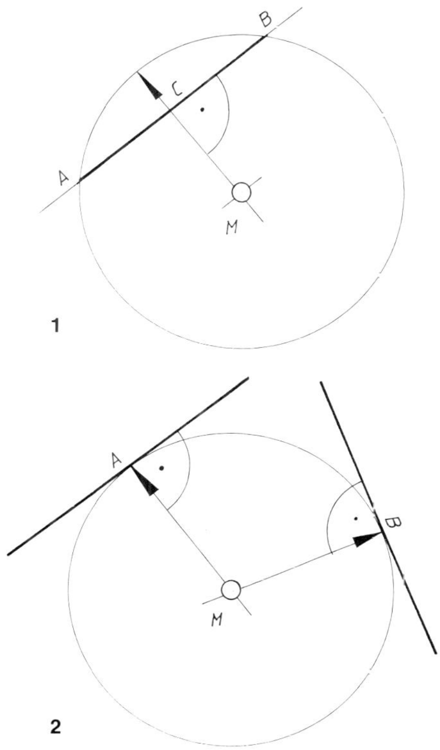

52 Tangente, Sehne

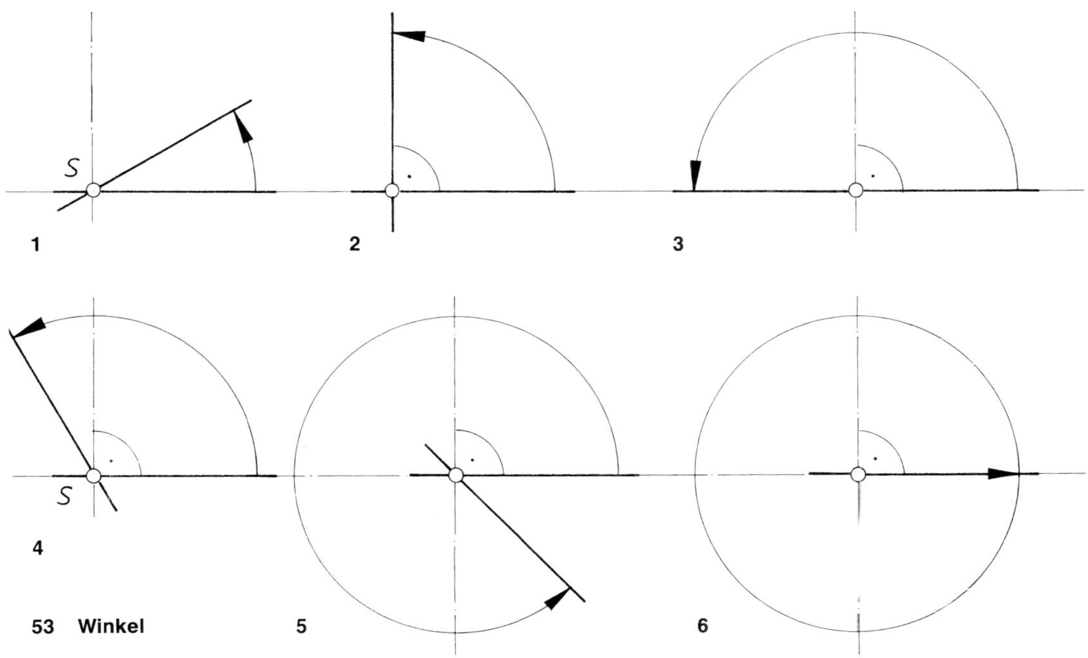

53 Winkel

Winkelarten

Der spitze Winkel, weniger als 90° **(53.1)**; der rechte Winkel, 90°, Viertelkreis **(53.2)**; der gestreckte Winkel, 180°, zwei rechte Winkel, Halbkreis **(53.3)**; der stumpfe Winkel, größer als 180° **(53.4)**; der überstumpfe Winkel nähert sich dem Kreis **(53.5)**; der Vollwinkel, 360°, vier rechte Winkel, Kreis **(53.6)**.
Winkel werden mit den griechischen Buchstaben α, β, γ usw. bezeichnet. Der Winkel mit dem Scheitelpunkt A ist der Winkel α, der mit dem Scheitel B der Winkel β, und der mit dem Scheitel C ist der Winkel γ.

Mathematische Zeichen nach DIN

Sie sind für den Zeichner wichtig. Folgende Auswahl ist vom Maler zu beachten: = gleich; ≠ ungleich. ~ ähnlich, proportional; ≈ etwa. ∥ parallel; ∦ nicht parallel. ⊥ rechtwinklig zu, senkrecht zu. ∢ Winkel. △ Dreieck. < kleiner als; > größer als. Winkelmaße: ° Grad – ' Minute – '' Sekunde (nicht zu verwechseln mit den Zeitmaßen h, min, s!).

Grundlegende Konstruktionen

Abbildung **(54)**:
Die Strecke AB ist zu halbieren **(54.1)**. Ich schlage um die Punkte A und B mit beliebigem Zirkelschlag die gleichen Kreise, die sich in den Punkten C und D schneiden. Die Verbindung CD halbiert die Strecke AB im Punkt E.
Auf einer Geraden ist im Punkt P die Senkrechte zu errichten **(54.2)**. Um den gegebenen Punkt P schlage ich einen beliebigen Kreis, der die Gerade in A und B schneidet. Um A und B schlage ich wiederum mit beliebigem Radius gleiche Kreise, die sich in C schneiden. Die Gerade durch CP ist die gesuchte Senkrechte.
Auf die Strecke AB ist vom Punkt P das Lot zu fällen **(54.3)**. Um den gegebenen Punkt P schlage ich einen beliebigen Kreis, der die Strecke AB in C und D schneidet. Um C und D schlage ich wieder mit beliebigem Radius gleiche Kreise, die sich in E schneiden. Das gesuchte Lot liegt auf der Verbindung PE.
Auf einem Strahl ist in seinem Ausgangspunkt A eine Senkrechte zu errichten **(54.4)**. Um den Ausgangspunkt A schlage ich einen beliebigen Kreis, der den Strahl in B schneidet. Um B schlage ich denselben Kreis, der den ersten in C schneidet. Nun schlage ich um C mit CB als Radius den Kreisbogen. Durch BC ziehe ich die Gerade, bis sie den Kreis mit dem Radius CB im Punkt D schneidet. Die Verbindung AD ist die gesuchte Senkrechte. Damit habe ich gleichzeitig einen rechten Winkel konstruiert.
Mit Hilfe dieser Konstruktion läßt sich ein Quadrat aus der gegebenen Strecke AB oder ein Rechteck aus den gegebenen Strecken AB und BC zeichnen **(54.5, 54.6)**. Wenn ich nach dem oben geschilderten Verfahren in Punkt A den rechten Winkel konstruiert habe, trage ich mit dem Zirkel auf dem freien Schenkel des Winkels die Strecke AB bzw. BC ab. Für das Quadrat schlage ich um den so gewonnenen Punkt D und auch um B mit AB als Radius die Kreise, die sich in C schneiden. Die Verbindung BC und CD ergibt das genau rechtwinklige und gleichseitige Viereck. Für das zu konstruierende Rechteck schlage ich um den Punkt D mit AB und um B mit BC die Kreise, die sich ebenfalls in Punkt C schneiden. Die Verbindungen BC und CD ergeben das gesuchte Rechteck.
Die Begriffe »Lot« und »Senkrechte« sind genau zu unterscheiden. Ein Lot wird von einem gegebenen Punkt aus auf etwas gefällt. Eine Senkrechte wird in einem gegebenen Punkt errichtet. Das gefällte Lot oder die errichtete Senkrechte stehen immer im rechten Winkel zur Geraden oder Strecke.
Der Winkel α ist zu halbieren **(55.1)**. Um den Scheitelpunkt A schlage ich einen beliebigen Kreis, der die beiden Schenkel in den Punkten B und C schneidet. Um B und C schlage ich nochmals mit beliebigem Zirkel gleiche Kreise, die sich in D schneiden. Die Gerade durch AD halbiert den Winkel α.
Der rechte Winkel γ ist in drei gleiche Teile zu teilen **(55.2)**. Um den Scheitelpunkt C schlage ich einen beliebigen Kreis, der die Schenkel in den Punkten A und B schneidet. Mit demselben Radius schlage ich jetzt um A und um B die Kreise, die den ersten Kreisbogen AB in P_I und P_{II} schneiden. Die Geraden durch CP_I und CP_{II} ergeben die gesuchte Dreiteilung.
Der Winkel α ist an eine Gerade im Punkt P anzutragen **(55.3, 55.4)**. Um den Scheitel-

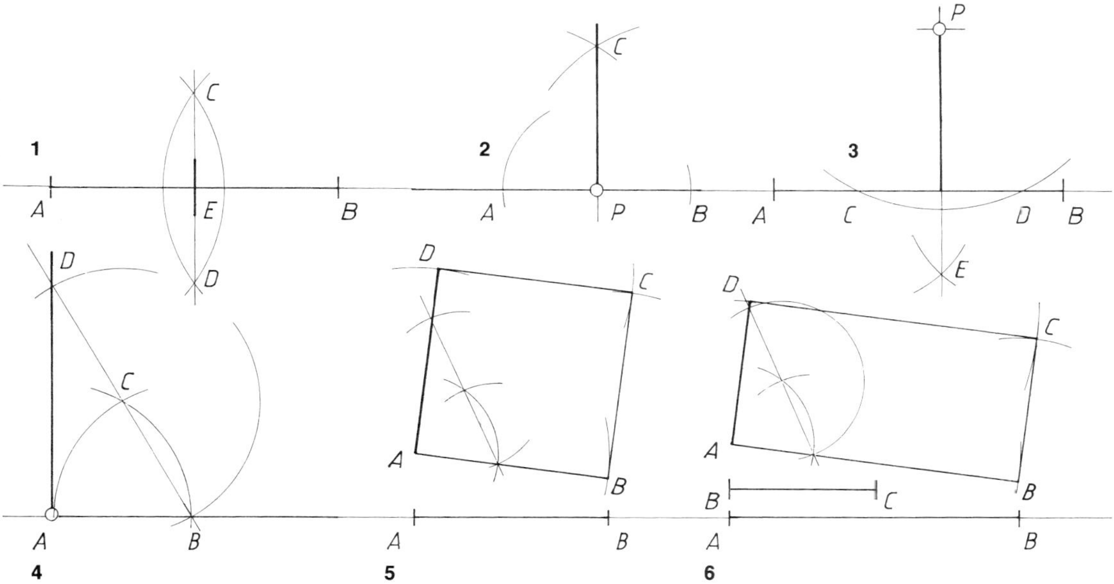

54 Grundlegende Konstruktionen

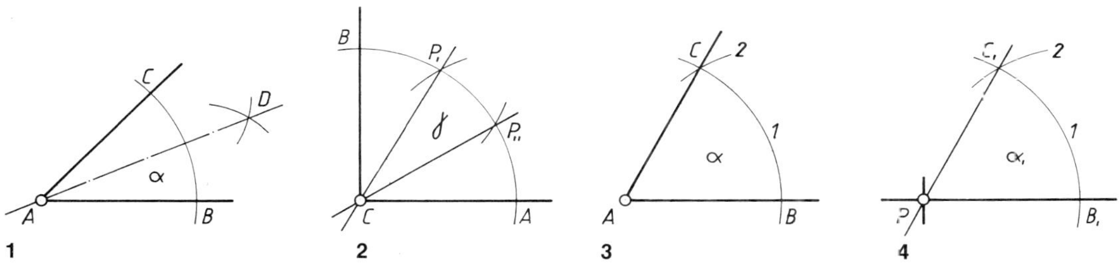

55 Winkelkonstruktionen

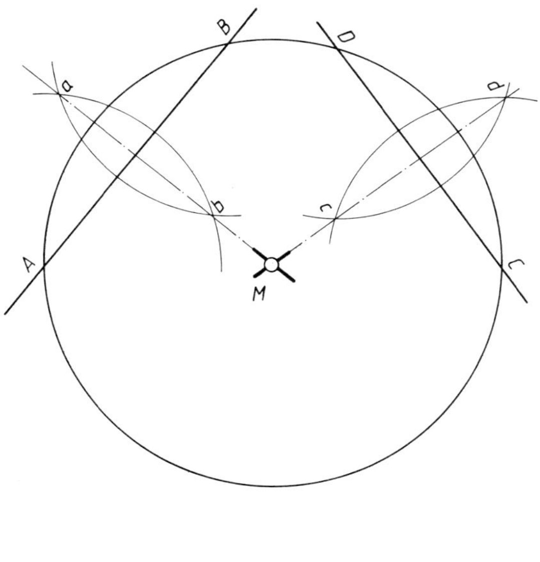

56 Der Kreismittelpunkt

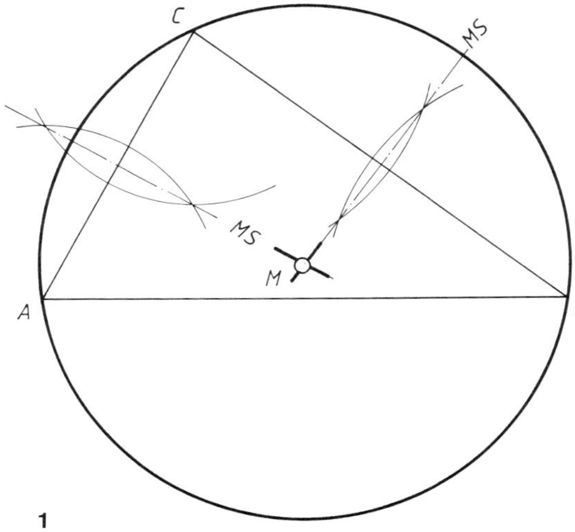

1

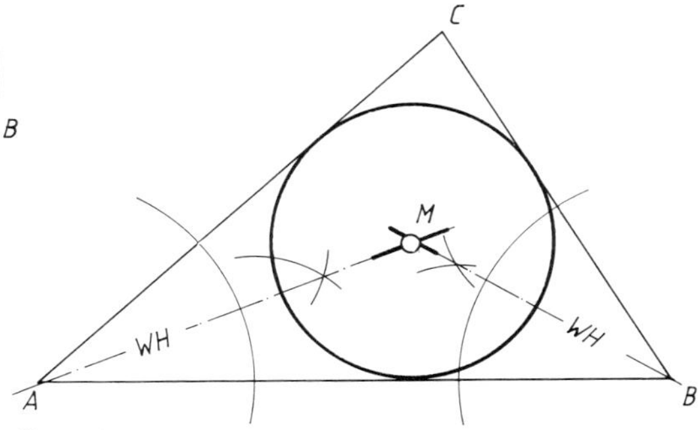

57 Um- und Inkreise **2**

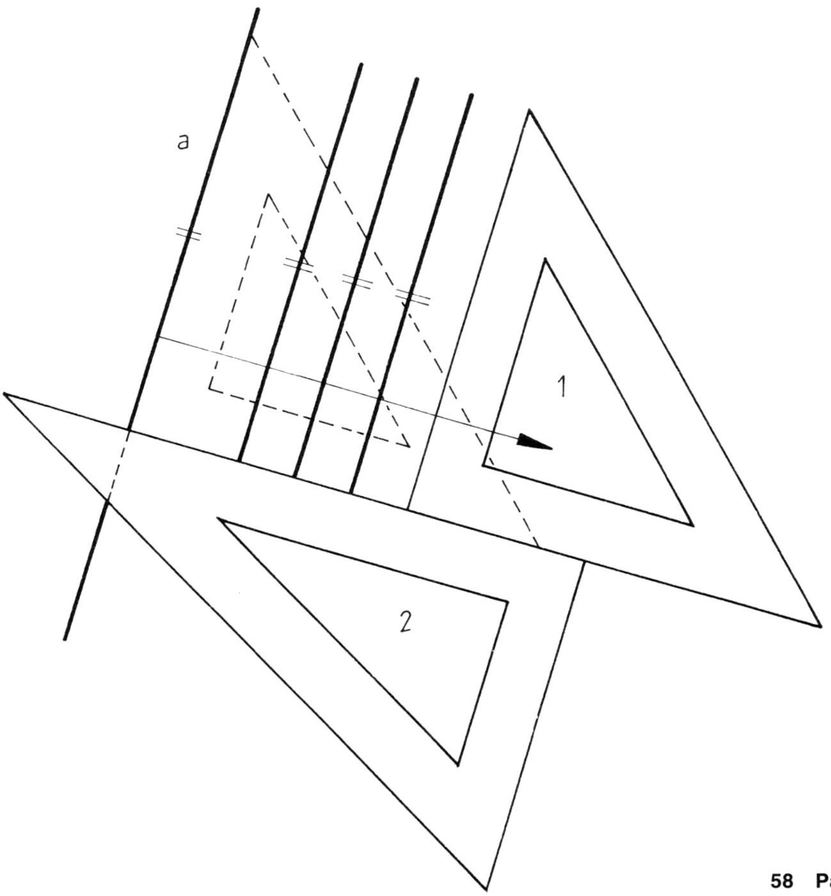

58 Parallelverschiebung

punkt A des Winkels α schlage ich einen beliebigen Kreis, der seine Schenkel in B und C schneidet. Den gleichen Kreisbogen schlage ich um P, so daß ich auf der Geraden den Punkt B_I erhalte. Nun nehme ich vom Winkel α BC als Radius und schlage damit um B_I den Bogen, der sich mit dem Kreis um P in C_I schneidet. Die Verbindung PC_I ergibt den zweiten Schenkel des anzutragenden Winkels α.

Der Mittelpunkt eines Kreises ist zu bestimmen **(56)**. Ich ziehe zwei beliebige Sehnen, die den Kreis in den Punkten AB und CD schneiden. Die Sehnen halbiere ich, indem ich mit beliebigem Radius die gleichen Kreise um A und B und um C und D schlage. Die Halbierungslinien ab und cd schneiden sich im gesuchten Mittelpunkt M.

Der Umkreis um ein Dreieck **(57.1)**. Der Mittelpunkt M wird durch den Schnittpunkt der Mittelsenkrechten MS gefunden.

Der Inkreis in einem Dreieck **(57.2)**. M entsteht durch den Schnittpunkt der Winkelhalbierenden WH.

Parallelen sind zu zeichnen **(58)**. Für Schraffuren und zum Schriftkonstruieren müssen schnell und genau Parallelen gezogen werden.

Das Konstruktionsverfahren, das Parallelverschiebung genannt wird, ist nach der Abbildung erlernbar. Die Ziehkante des mit 1 bezeichneten Dreiecks ist in jedem Fall an die Ausgangslinie a zu führen. Dann wird ein anderes Dreieck, ein Lineal oder die Schiene (in der Abbildung mit 2 angegeben) an die zum Körper weisende Kante des ersten Dreiecks gelegt und gut festgehalten, damit die Parallelverschiebung des ersten Dreiecks möglich wird.

Die Strecke AB ist in beliebig gleiche Abschnitte zu teilen **(59)**. Durch Punkt A ziehe ich in beliebigem Neigungswinkel einen Strahl. Auf diesem schlage ich von A ausgehend mit beliebigem Radius – in unserem Beispiel sechsmal – dieselben Kreise. Den Schnittpunkt C_6 verbinde ich mit B. Zur Strecke BC_6 ziehe ich durch die Schnittpunkte C_5, C_4, C_3, C_2 und C_1 mittels Parallelverschiebung die Parallelen, die auf der Strecke AB die gewünschte Teilung ergeben.

Das Runden eines rechten Winkels **(60)**. Der Radius für die Abrundung ist gegeben. Um den Scheitelpunkt S schlage ich mit r den Kreis, der die Schenkel des Winkels in A und B schneidet. Um A und B schlage ich wiederum mit r die Kreise, die sich in M schneiden. M ist der gesuchte Mittelpunkt für die Rundung des rechten Winkels.

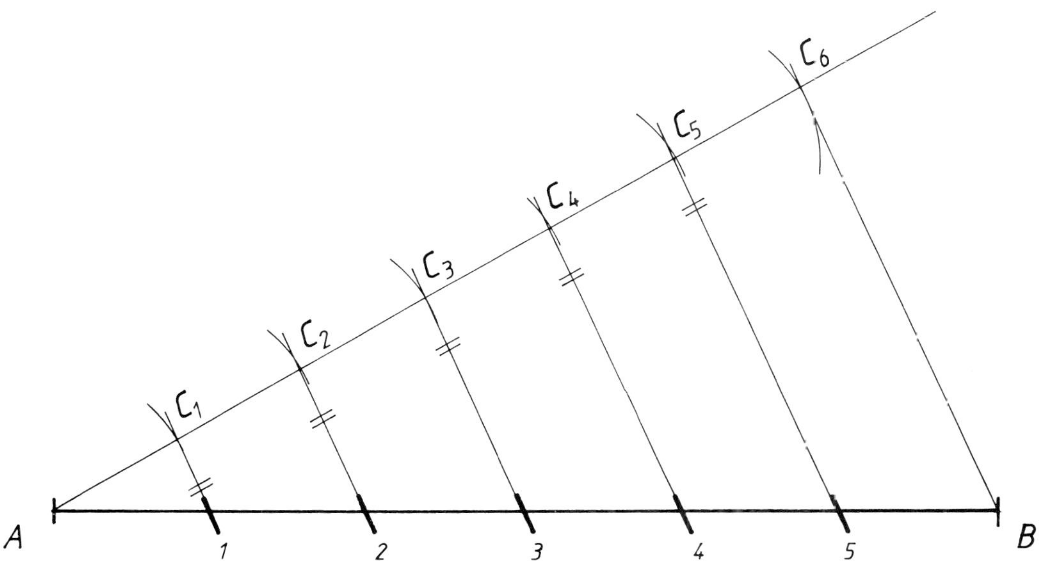

59 Streckenteilung

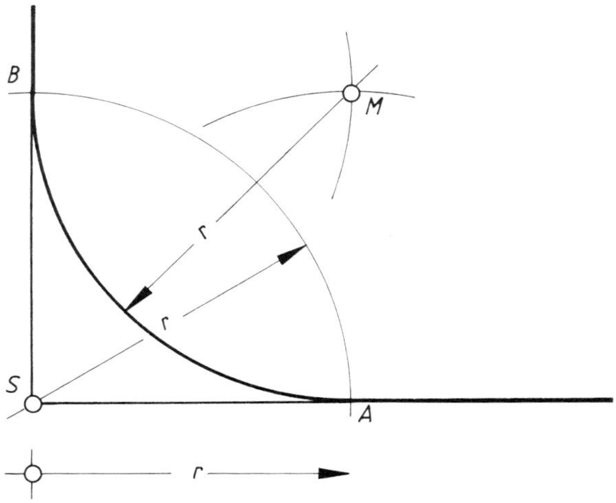

60 Rechte Winkel runden

Zwei Geraden sind mit zwei Kreisbögen zu verbinden **(61)**. Gegeben ist der Radius für die beiden Bögen und der Punkt A für den Bogenanschluß. Zu beiden Geraden ziehe ich im Abstand r jeweils nach innen weisend die Parallelen. M_1, der Mittelpunkt für den ersten Bogen, liegt auf der Parallelen, dort, wo sie die Waagerechte durch A schneidet. M_2 für den zweiten Bogen erhalte ich auf der anderen Parallelen, wenn ich mit 2 x r um M_1 den Kreis schlage. Der Anschlußpunkt B für den zweiten Bogen liegt auf der Waagerechten durch M_2. Die Verbindung M_1M_2 ergibt C als Übergangspunkt für die beiden Bögen.
Durch das Konstruieren mit Zirkel und Lineal erhalten wir schnellere und vor allem genauere Ergebnisse für Abmessungen, Halbierungen, Teilungen, Winkel und für Punktermittlungen als durch Rechnen und Messen. Daher sind für das technische Zeichnen die wichtigsten Konstruktionen eine gute Hilfe. Alle hier erläuterten Verfahren sollen so lange geübt werden, bis sie sicher beherrscht werden. Eine besonders zu empfehlende Übung ist die Konstruktionsbeschreibung mit eigenen Worten (beachte genau den Text zu den Abbildungen!). Kurze Sätze müssen mit den zutreffenden Fachausdrükken der Geometrie den richtigen Konstruktionsgang beschreiben. Solche Textübungen schärfen den Blick für das Wesentliche und erziehen zum logischen Gedankenaufbau.

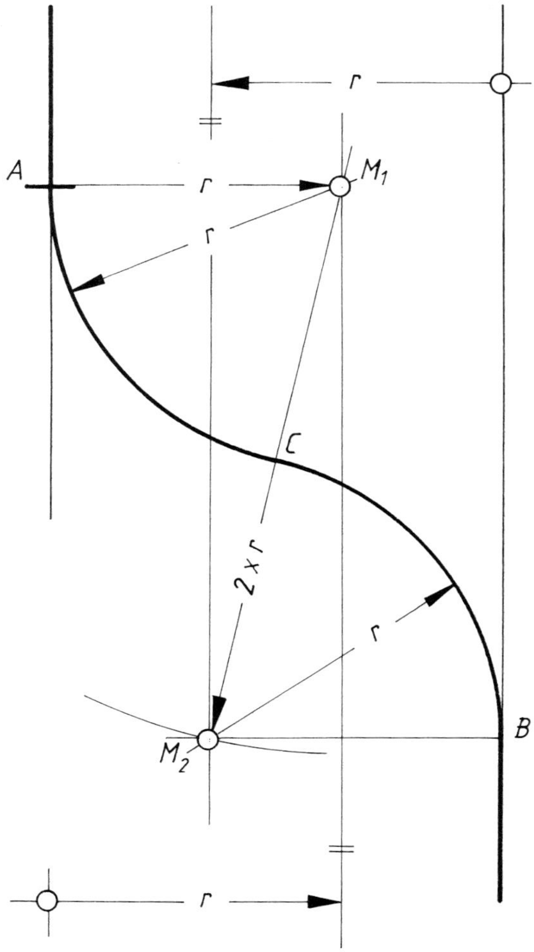

61 2 Geraden mit 2 Kreisbögen verbinden

Flächenkonstruktionen

Abbildung **(62)** zeigt weitere Flächenkonstruktionen, wie sie vom Maler für Schilder, Flächenaufteilungen, sowie geometrische Schmuckformen und zum Zeichnen von Auftragsobjekten gebraucht werden.

Ein Parallelogramm (Rhomboid) ist aus den Strecken AB und AD und dem Winkel α zu konstruieren **(62.1)**. Im Punkt A der Strecke AB trage ich den Winkel α an. Auf seinem freien Schenkel wird die Strecke AD abgetragen. Nun schlage ich um B mit AD und um D mit AB als Radius die Kreise, die sich im noch fehlenden Rhomboidpunkt C schneiden.

Ein gleichseitiges Dreieck ist aus der gegebenen Strecke AB zu konstruieren **(62.2)**. Ich schlage um die beiden Endpunkte A und B der Strecke AB mit AB als Radius die Kreise, die sich in C, dem dritten Dreieckspunkt, schneiden.

Ein gleichschenkliges Dreieck soll aus den Strecken AB und AC konstruiert werden **(62.3)**. Um die beiden Endpunkte A und B der Strecke AB schlage ich jedesmal mit AC als Radius die Kreise, die sich folgerichtig in C, dem noch fehlenden Dreieckspunkt, schneiden.

Ein gleichschenkliges Dreieck ist mit der Strecke AB und dem Winkel α zu zeichnen **(62.4)**. An die Punkte A und B der Strecke AB trage ich den Winkel α an. Die freien Schenkel schneiden sich in C.

Ein gleichschenkliges Dreieck aus der Strecke AC und dem Winkel γ **(62.5)**. Im Punkt C der Strecke AC trage ich den Winkel γ an. Wenn ich um C mit AC als Radius den Kreis schlage, erhalte ich auf dem freien Schenkel des Winkels γ den noch fehlenden Punkt B.

Zum Verständnis der Dreieckskonstruktionen sind noch folgende Tatsachen wichtig: Ein Dreieck wird immer mit ABC entgegen der Uhrzeigerdrehung bezeichnet. Die Seiten erhalten die Bezeichnungen a, b und c von den ihnen gegenüberliegenden Eckpunkten. Die Winkelsumme beträgt in jedem Dreieck 180°. Im gleichseitigen Dreieck mißt jeder Winkel 60°. Im gleichschenkligen Dreieck sind die Basiswinkel α und β gleich, so

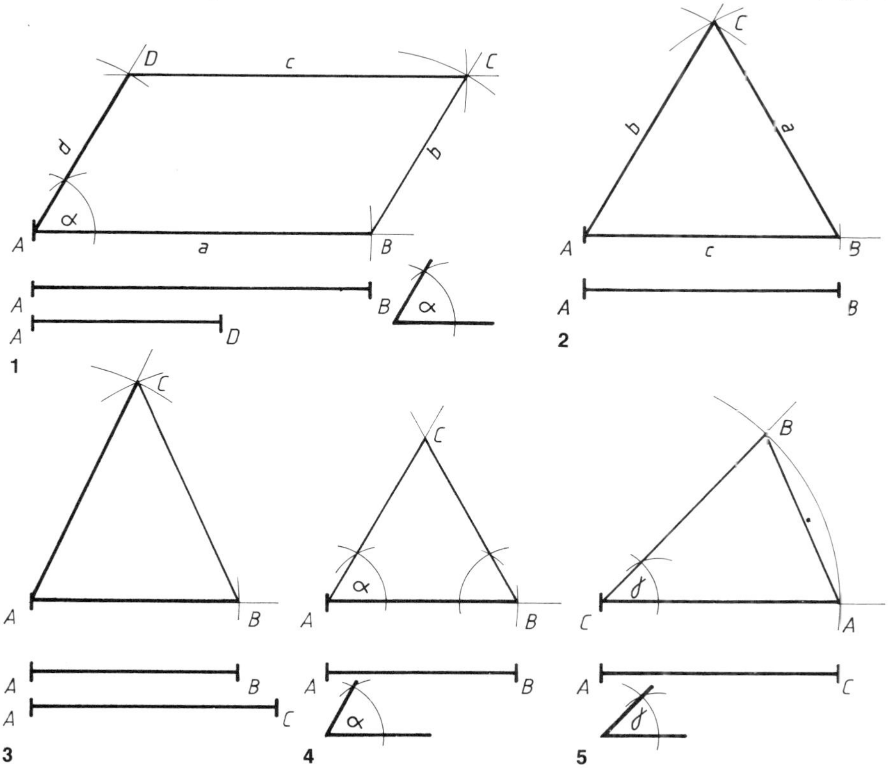

62 Flächen konstruieren

daß für den Scheitelwinkel γ immer der Rest von 180° übrigbleibt.

Nun folgen noch einige Ellipsenkonstruktionen, wie sie im Malerhandwerk benutzt werden:

Gegeben ist die große Achse AB **(63.1)**. Hierbei läßt sich das Oval aus vier Teilkreisen zusammensetzen. Ich halbiere die große Achse AB und errichte im Punkt O die Senkrechte, auf der später die kleine Achse entsteht. P_1 und P_2 sind die Mitten der großen halben Achsen AO und BO. Um P_1, O und P_2 schlage ich mit AP_1 als Radius die Kreise, die sich viermal schneiden (siehe Punkt P_3). Durch P_1 und P_3 und die ihnen entsprechenden Punkte ziehe ich vier Geraden, die die senkrechte Achse in P_4 und P_5 schneiden. Die beiden Segmentbögen P_6P_7, P_8P_9, die um P_4 und P_5 geschlagen werden, schließen das Oval. Die Punkte CD begrenzen nun die kleine Achse.

Gegeben sind die große Achse AB und die kleine Achse CD **(63.2)**. Diese Konstruktion entsteht aus zwei Kreisen, die die Achsen als Durchmesser haben. Die vier Felder des Achsenkreuzes mit der Mitte O teile ich in vier gleiche Abschnitte. Die Geraden durch diese Teilpunkte schneiden dabei den großen und den kleinen Achsenkreis (siehe die Punkte 1 und 2). Von Punkt 1 des großen Kreises lote ich und durch Punkt 2 des kleinen Kreises ziehe ich die Waagerechte. Dadurch erhalte ich den Punkt 3, der einen geometrischen Ort der gesuchten Kurve darstellt. In gleicher Weise verfahre ich mit allen weiteren Schnittpunkten, so daß ich außer A, B, C und

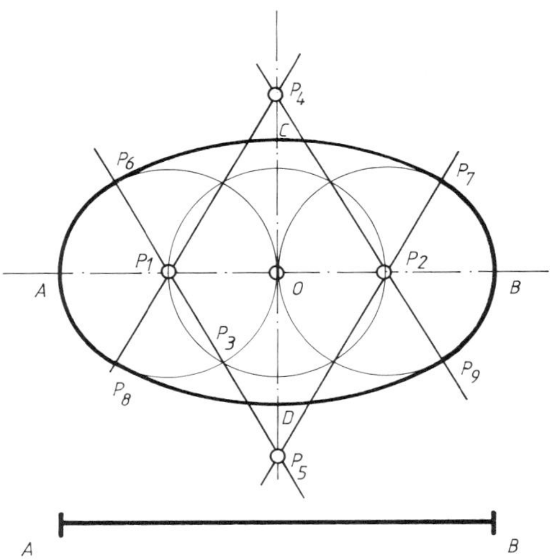

1

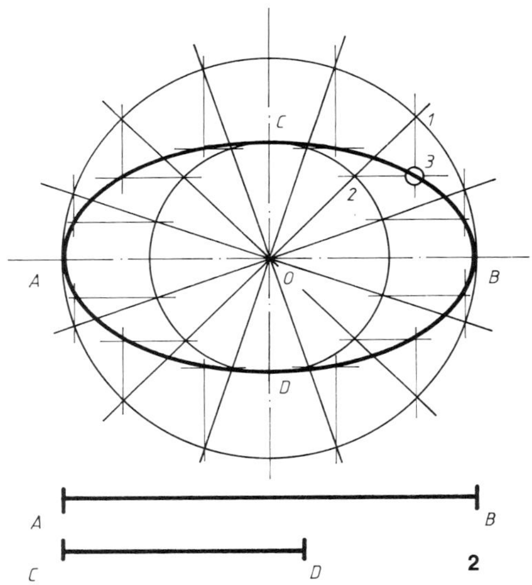

2

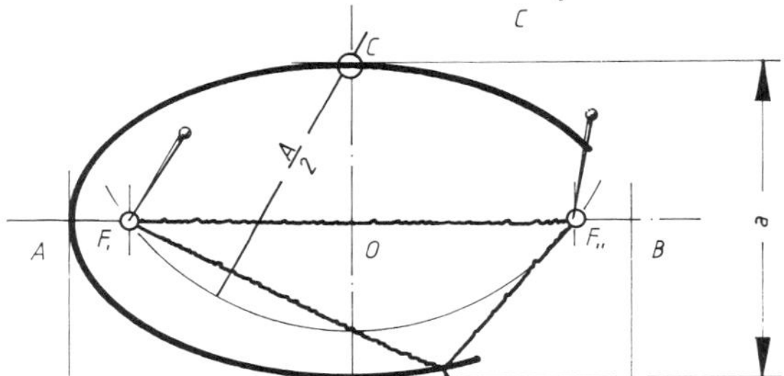

63 Ellipsen 3

D noch 12 Punkte für das Oval finde. Diese insgesamt 16 Punkte gestatten mir, mit Hilfe eines Kurvenlineals die gewünschte Ellipse zu zeichnen.
Für die Ellipse gibt es noch zwei weitere Zirkelkonstruktionen. Bei der einen ist die kleine Achse CD und bei der anderen sind beide Achsen gegeben.
Die Bindfadenkonstruktion **(63.3)**. Dieses Verfahren benutzt der Maler, wenn er ovale Flächen im Maßstab 1:1 auf seinen Bearbeitungsgrund zeichnen möchte. Die große und die kleine Achse, die das Ausdehnungsfeld der Ellipse bestimmen, sind gegeben.
Um C wird mit der halben großen Achse der Kreis geschlagen, der die große Achse in den Punkten F_I und F_{II} schneidet. In F_I und F_{II} befestigt man je nach Objektgröße zwei Nadeln, Heftzwecken oder Nägel, um die eine Fadenschlinge so zu legen ist, daß das Zeichengerät genau durch den Punkt D über A, C und B zurück nach D geführt werden kann. Diese Bindfadenkonstruktion zeigt uns, daß die Summe der beiden Entfernungen von den Brennpunkten F_I und F_{II} zu jedem Punkt auf der Ellipse immer die gleiche ist.

Gleichseitige Vielecke aus gegebenen Kreisen

Abbildung **(64)** zeigt die Konstruktion von Vielecken, wie sie hauptsächlich für geometrisch gegliederten Flächenschmuck in unzähligen Techniken beherrscht werden muß.
Das Dreieck. Die beiden Schnittpunkte AB auf dem Kreis bilden die gesuchte Dreiecksseite, wenn um a mit dem Kreisradius der Bogen geschlagen wird **(64.1)**.
Das Quadrat. Die Schnittpunkte des Achsenkreuzes auf dem Kreis ergeben die gewünschten Quadratpunkte ABCD **(64.2)**.
Das Fünfeck. Der Radius um Punkt a, der Mitte des halben Durchmessers, schneidet den halben rechten Durchmesser in b. Die Verbindung Ab ist bereits die gesuchte Fünfeckseite, die nur mit einem Kreis um A nach B herübergeholt zu werden braucht **(64.3)**.
Das Sechseck. Der Kreisradius ist um F und C zu schlagen. Mit den so erhaltenen Punkten A, B und E, D läßt sich das Sechseck zeichnen. Bekanntlich geht der Radius des Umkreises sechsmal in den Umfang hinein. Trotzdem sollte man ein regelmäßiges Sechseck nicht durch sechsmaliges Abstechen des Radius zeichnen, weil dieses häufige Einstechen des Zirkels fast immer zu Unregelmäßigkeiten führt **(64.4)**.
Das Siebeneck. Der Kreisradius um Punkt a ergibt den Schnittpunkt b. Die Verbindung bc als Waagerechte durch b ist die gesuchte Siebeneckseite AB **(64.5)**.
Das Achteck erhält man durch Halbieren des Achsenkreuzes **(64.6)**.
Das Neuneck. Um Punkt a wird der Bogen mit dem Kreisradius und um Punkt b mit Fb als Radius geschlagen. Das ergibt die Schnittpunkte c und d. Die Verbindung von c und d ist die Neuneckseite AB **(64.7)**.
Das Zehneck kann aus einem Fünfeck, dessen Seiten zu halbieren sind, gezeichnet werden. Bei der direkten Konstruktion wird in b die Senkrechte errichtet und um c mit dem halben Kreisradius der Bogen geschlagen, der die Verbindung Mc in d schneidet. Der Kreis durch d um M ergibt auf dem waagerechten Durchmesser den Punkt e. Der Abstand von M nach e ist die gesuchte Zehneckseite AB **(64.8)**.
Das Zwölfeck erhält man schnell, wenn um A, D, G und J mit dem Kreisradius die Bögen geschlagen werden **(64.9)**.
Das beliebige Vieleck (in unserer Darstellung wieder ein Neuneck) kann gefunden werden, indem der senkrechte Durchmesser in so viel gleiche Abschnitte zu teilen ist, wie das gewünschte Vieleck besitzen soll. Um B und D schlägt man dann mit dem Durchmesser als Radius die Kreise. Durch deren Schnittpunkt C wird bei jeder Vieleckkonstruktion immer durch den zweiten Teilungspunkt die Gerade gezogen, bis sie den Kreis in Punkt A schneidet. AB ist die gesuchte Vieleckseite **(64.10)**.
Das Achteck kann außerdem in ein gegebenes Quadrat hineingezeichnet werden, indem mit den halben Diagonalen um alle vier Ecken die Kreise durch M geschlagen werden. Die Schnittpunkte auf den Quadratseiten sind die gesuchten Ecken des Achtecks **(64.11)**.
Regelmäßige Sechs- und Zwölfecke lassen sich auch ohne Zirkel allein mit den beiden Zeichendreiecken konstruieren.
Für das Sechseck brauchen wir nur den 60°-Winkel durch A und D zu ziehen und in den Punkten B und C die Senkrechten zu errichten **(65.1)**. Für das auf die Spitze gestellte

1–3

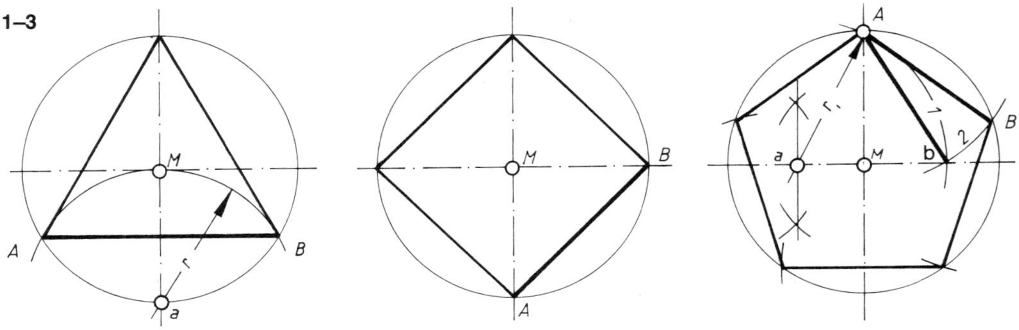

4–6

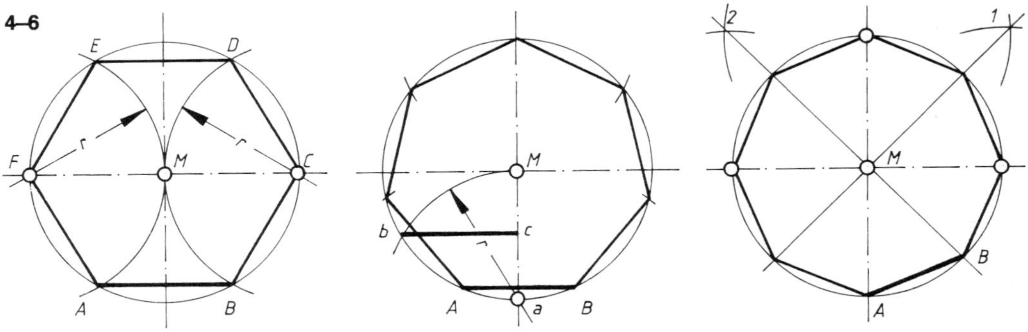

7–9

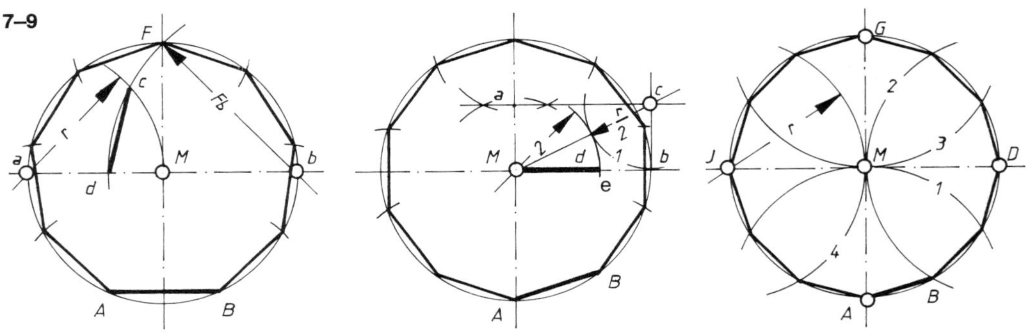

10–12

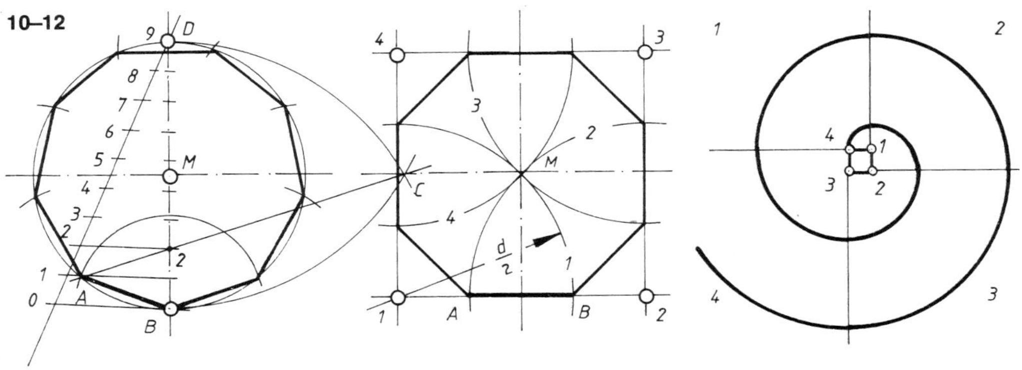

64 Vielecke mit dem Zirkel

Sechseck wird der 30°-Winkel jeweils nach rechts und links durch B gezogen. Die Senkrechten durch A und C ergeben die entsprechenden Sechseckpunkte D und F **(65.2)**. Das Zwölfeck erhalten wir, wenn durch M abwechselnd die 30°- und 60°-Winkel gezogen werden **(65.3)**.

Die Konstruktion der *Spirale* ist in Abbildung **(64.12)** zu sehen. Ein Quadrat, dessen Seiten in die Waagerechte und Senkrechte zu verlängern sind, ist die Konstruktionsgrundlage. Um die Quadratecke 1 wird mit der Quadratseite der Viertelkreis gezogen. Um die Ecke 2 ist der anschließende Viertelkreis zu ziehen, und so geht es um die Ecken 3, 4 und wieder mit 1 beginnend fort, so daß sich die vergrößernde Spirale durch den jeweils anschließenden Viertelkreis laufend weiter öffnet. Dabei erfahren wir, daß das Quadrat sehr klein sein muß, um ein enges Zentrum für die Spirale zu erhalten.

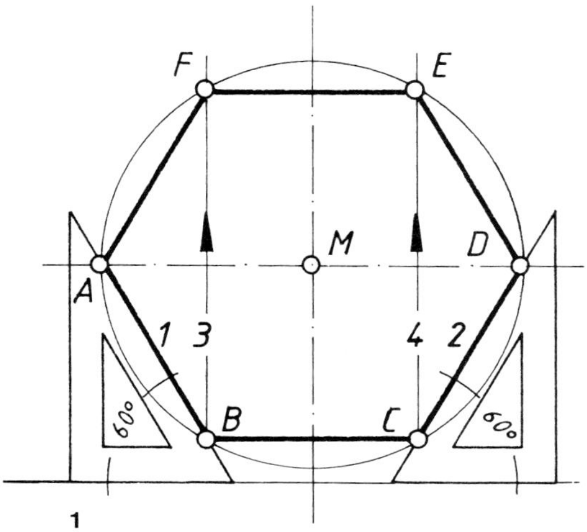

1

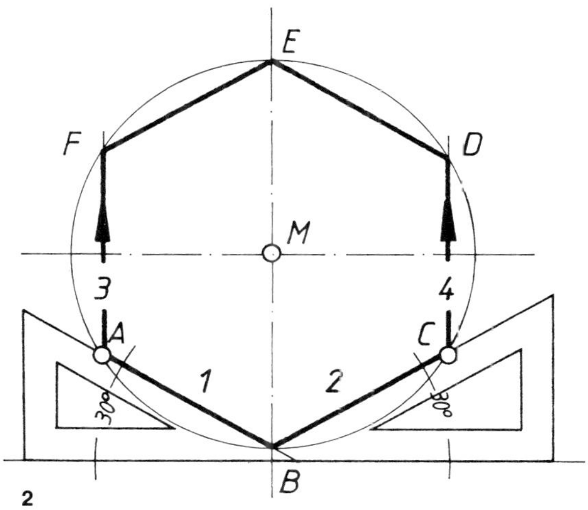

2

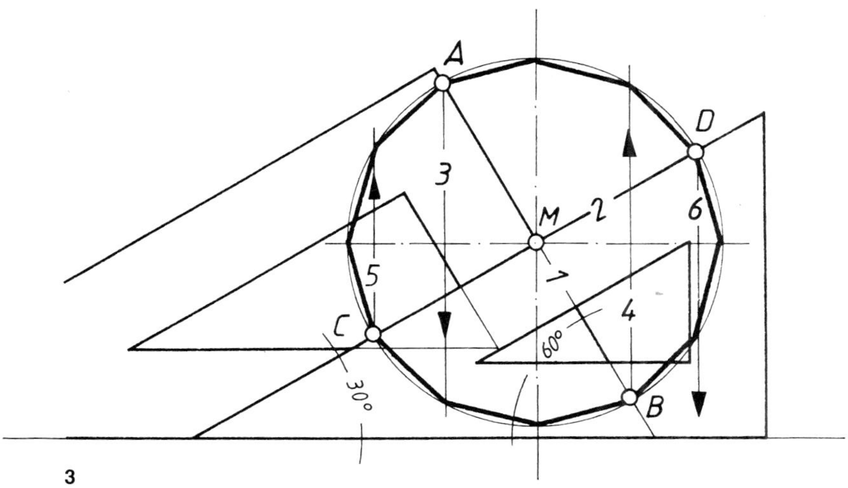

3

65 Vielecke mit Zeichendreiecken

Sollen die Windungen einer Spirale in gleichem Abstand verlaufen **(66)**, dann ist nach folgender Konstruktion zu verfahren:
Um die Mitte M_1 einer Geraden wird über ihr ein Halbkreis gezogen. Um M_2, also dicht bei M_1, ist der Anschlußhalbkreis unter der Geraden zu schlagen. Der folgende Halbkreis ist wieder um M_1 nach oben anzuschließen, und der nächste um M_2 schließt nach unten an. So geht der Wechsel fort, bis die gewünschte Zahl an Windungen – die jetzt immer gleichen Abstand haben – erreicht ist. Der gewählte Durchmesser für den ersten Halbkreis legt den Windungsabstand fest.
Das Konstruieren regelmäßiger Vielecke verlangt einen Präzisionszirkel, gut gespitzte Bleistifte und peinliche Genauigkeit beim Zeichnen, damit keine schiefen und unsymmetrischen Flächen entstehen. Das Konstruieren solcher Vielecke schult daher unser technisches Zeichnen in besonderem Maße.

Bogenkonstruktionen

Für die Darstellung von Architektur könnten auch Bögen, zum Beispiel für Wandöffnungen, zu zeichnen sein. Abbildung **(67)** zeigt uns die gebräuchlichsten Bogenkonstruktionen:
Der Bogen mit Viertelkreisen. Der Zeichenvorgang ist aus der Abbildung leicht zu entnehmen **(67.1)**.
Der Segmentbogen. Im Punkt C, der Mitte der Kämpferlinie AB, wird der Kreis mit der halben Wandöffnungsbreite geschlagen. Auf der Mittellinie erhält man den Punkt D, um den mit AD als Radius der Segmentbogen zu ziehen ist **(67.2)**.
Der Korbbogen. Um E auf der Kämpferlinienmitte wird mit EF, der Stichhöhe des Bogens, der Kreis geschlagen, der die Kämpferlinie in G schneidet. Um F schlage ich mit AG den Kreis, der die Strecke AF in G_1 schneidet. Durch die Mitte H der so erhaltenen Strecke AG_1 ziehe ich die Halbierungslinie, so daß sie die Kämpferlinie in 1 und die Mittellinie in 3 schneidet. Den Punkt 2 findet man durch den Zirkelschlag um E mit E1 als Radius. Durch die Punkte 2 und 3 wird die Gerade gezogen. 1 und 2 sind die Mittelpunkte für die Bogenkreise von A bis I beziehungsweise von B bis J. Der Segmentbogen um den Punkt 3 schließt den Korbbogen von I nach J **(67.3)**.

Weitere Bögen, wie sie der Maler aus der Baugeschichte kennt, können nach **(68)** konstruiert werden.
Abbildung **(68.1)** zeigt den Rundbogen der Romanik und den gotischen Spitzbogen.
Abbildung **(68.2)** stellt den niedrigen Spitzbogen der Frühgotik dar.
Abbildung **(68.3)** zeigt den hohen Spitzbogen der Spätgotik, und in Abbildung **(68.4)** sehen wir den spätgotischen Kielbogen.

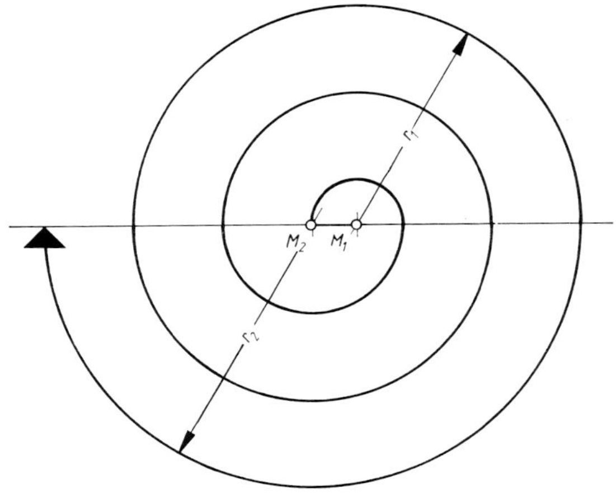

66 Spirale mit gleichen Windungen

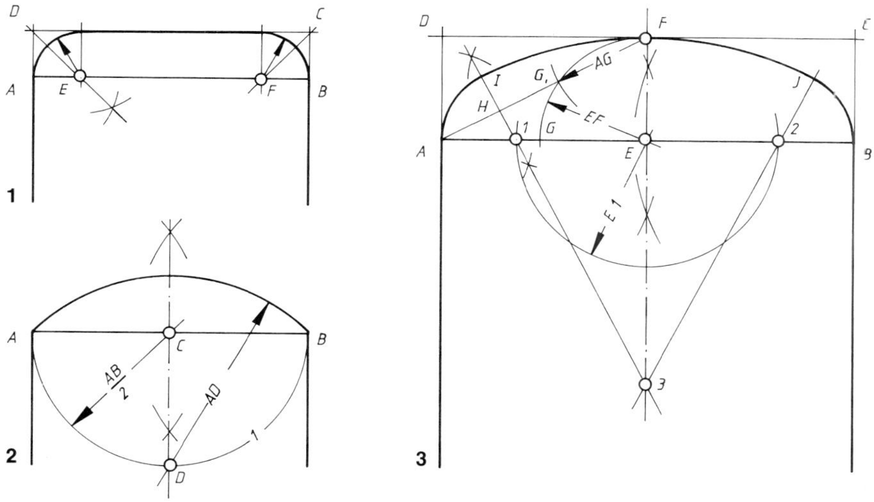

67 Bögen konstruieren

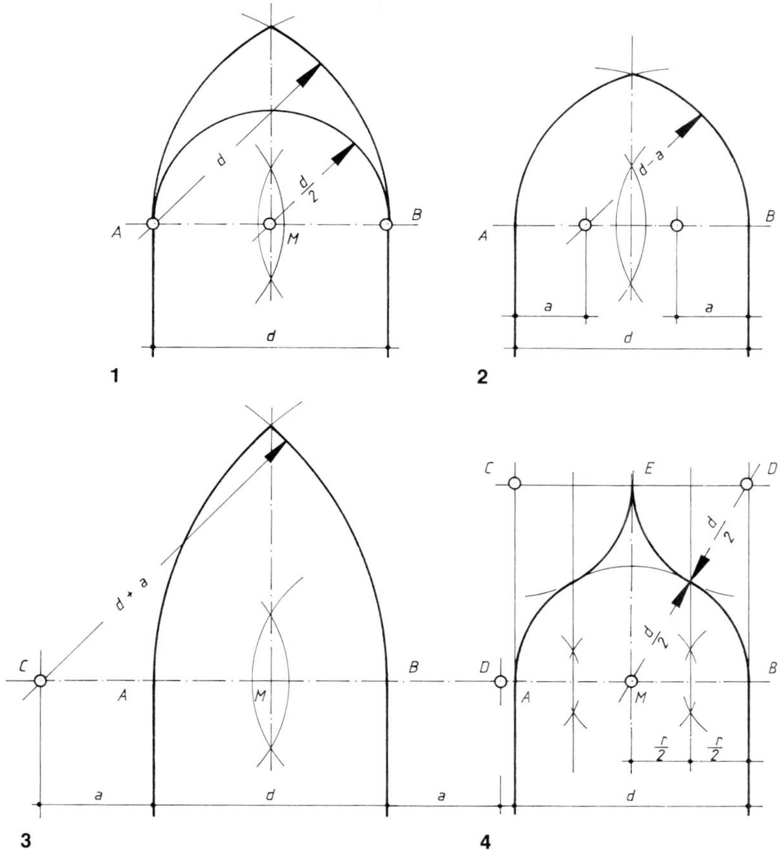

68 Gotische Bögen

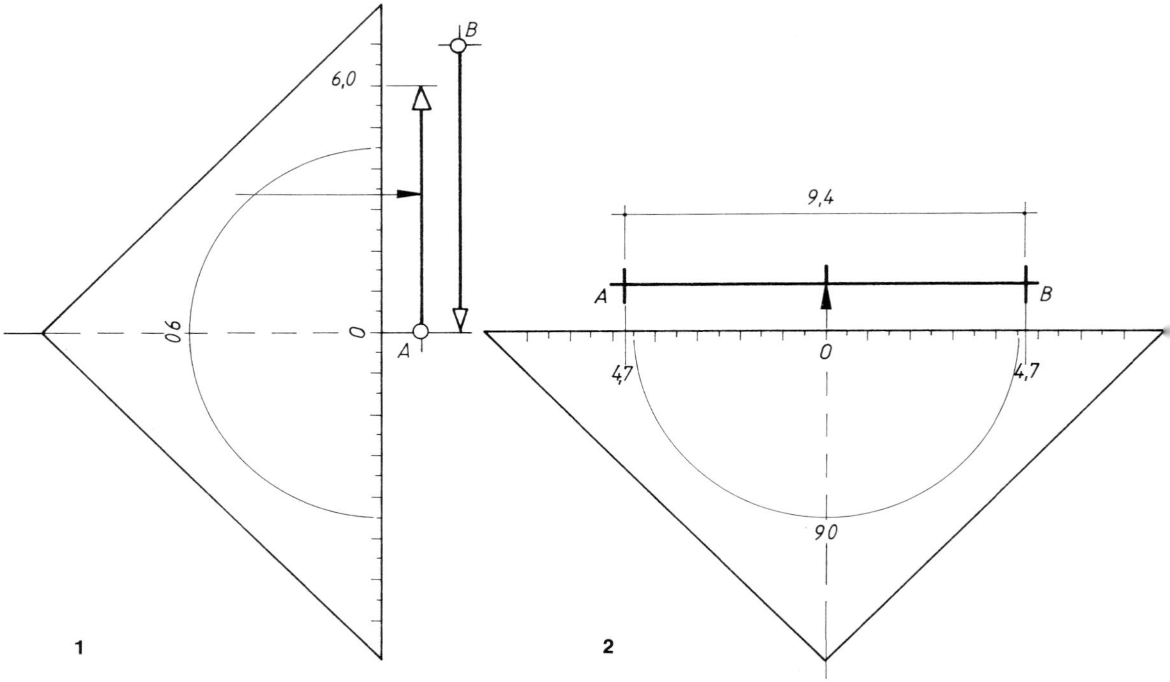

1 2

69 Senkrechte errichten, Strecken halbieren

Konstruieren mit dem Geo-Dreieck

In Abbildung **(69)** ist zu erkennen, wie in dem gegebenen Punkt A die Senkrechte mit gleichzeitiger Höhenbegrenzung errichtet werden kann und wie von dem Punkt B das Lot zu fällen wäre. Die rechte Darstellung **(69.2)** veranschaulicht das praktische Streckenhalbieren.

Nach Abbildung **(70)** lassen sich Winkel präzise messen und zeichnen, wobei gleichzeitig eine Schenkellänge bestimmt werden könnte.

Parallelen mit Längenbegrenzungen, aber auch Schraffuren werden in gewünschten Abständen **(71)** gezogen.

Abbildung **(71.2)** zeigt, wie Körper dimetrisch, isometrisch oder in Kavaliersperspektive verblüffend einfach darstellbar werden.

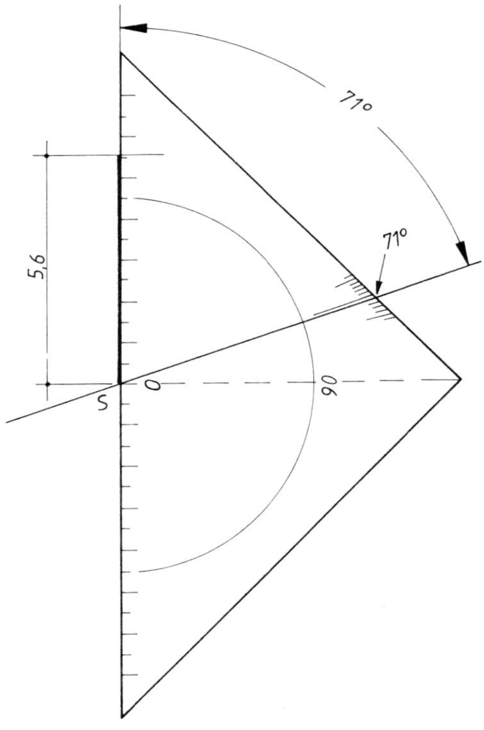

70 Winkel messen

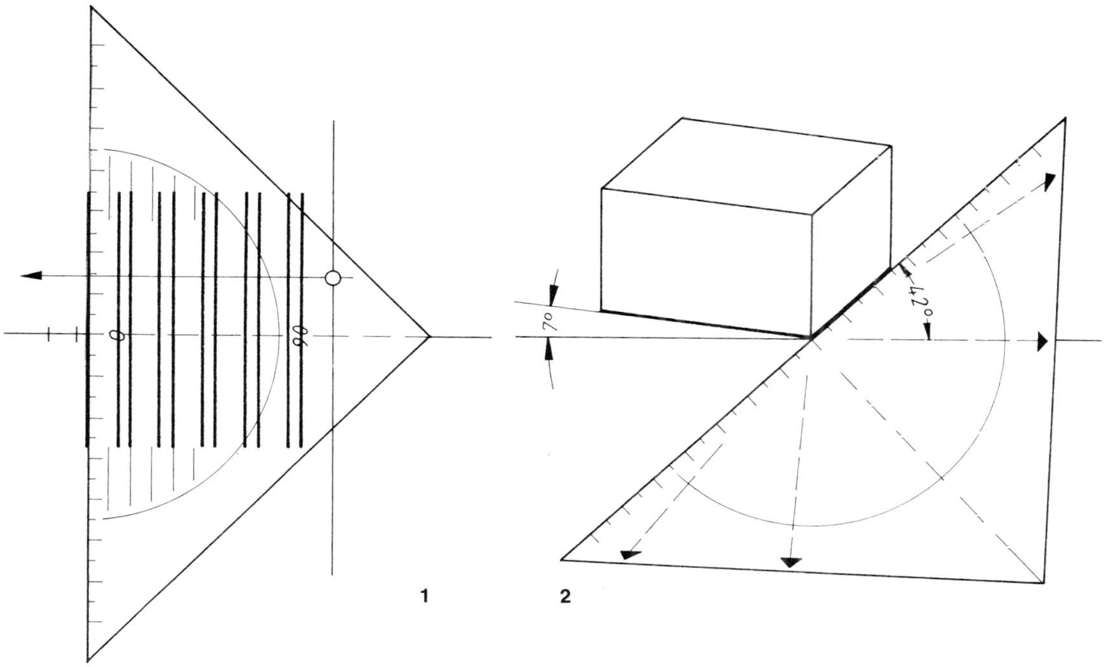

71 Parallelen und Axonometrien

Besondere Winke für das Zeichnen

Alle Linien müssen sauber und gerade, ohne Ansätze gezogen werden. Die Ecken sind grundsätzlich scharf auszuzeichnen **(72.1)**. Kurven und gerade Linien müssen ohne Unterbrechung ineinander übergehen. Wenn wir folgendes beachten, wird dieses immer gelingen **(72.2)**.
Die Kreisbögen sind stets zuerst zu schlagen. Danach werden die geraden Linien gezogen, die sich jetzt leicht in die Kurvenenden einpassen lassen.
Beim Zeichnen von Kreisbögen ist die Zirkelnadel genau in den Mittelpunkt einzusetzen, und der vorgeschriebene Radius ist einzuhalten.
Bei Halb- und Viertelkreisen muß der Bogen an den richtigen Punkten beginnen und enden, sonst gibt es keine knickfreien Übergänge. Bei einem Halbkreis beginnt und endet der gezogene Bogen links und rechts auf der Durchmesserlinie, also in Mittelpunkthöhe **(72.3)**.
Bei einem Viertelkreis liegen Bogenanfang und -ende auf den Schenkeln des rechten Winkels, also waagerecht in Mittelpunkthöhe und senkrecht genau über bzw. unter dem Mittelpunkt **(72.4)**.
Tangenten sind sorgfältig *anzulegen*. Diese Technik ist an der Konstruktion der Ziffer 6 falsch und richtig dargestellt **(72.5)**.
Einen knickfreien Übergang von der Geraden in die Kurve erhält man, wenn das Lineal von dem gegebenen Punkt A aus an den Kreisbogen herangeführt und zur besseren Kontrolle über den Berührungspunkt B hinausgezogen wird.
Schraffuren dürfen nicht über die Umrisse herausragen. Leicht und sauber läßt sich gegen eine Begrenzungsfläche (Pappe, Lineal, Dreieck), die auf die Umrißkante zu legen ist, schraffieren. Alle in diesem Abschnitt angegebenen Winke für das Zeichnen sind sorgfältig zu beachten, damit eine einwandfreie Darstellung erreicht werden kann. Bei der Freihandskizze sollte diese präzise Arbeitsweise ebenfalls geübt werden.

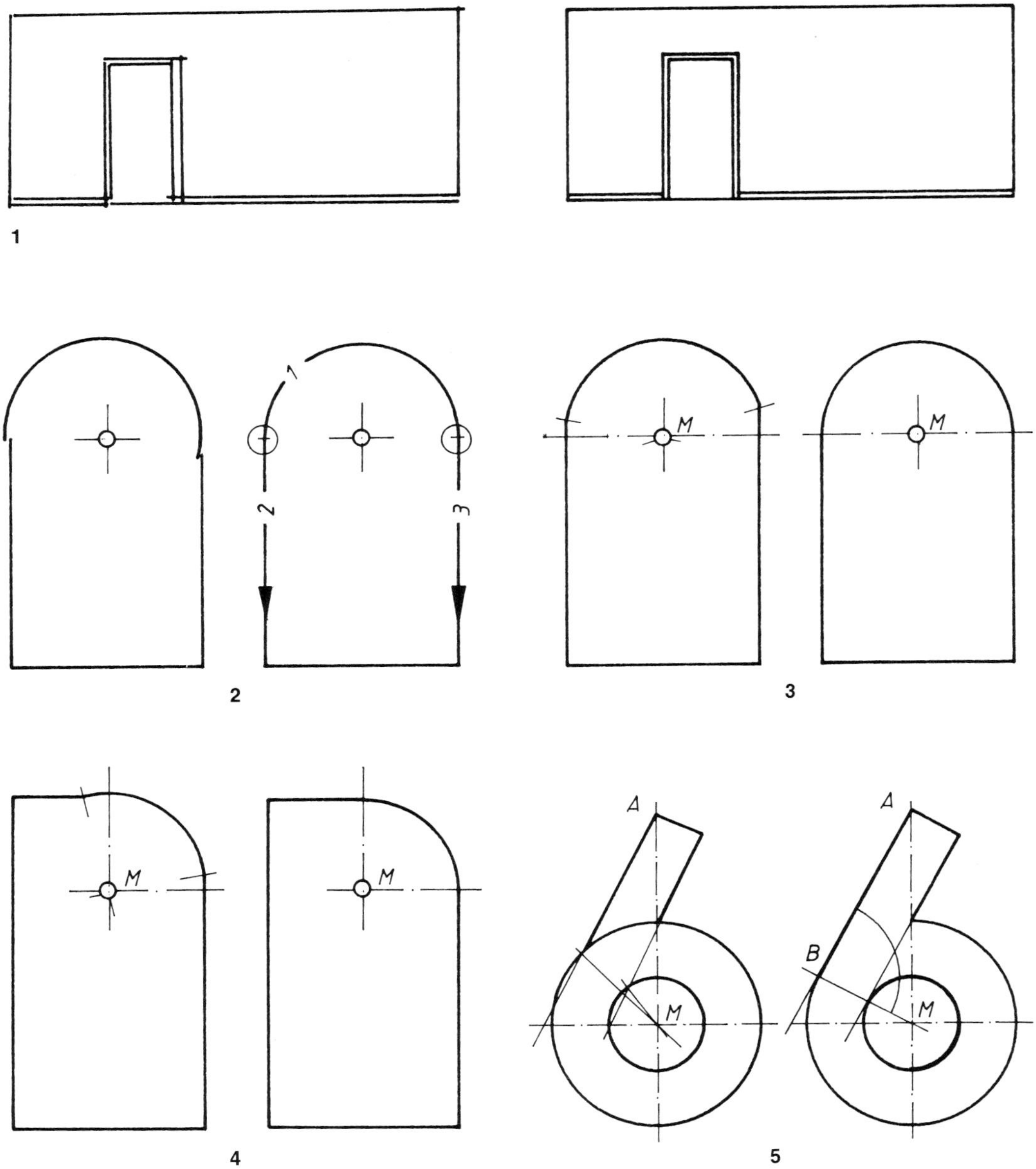

72 Sorgfältig konstruieren

Die Formenwelt der Geometrie

Die Möglichkeiten ihrer Anwendung sind vielgestaltig und unerschöpflich. Mit Einfall und Phantasie lassen sich reizvolle, sich oft überraschend bewegende Formen finden. Der Zufall spielt mit. Versuche bilden die Zeichenfertigkeit und zwingen, die geometrischen Gesetze mit Präzision anzuwenden. Sie vermitteln Einblicke in neue Konstruktionszusammenhänge. Außerdem schult dieses spielerische Tun die Erfindungsgabe und Phantasie des Malers. Es kann mit Zirkel oder Lineal sowie mit beidem Gerät zusam-

men gezeichnet werden. Die so gefundenen Schmuckformen können linear belassen, aber auch in Schwarzweiß oder Farbe angewendet werden **(73, 74, 75)**.
Völker aller Kulturen und Epochen kannten den Zauber der geometrischen Formensprache und ihrer Harmonie. Aus Punkten, Linien und Flächen entwarfen Maler vielgestaltige Reihungen zu Bändern, Friesen und Flechtwerk sowie zu großflächiger Ornamentik.
Abbildung **(76)** zeigt eine Linearmalerei aus dem 13. Jahrhundert.
Moderne Malerei, allein nach geometrischen Gesetzen konstruiert, zeigt das 1922 entstandene Bild »Kleine Maschine« von Walter Dexel **(77)**.
Geometrische Gesetze bestimmen die Konstruktionswege beim Schriftzeichnen und führen zu mannigfaltiger Formenklarheit. Schriftkonstruieren heißt technisches Zeichnen, das darüber hinaus mit Einfall und Phantasie betrieben wird und ästhetischen Zwecken zu dienen hat **(78)**.
Die stoffliche Behandlung aller für den Maler wichtigen Methoden und Regeln des technischen Zeichnens ist mit diesem Kapitel abgeschlossen. Methoden und Regeln allein machen noch keinen Könner. Es kommt auf den eigenen Willen und Einsatz an. Fleiß wird sich vielfach lohnen. Zeichnen erzieht zur Sauberkeit und Ordnung. Lineares Zeichnen bildet nicht nur Fähigkeiten, sondern auch die Haltung des ganzen Menschen. – »Zeichnen ist die Redlichkeit des Malers.« Dieser Ausspruch von Delacroix soll unser eigenes Mühen leiten.

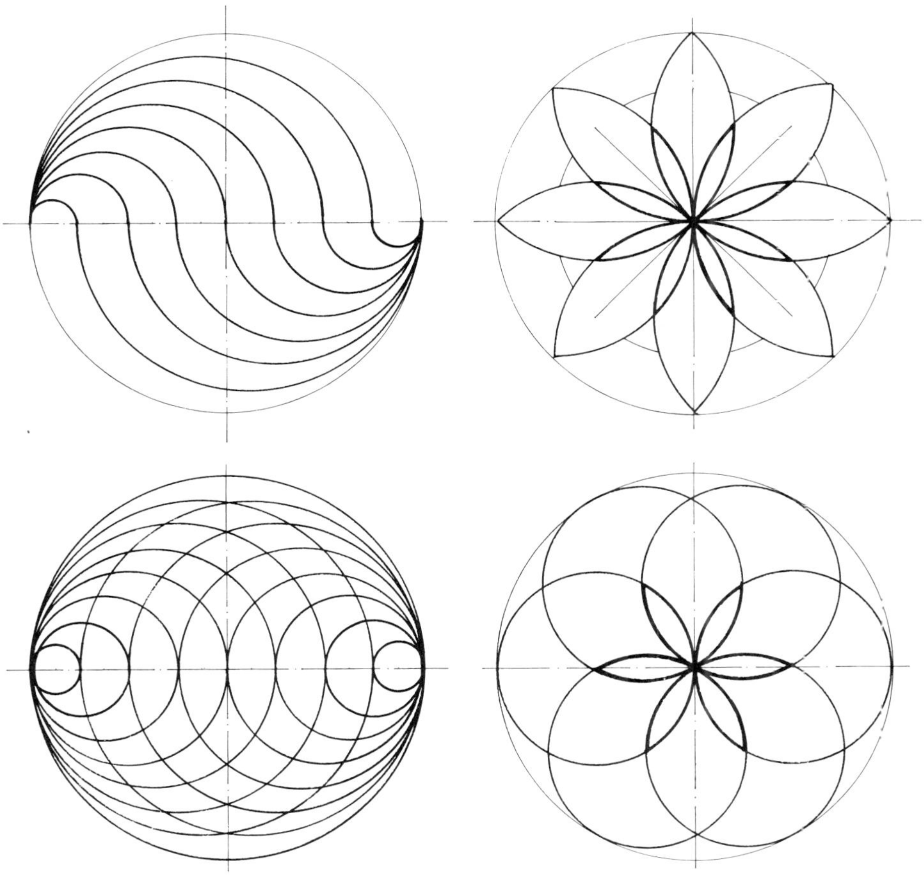

73 Zirkelspiele I

74 Zirkelspiele II

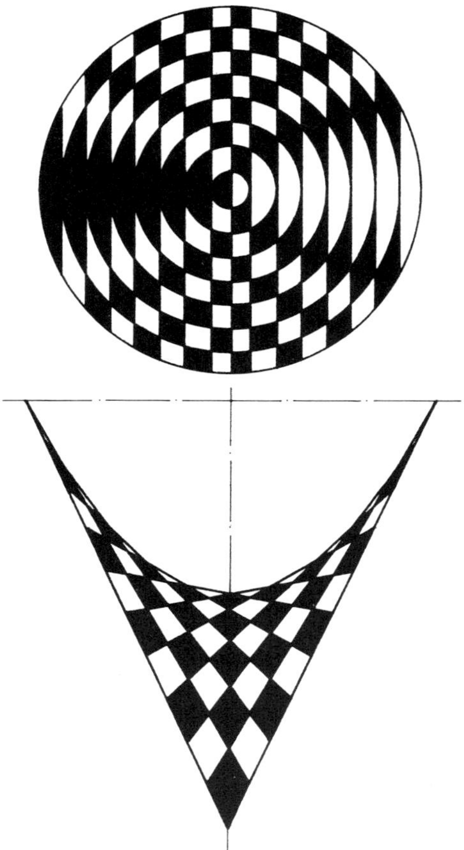

75 Zirkelspiele III

76 Flechtwerk, 13. Jahrhundert

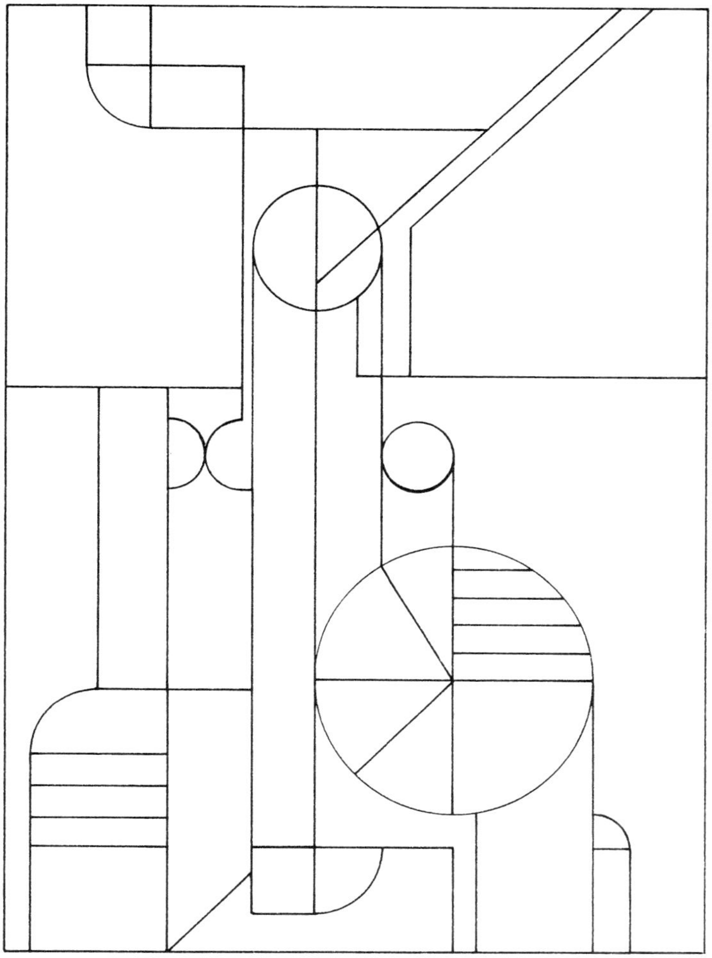

77 »Kleine Maschine«, nach Walter Dexel, 1922

78 Konstruierte Schrift

Maßstäbliches Rechnen und Zeichnen

Technisches Zeichnen ist im Gegensatz zum Freihandzeichnen (freies Zeichnen) gebundenes Zeichnen, d. h., die zeichnerische Darstellung ist an Norm und Maß gebunden. Die Zeichnung muß mit allen Konstruktionsteilen und Gestaltungsformen des wirklichen Objektes übereinstimmen. Das wird nur erreicht, wenn die Längen, Breiten und Höhen maßgetreu wiedergegeben werden. Nur selten, höchstens beim Anfertigen von Originalzeichnungen für Schriften, Pausen, Schablonen, Werbezeichen, kleinformatigen Dekorationen und ähnlichem, kann der Maler in natürlicher Größe zeichnen. In den meisten Fällen haben wir es mit der Verkleinerung zu tun, z. B. bei allen Bauzeichnungen, bei der Abwicklung von Baukörpern, bei Möbeln, bei Fahrzeugen für den Lackierer, bei Entwürfen für großflächige Schriften oder Ornamente. Das Vergrößern kommt immer nur dann vor, wenn wir von kleinformatigen Entwürfen oder Vorlagen eine größere Werkzeichnung oder eine Originalzeichnung (Pause, Schablone) erhalten möchten. Wir vergrößern auch dann, wenn wir für unseren Auftrag aus Bauzeichnungen Werk- oder Einzelzeichnungen benötigen, damit wir Entwurfsunterlagen für die Gestaltung von Flächen mit Formen und Farben erhalten. Der Maßstab gibt das Größenverhältnis an, in dem alle für die Darstellung erforderlichen Maße zu verkleinern oder zu vergrößern sind.

Der Maßstab 1:1 bedeutet, daß das Wirklichkeitsmaß mit dem Zeichnungsmaß übereinstimmt. Der Maßstab 1:50 bedeutet, daß jedes Wirklichkeitsmaß durch 50 zu teilen ist, 1 m (100 cm): 50 = 2 cm. Ein Meter am wirklichen Objekt ist also auf dem Papier fünfzigfach verkleinert, nur 2 cm lang ($^1/_{50}$) zu zeichnen. Beim Maßstab 1:100 ist demnach hundertfach ($^1/_{100}$) zu verjüngen. Ein Meter in der Wirklichkeit ist 1 cm auf dem Papier (100 cm : 100 = 1 cm). Bei jedem Maßstab ist also die Zahl 1 das Objektmaß (Wirklichkeitsmaß), das durch die zweite Zahl (Verhältnis- oder Maßstabszahl) zu teilen ist. Wirklichkeitsmaß: Maßstabszahl = Zeichnungsmaß. Beispiel: Die Länge 4,85 m soll im Maßstab 1:10 wiedergegeben werden. 4,85 m (485 cm): 10 = 48,50 cm. Beim Maßstab 1:50 empfiehlt sich folgender Rechengang: Das Wirklichkeitsmaß, z. B. 6,37 m, ist durch 100 zu teilen. Das kostet keine Mühe. Wir haben nur bei der Dezimalzahl den Meterwert in einen Zentimeterwert umzuändern. 6,37 m sind als 6,37 cm anzusehen. Diesen Zentimeterwert multiplizieren wir mit 2 (50 geht in 100 zweimal hinein). Das Ergebnis 12,74 cm finden wir wieder im Kopf. Eine Dezimalzahl ist leichter mit 2 zu multiplizieren als durch 50 zu dividieren. Beim Maßstab 1:20 nehmen wir den durch 100 geteilten Wert (Zentimeterwert) mal 5, beim Maßstab 1:33$^1/_3$ mal 3. Wenn wir aus einer Bauzeichnung Maße entnehmen, um aus ihnen die Objektmaße zu ermitteln, dann ist das Zeichnungsmaß mit der Maßstabszahl zu multiplizieren. Zeichnungsmaß × Maßstabszahl = Wirklichkeitsmaß. Beispiel: 24 cm × 20 = 4,80 m.

Wollen wir für eine Zeichnung den geeigneten Maßstab finden, dann messen wir auf unserem Papier den für die größte Ausdehnung verfügbaren Raum. Wenn wir jetzt die entsprechende größte Ausdehnung am Objekt feststellen und diese Zahl durch das verfügbare Papiermaß teilen, erhalten wir den gesuchten Maßstab für diese Zeichnung. Wirklichkeitsmaß: Zeichnungsmaß = Maßstabszahl. Beispiel: 8,40 m (840 cm: 16,80 cm = 50). Es würde also im Maßstab 1:50 zu zeichnen sein.

Maßstäbliches Zeichnen erfordert, wie wir sehen, maßstäbliches Rechnen. Aus diesem Grunde ist es vorteilhaft, nur bequeme Maßstäbe anzuwenden.

Die wichtigsten und gebräuchlichsten Maßstäbe bei Bauzeichnungen:

Maßstab 1:500 und 1:1000 für Lage- und Bebauungspläne;

Maßstab 1:200 für Vorentwürfe und Skizzen;

Maßstab 1:100 **(79.1)** für ausgearbeitete Entwürfe von Bauanlagen;

Maßstab 1:50 für Ausführungszeichnungen

Maßstab 1:20, 1:10 **(79.2)**, 1:5, 1:1 für Werk- und Teilzeichnungen. Alle übrigen Maßstäbe sind möglichst zu vermeiden.

Tabelle VI

Zeichenmaßstäbe nach DIN 823

Darstellung	Maßstab = M		
natürlich	1:1		
verkleinert			
gebräuchlichste Maßstäbe	1:2,5	1:5	1:10
	1:20	1:50	1:100
weniger gebräuchliche Maßstäbe	1:200	1:500	1:1000
vergrößert	2:1	5:1	10:1

Bitte beachten:
Der Maßstab 1:100 ist nicht nur rechnerisch der bequemste, sondern er gibt auch den natürlichsten Raumeindruck wieder. Längen, Breiten und Höhen sowie alle Flächen und Proportionen erscheinen wirklichkeitsnah. Bei Modellanlagen wird dies besonders augenscheinlich.
Die Größe des Maßstabes bestimmt die Art und den Umfang für die Durchzeichnung von Einzelheiten. Je kleiner der Maßstab, um so einfacher muß die Darstellung sein. Bauteile müssen vereinfacht werden, Einzelheiten müssen fortfallen **(80.1, 80.2)**. Der richtige Maßstab ist die Voraussetzung für die Gesamtwirkung einer Zeichnung. Ungenaue oder gar falsche maßstäbliche Arbeiten machen jede Zeichnung unbrauchbar. Aus diesem Grund muß sich der Zeichnende in den Bereichen der Verkleinerung und der Vergrößerung unbeirrbar zurechtfinden. Durch rechnerische Übungen kann dieses erreicht werden. Ein guter Zeichner (Maler) besitzt einen untrüglichen Maßstab in seinem Auge (Augenmaß), so daß er selbst beim Freihandzeichnen alle Raumverhältnisse naturgetreu proportioniert.

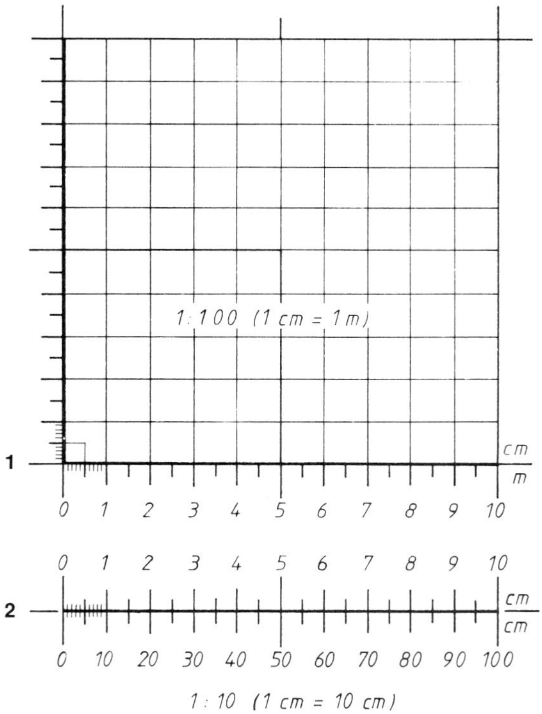

79 Maßstab 1:100 und 1:10

Vergrößern und Verkleinern

Der Maler hat nicht selten kleinformatige Skizzen oder Entwürfe für die Ausführung in die natürlichen Maße zu übertragen. Es kann sich um eine Pause oder um die 1:1-Zeichnung direkt auf die Objektoberfläche handeln. Dieses Vergrößern – es kommt gelegentlich auch ein Verkleinern vor – hat im erforderlichen Maßstab zu geschehen. Bei einem Maßstab von 10:1 wären also sämtliche Abmessungen in der Zeichnung mit 10 zu multiplizieren.
Im vorhergehenden Kapitel ist alles Wissenswerte über Maßstäbe gesagt worden. Hier sollen die für den Maler gebräuchlichsten Umsetzungstechniken veranschaulicht werden, wobei zwischen zeichnerischen, mechanischen und optischen Verfahren zu unterscheiden ist.
1. Zeichnerische Verfahren
Das Verfahren *mittels Konstruktion* ist in Abbildung **(81)** erläutert. Eine zu vergrößernde Figur, die eine geschlossene geometrische Form darstellt, wird durch vertikale und horizontale Achsen geteilt. Die Lage dieser Achsen richtet sich nach den Hauptlinien der Darstellung. In unserem Beispiel kreuzen sie sich vorteilhaft im Mittelpunkt des kreisförmigen Fischkörpers. Von diesen beiden Achsen ausgehend lassen sich für die natürliche Größe alle erforderlichen Konstruktionspunkte finden, indem aus der Abbildung die Breiten und Höhen abgegriffen (gemessen) und dann immer mit dem gleichen Vergrößerungsfaktor multipliziert werden.

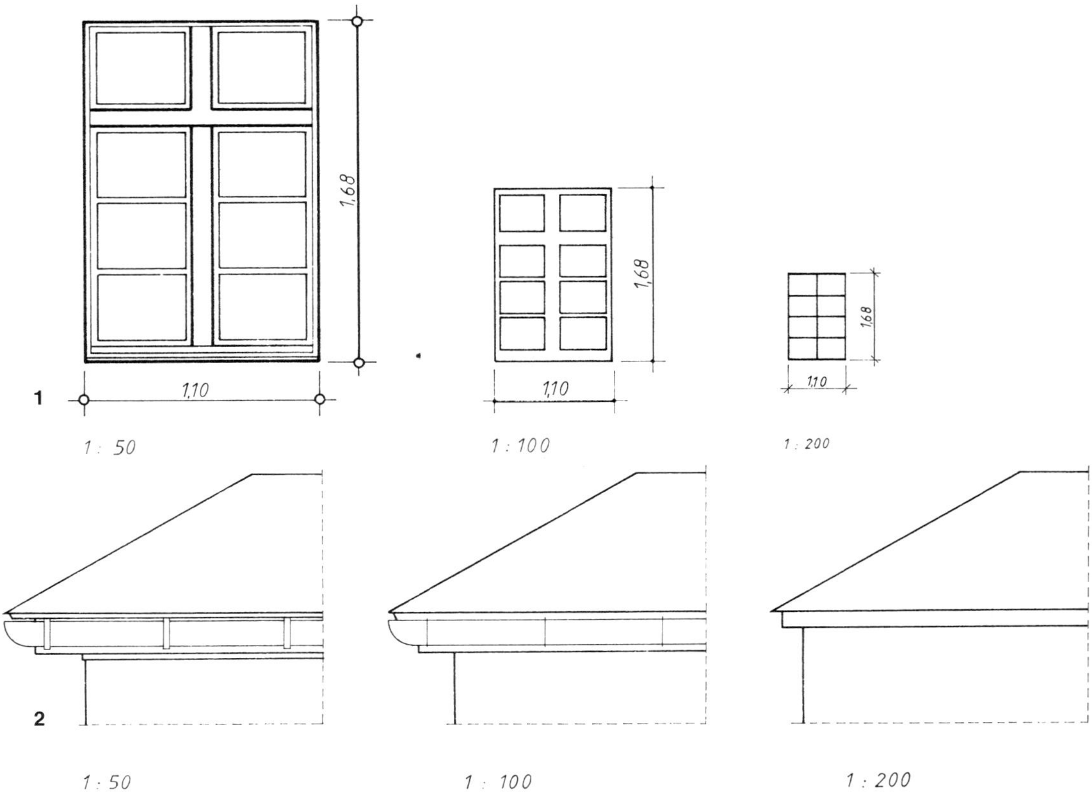

80 Maßstab und Einzelheiten

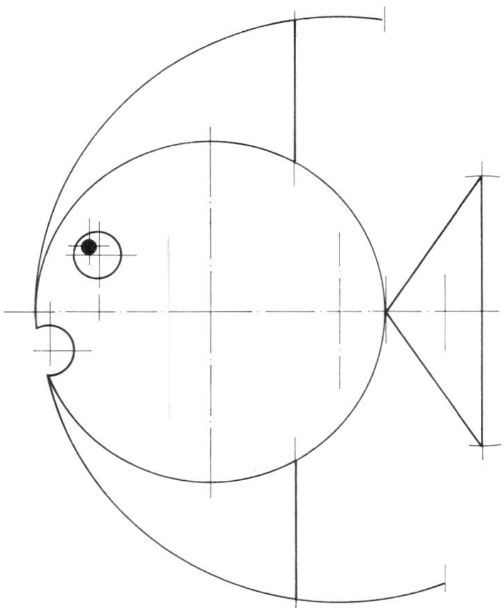

81 Umsetzen mittels Achsen

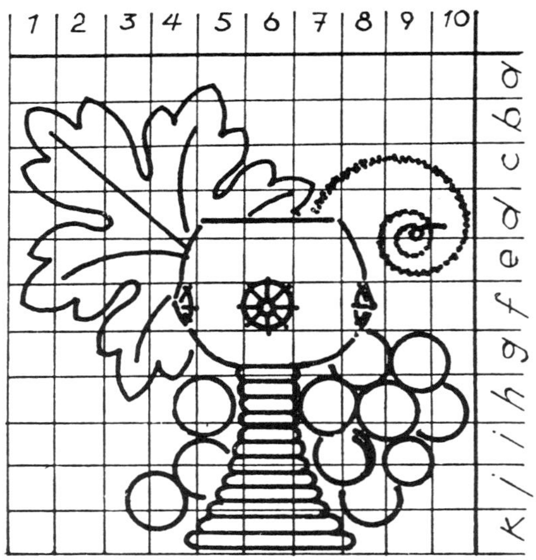

82 Umsetzen mittels Gitternetz

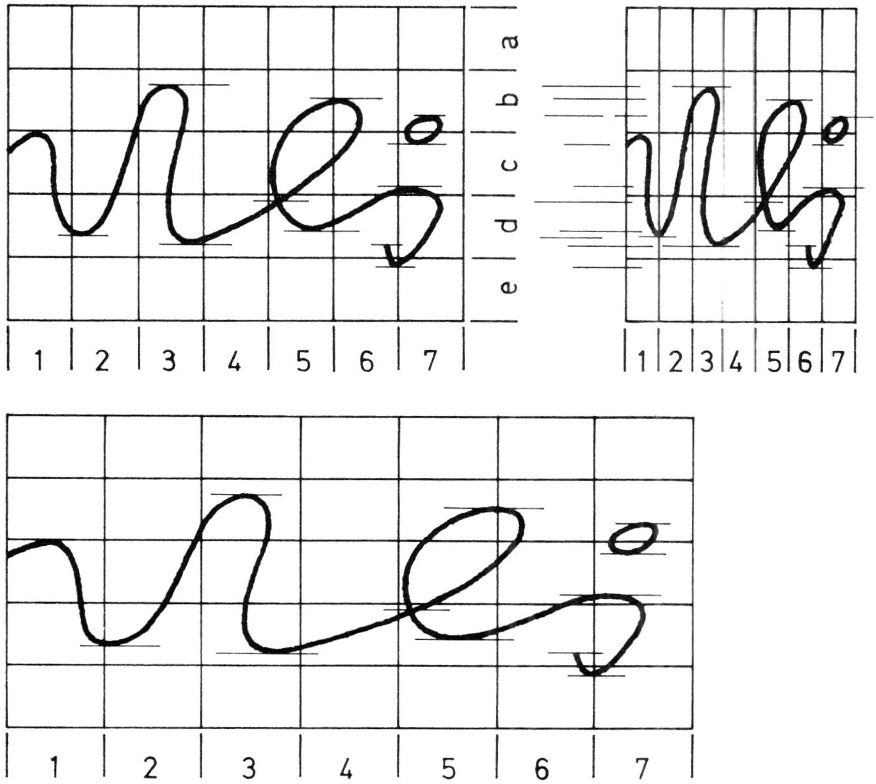

83 Stauchen und Strecken

Das Übertragungsverfahren *mit dem Gitternetz aus Quadraten* ist im Malerhandwerk üblich **(82)**. Diese Arbeitsweise bewährt sich bei komplizierten Darstellungen, die außerdem aus vorwiegend freien Linien bestehen. Die Anzahl der durchzunumerierenden Quadrate wird sich nach dem Schwierigkeitsgrad der Zeichnung richten. Die Gitterverteilung geht am besten wieder von den Hauptachsen nach rechts und nach links vor sich. Auf der 1:1-Fläche ist diese Quadratur mit dem Vergrößerungsfaktor zu vervielfältigen. Von Quadrat zu Quadrat werden zuerst alle Hauptlinien, später die Details übertragen.
Mit dem Gitternetz arbeiteten schon die Maler der Renaissance, so auch Albrecht Dürer. Zum Stauchen und Strecken (Entzerren), zum Beispiel von Buchstaben oder Kurven, bewährt sich das Gitternetzverfahren in gleicher Weise **(83)**.
Das Vergrößern *mittels Strahlennetz* zeigt Abbildung **(84)**.

Die Figur F ist im Maßstab 1:3 zu vergrößern.
Das Konstruktionsverfahren (rationell auf Millimeterpapieren):
Die Gerade g als Grundlinie ziehen.
Auf g die Figur F senkrecht plazieren.
Auf F in günstiger Position die senkrechte Achse AB festlegen.
Auf g parallel zu AB die Achse A_1B_1 – 1:3 vergrößert – auftragen.
Durch A_1 und A den Strahl, der g im Scheitelpunkt S schneidet, ziehen.
Durch Parallelverschiebung zu AB in gleichem Abstand Senkrechte ziehen und diese numerieren.
Durch Parallelverschiebung zu A_1B_1 in M 1:3 die Senkrechten ziehen und gleichfalls numerieren.
Auf den Senkrechten in Figur F alle wichtigen Umrißpunkte festlegen.
Von S aus durch die Umrißpunkte in F Strahlen ziehen, bis sie die betreffenden Senkrechten zu A_1B_1 schneiden.

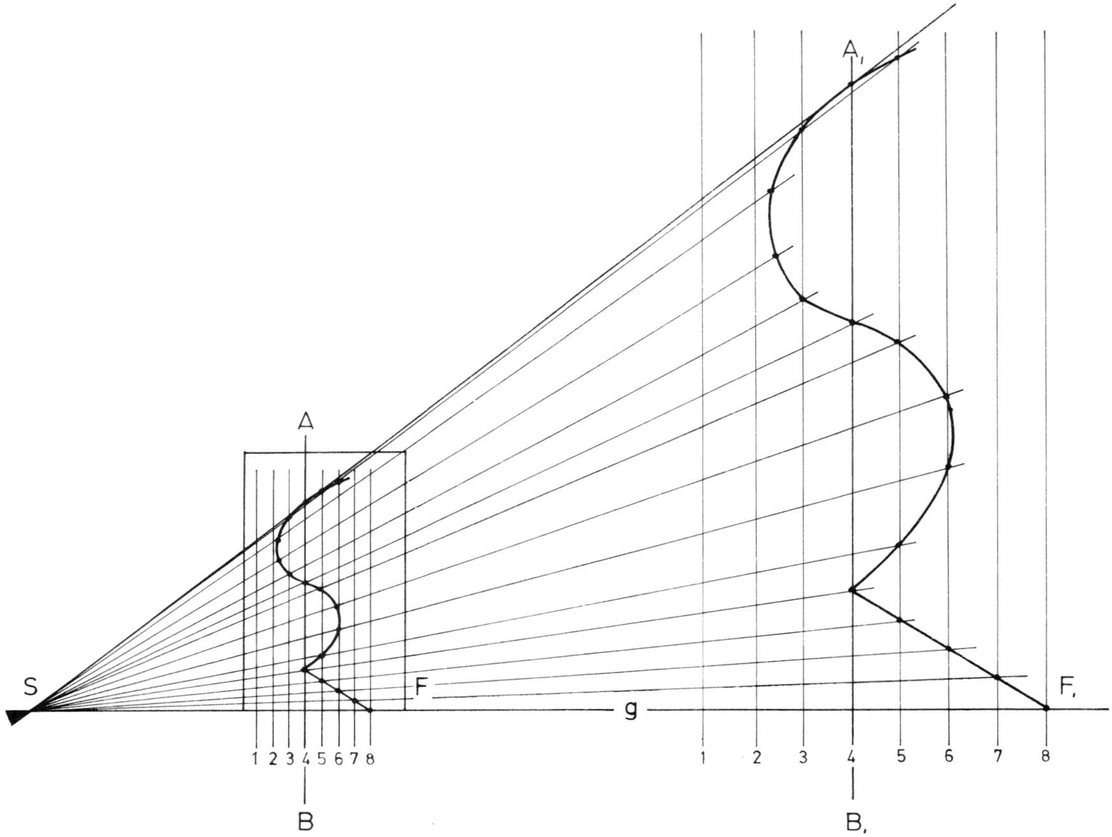

84 Umsetzen mittels Strahlennetz

85 Umsetzen mittels Parallelverschiebung

Die so gewonnenen Punkte eventuell mit Kurvenlineal verbinden, bis alle Umrisse der vergrößerten Figur F_I fertig sind.
Das in **(85)** gezeigte Verfahren *mittels Parallelverschiebung* eignet sich hauptsächlich zum zuverlässigen Übertragen von kleinformatigen Schriftzeilen auf die gewünschte natürliche Größe. Die zu vergrößernde Schrift wird durch die obere und untere Zeile begrenzt. Im oberen Endpunkt B_I wird mit der Schrifthöhe h als Radius der Kreis geschlagen. So erhält man (durch Loten des Schnittpunkts der oberen Zeile) auf der unteren Zeile den Punkt C. Durch A ziehen wir in beliebig spitzem Winkel eine Gerade (g), auf der die gewünschte Zeilenlänge im Maßstab 1:1 bis zum Punkt B_{II} abgetragen wird. B ist nun mit B_{II} zu verbinden. Mittels Parallelverschiebung **(58)** ziehen wir durch C die Parallele zu BB_{II}, die den Schnittpunkt C_I ergibt. B_{II} C_I ist die gesuchte Schrifthöhe, welche durch einen Zirkelschlag um B_{II} die Senkrechte zu diesem Punkt in B_{III} schneidet. Durch B_{III} ist die untere Zeile zu ziehen. Auf diese Weise lassen sich alle Höhenpunkte der zu vergrößernden Schrift finden. Die erforderlichen Parallelen zu BB_{II} schneiden die obere Schriftzeile in den gesuchten Punkten, von denen nur auf die untere Zeile gelotet zu werden braucht. Dieses Übertragungsverfahren ist reine Konstruktionsarbeit und daher zuverlässig genau. Es braucht hierbei nicht gerechnet zu werden.

Das Diagonalverfahren beruht auf dem geometrischen Gesetz, daß Rechtecke mit gleichlaufenden Diagonalen gleiche Seitenverhältnisse besitzen. Abbildung **(86)** zeigt das einfache Vorgehen am Buchstaben H, der nur senkrecht und waagerecht konstruiert ist: Durch das Umrißrechteck ABCD ziehe ich die Diagonale AC über C hinaus, bis zur gewünschten Buchstabenhöhe C_I. In dem jetzt entsprechend größeren Umfeld A B_I C_I D_I ermittle ich durch weitere Diagonalen die erforderlichen Buchstabenpunkte.
Am Beispiel des Buchstaben A, der schräge Konturen aufweist, erkennen wir, daß dieses Vorgehen etwas umständlicher ist **(86.2)**:
Um die Fußpunkte für die schrägen Linien zu erhalten, werden zunächst durch diese Fußpunkte die Senkrechten zur Kopfzeile DC gezogen (als Strichlinien dargestellt). Die Diagonale durch den betreffenden Schnittpunkt auf DC schneidet dann die Kopfzeile $D_I C_I$. Von hier fälle ich das Lot auf AB_I und erhalte

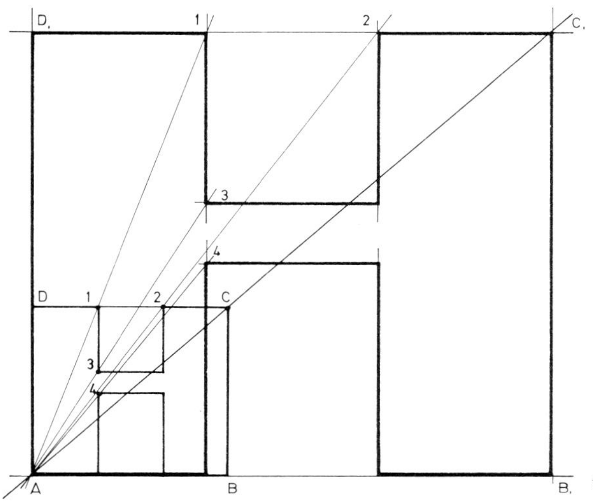

1

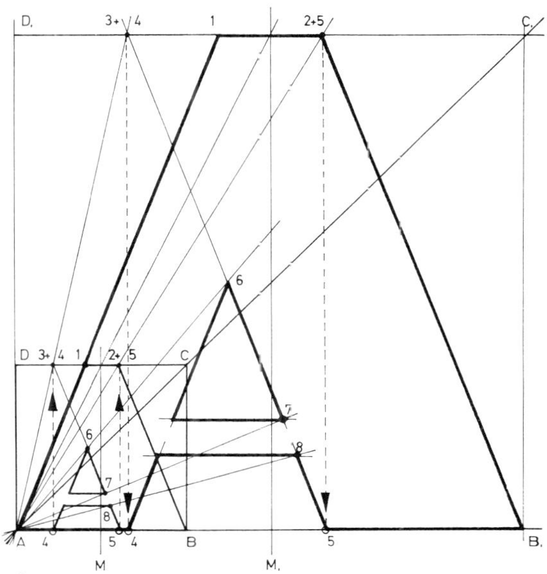

2

86 Umsetzen mittels Diagonalen

so den gewünschten Fußpunkt. Am Beispiel der Fußpunkte 4 und 5 ist das Verfahren deutlich gemacht.

2. Das mechanische Verfahren

Diese Art der Umsetzung wird mit dem Pantographen durchgeführt. Dieses Gerät – bekannt unter dem Namen Storchschnabel – wurde bereits um 1600 zum Vergrößern und Verkleinern benutzt.

3. Das optische Verfahren

Wer öfter Zeichnungen sehr großflächig auf Innen- oder Außenarchitektur aufzubringen hat, der könnte sich der optischen Verfahren bedienen. Solche Vergrößerungsgeräte sind im Malerfachhandel erhältlich. Es gibt *optische Umzeichner* als Tischgeräte. Sie funktionieren nach dem Foto-Prinzip. Die Größen werden durch Objektivveränderungen bestimmt. *Das Episkop* ist einfach auf den kleinformatigen Entwurf oder direkt auf die bereits vorhandene Vorlage aufzusetzen. Es ermöglicht dann je nach Entfernung und Einstellung auf bis zu 25 m² voll ausgeleuchteten Flächen dreißigfache Vergrößerungen, die sich schnell mit Kohle nachziehen lassen **(87)**. Hierbei wird die Größe durch Veränderung des Abstandes zwischen Gerät und Zeichenfläche erreicht. Allerdings braucht man für diese Übertragungstechnik ausreichende Dunkelheit, was aber im Innenraum keine großen Schwierigkeiten bereitet. Es gibt auch Vergrößerungsgeräte, die sich zusätzlich in eine Wandschiene einsetzen lassen, damit man in der Werkstatt auf einem Tisch Zeichnungen in jeder gewünschten Größe umsetzen kann.

Vom Papier auf die Wand

Wie sind Zeichnungen beziehungsweise vorhandene Originalvorlagen auf Raum- oder Außenwandflächen umzusetzen?
Die im vorausgegangenen Abschnitt behandelten Vergrößerungsverfahren lassen sich bei nicht zu großen Dimensionen auf Raumflächen durchführen. Die dazu benötigten Hilfslinien, seien es Achsen, parallel laufende Einteilungen oder Schriftzeilen, können mit Schlagschnüren (Abschnürkordel) und Loten angebracht werden. Eine Schnur wird hierzu mit später von der Fläche leicht zu entfernenden Pigmenten (Kohle, Kreide) oder mit Zeitungspapierasche eingefärbt. Bleistifte, Ölkreiden oder gar Kopierstifte dürfen für Markierungen auf Putz oder auf bereits mit Farbaufstrichen versehenen Wänden nicht benutzt werden. Die Wasserwaage kann

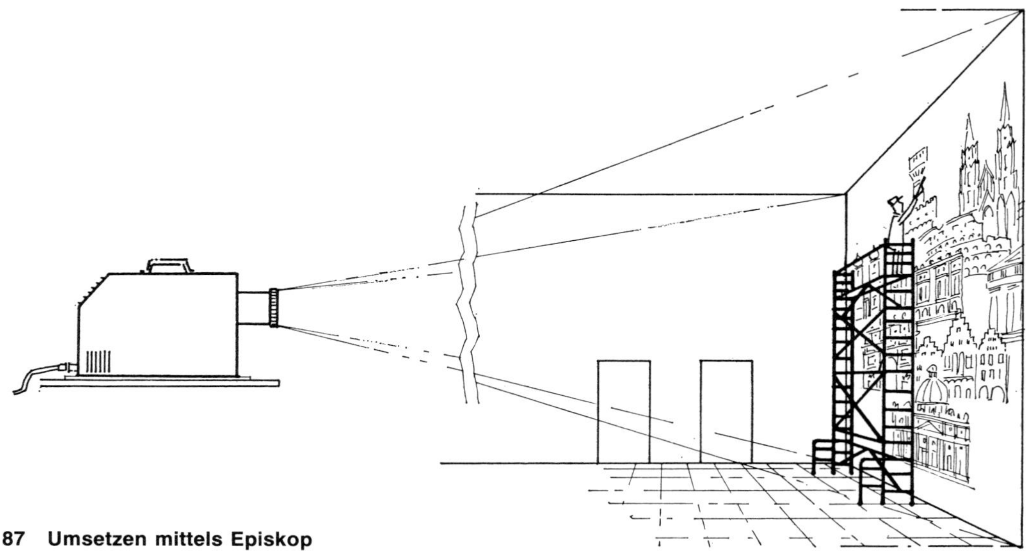

87 Umsetzen mittels Episkop

beim Aufbringen horizontaler Linien sichere Dienste leisten.
Zum Übertragen von sich fortlaufend wiederholenden Punkten und Abständen fertigt man sich aus einem Papierstreifen einen »Spion«, wie er vom Schildermaler für Schriftübertragungen benutzt wird, indem man die hierfür erforderlichen Marken im Originalmaßstab aufträgt. Mit Hilfe eines solchen »Spiones« läßt sich schnell und vor allem genauer auf die Bearbeitungsfläche umsetzen, als wenn man ständig von neuem mit dem Zollstock messen müßte. Kurven für Kreis- und Ellipsenbögen oder für die Übertragung von Vieleckkonstruktionen werden am zweckmäßigsten mit Schnurschlägen erreicht. Im speziellen Fachhandel für Malerartikel gibt es auch Stangenzirkel zu kaufen. Mit diesen Geräten, die vielseitig zu verwenden sind (zum Schneiden von Glas und Folien, zum Ziehen von Kurven direkt mit Farbe oder Tusche), können Bögen bis zu 140 cm ∅ gezeichnet werden.

Das Umsetzen von Entwürfen auf die Wand erfordert genaues Rechnen und Messen und ein sicheres Augenmaß für das Horizontale und Vertikale, für Abstände, rechte Winkel, Längen und Größen. Von Zeit zu Zeit muß man von der Fläche zurücktreten, auch wenn ein Herabsteigen vom Gerüst zu lästig wird, um aus größerem Abstand durch einen Gesamtüberblick den Fortschritt der Arbeit auf eventuelle Fehler besser überprüfen zu können.

Kleinere Formate, besonders wenn sie wiederholt oder im Rapport auszuführen sind, werden am zweckmäßigsten auf die zu gestaltende Fläche aufgepaust. Hierzu wird im Maßstab 1:1 auf Transparentpapier (Pauspapier) gezeichnet. Alle Konturen sind dann mit der Nadel oder mit dem Pausrädchen durchzustechen. Mit einem Pausbeutel, der je nach Untergrundton mit Kohle beziehungsweise Kreide gefüllt wird, klopft und reibt man die Pigmente durch die Löcher der Pause hindurch, bis die Zeichnung deutlich und ohne Fehlstellen auf der Wand sichtbar wird. Vor dem Aufpausen sollte man nicht vergessen, die auf der Rückseite der Pause aufgebrochenen Lochränder mit feinem Schleifpapier zu überreiben, damit die Löcher für das Durchpausen restlos offenbleiben.

Aufmessen nach Zeichnungen

Messen, Rechnen, Zeichnen gehören beim technischen Zeichnen untrennbar zusammen. Eine Tätigkeit bedingt die andere. Ist eine Voraussetzung falsch, dann kann die andere nicht mehr stimmen. Ohne das rechte Maß läßt sich kein richtiges Zeichen setzen. Der Maler muß einmal nach Maßangaben zeichnen, zum anderen aus Zeichnungen Berechnungsmaße entnehmen können. Die Grundlage hierfür ist sein Aufmaß, das für die Kalkulation die Ermittlung der Massen ermöglicht. Es muß so geordnet sein, daß die Zahlenfolge wie ein Bild die räumlichen Verhältnisse sichtbar werden läßt. Das »Aufmaßbild« ist demnach richtig, wenn es die Konstruktion erkennen läßt, wenn die räumliche Vorstellung möglich wird und wenn der Betrachter nach dem Zahlenbild das gemessene Objekt zeichnen beziehungsweise fertigen kann. Wer durch fleißiges Zeichnen sein räumliches Vorstellungsvermögen geschult hat, der vermag auch bald das Aufmessen richtig anzugehen. Hier folgen die wichtigsten Grundsätze zum richtigen Aufmessen: Die Maße müssen geordnet werden, d. h., bei liegenden Rechtecken steht das wichtigste Kantenmaß zuerst; bei senkrechten Rechtecken (Wänden, Wandöffnungen) ist mit der Grundlinie (g × h) zu beginnen. In einem längeren Aufmaß ist durch alle Teile die begonnene Rangfolge beizubehalten.
Bei zusammengesetzten Flächen werden die Teilflächen so aufgeschrieben, daß sie der Konstruktion folgen.
Aussparungen und Öffnungen sind am Ende abzuziehen. Ordnung ermöglicht die Übersicht, das Begreifen der Konstruktion und vermeidet Verwechslungen.
Beim Aufmessen von Flächen und Körpern ist das mathematische Formelbild zu belassen, d. h., es darf nichts vorher ausgerechnet werden, z. B. $\frac{8{,}40 + 4{,}06}{2} \times 3{,}00$ und nicht 6,23 × 3,00. Bei der zweiten Schreibweise der Trapezformel (m × h) wäre kein Trapez, sondern ein Rechteck zu erkennen.
Teilflächen sind als Brüche zu schreiben. So erkennt man sofort, daß es sich um 1/4, 1/2 oder 3/4 Flächen handelt. Außerdem ist meistens das vorteilhafte Kürzen möglich.
Das gemessene Maß steht immer als Dezimalzahl mit zwei Stellen hinter dem Komma (4,85/4,80/4,00). Hinter den Maßen steht kein

m für Meter. Stückzahlen oder die beidseitige Bearbeitung sind als ganze Zahl zu schreiben. Das Aufmaß 10,60 × 6,08 × 2 × 3 = besagt, daß drei gleiche Rechtecke von beiden Seiten zu bearbeiten sind.
Klammern ordnen, fassen zusammen, machen das Objekt erkennbar und legen die richtige Rechenfolge fest. Einige Beispiele sollen dies verdeutlichen:

a) ....– (1,10 × 2 + 1,83 + 1,44) =
b) 13,50 × 3,96 – (1,45 × 1,68 + 2,80 × 1,68) =
c) (6,00 + 4,22) × 2 × 2,70 =
Allseitige Abwicklung des Bodenumfangs × Wandhöhe
(2 × 6,00 + 4,22) × 2,70 =
Dreiseitige Abwicklung des Bodenumfangs × Wandhöhe
(0,96 + 2 × 2,03) × 0,26 = m²-Fläche eines Türfutters =
Dreiseitige Abwicklung des Türrechtecks
(1,45 + 2 × 1,68) × 0,32 = m²-Fläche einer Fensterleibung =
Dreiseitige Abwicklung des Fensterrechtecks
d) $(12{,}60 \times 3{,}94 + \frac{12{,}60 \times 3{,}00}{2}) \times 2 =$
e) $[(16{,}00 + 12{,}60) \times 2 \times 3{,}94 + \frac{12{,}60 \times 3{,}00}{2} \times 2] \times 3 =$

Wir setzen Klammern, wenn mehrere Strecken gemeinsam abzuziehen sind (Beispiel a), wenn mehrere Flächen gemeinsam abgezogen werden (Beispiel b), wenn mehrere Einzelstrecken bzw. zusammengesetzte Strecken bei Umfangabwicklungen gemeinsam zu vervielfachen sind (Beispiel c), wenn mehrere Einzelflächen bzw. eine zusammengesetzte Fläche gemeinsam multipliziert werden sollen. Klammerzeichen stehen für das Wort »gemeinsam« (Beispiel d).
Eckige Klammern werden erforderlich, wenn ein zusammengesetztes Objekt, bei dem die runde Klammer bereits eingesetzt werden mußte, mehrere Male vorhanden ist (Beispiel e). Da alle üblichen Baukörper prismatisch sind, müssen wir beim Aufmessen ihrer Innen- und Außenwände die Mantelformeln von Prismen, meistens eines solchen mit rechteckigem Grundriß, anwenden (Beispiele c und e). Voraussetzung für das fachlich richtige Aufmessen ist die Kenntnis der Formeln, die Beherrschung des Klammersetzens und das räumliche Vorstellungsvermögen.

Außerdem hat die Aufmaßberechnung der Maler nach den »Allgemeinen Technischen Vorschriften« (ATV) der DIN 18363 zu erfolgen. Die ATV ist enthalten in der »Verdingungsordnung für Bauleistungen« (VOB, Teil C) vom 1. 1. 1975. Hierzu für den Maler als Bauzeichner einige der grundlegenden Vorschriften:
1. Von den »Konstruktionsmaßen« ist auszugehen, d. h., die ungeputzten Bauflächen sind die Ausgangs- und Endpunkte beim Messen. Bei der Wandhöhe wäre demnach von der Oberfläche der Rohbaudecke zur Unterfläche der Rohbaudecke zu messen.
2. »Lichte Konstruktionsmaße« gelten für Wandöffnungen. Es sind also die unverputzten beziehungsweise unbekleideten Öffnungen zu messen.
3. Bei Grundrißflächen sind die Maße, die zur Straßenfront liegen, oder die der eigentlichen Hauptfassade zuerst zu schreiben.
4. Die Räume innerhalb einer Wohnung werden dem Uhrzeigersinn folgend gemessen, wobei am Eingang zu beginnen ist.
Alle weiteren Bestimmungen, nach denen der Maler beim Aufmessen zu verfahren hat, zum Beispiel Abzüge von Wandöffnungen sowie Holz- und Metallbauteile, sind der VOB zu entnehmen.
Mit Hilfe von Mathematikbüchern für das Malerhandwerk und durch intensive Zeichenarbeit muß das Aufmaßrechnen geschult werden.
In den Abbildungen **(88.1, 88.2)** wird dargestellt, mit welcher Gedankenfolge man zum fachlich richtigen Aufmaß gelangt. Die Abbildung **(88.3)** zeigt, wie aus einem vorliegenden Aufmaß die räumliche Vorstellung des Werkobjektes gewonnen wird.

Kopieren und Vervielfältigen

Oftmals werden in Werkstätten Duplikate, mehrere Kopien oder gar in größeren Stückzahlen Vervielfältigungen benötigt. Auch zum Archivieren muß kopiert werden. Folgende Möglichkeiten der Vervielfältigung sind bekannt:

1. Manuelle Verfahren

Das *Durchzeichnen* (Durchpausen) ist für den Maler ohne großen Aufwand zu erledi-

1

AUFMASZ AM OBJEKT

GEDANKENARBEIT:

1.1 ABWICKLUNG

1.2 FLÄCHENBILD

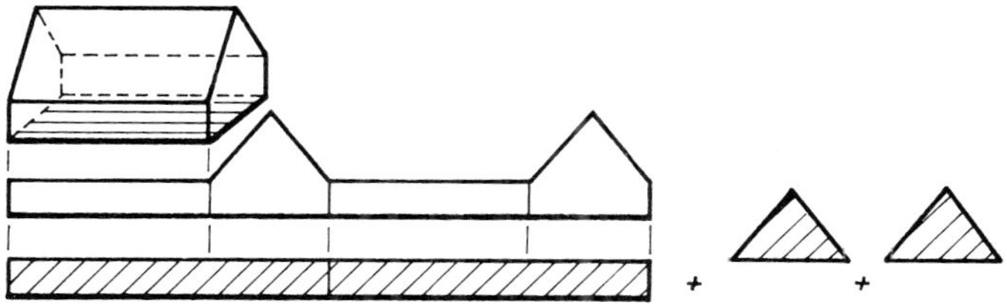

1.3 FORMELBILD $(l + b) \cdot 2 \cdot h + \frac{g \cdot h}{2} \cdot 2 =$

1.4 AUFMASZBILD $(14{,}00 + 8{,}10) \cdot 2 \cdot 4{,}95 + \frac{8{,}10 \cdot 4{,}50}{2} \cdot 2 =$

2 AUFMASZ AUS DER ZEICHNUNG

GEDANKENARBEIT:

2.1 RAUMVORSTELLUNG

2.2 ABWICKLUNG

2.3 FLÄCHENBILD

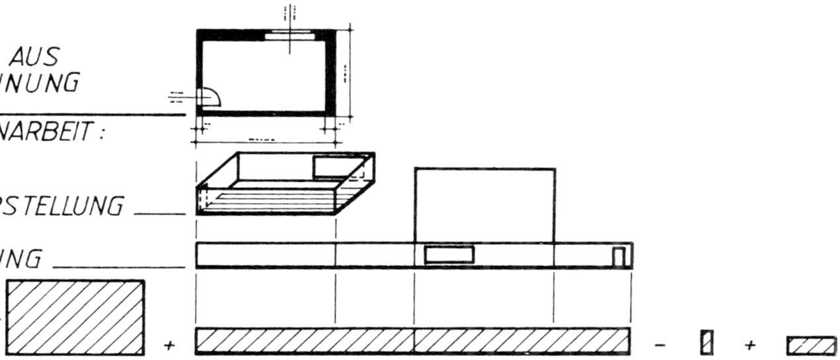

2.4 FORMELBILD $l \cdot b + (l + b) \cdot 2 \cdot h - (g \cdot h + g \cdot h) =$

2.5 AUFMASZ $8{,}05 \cdot 4{,}60 + (8{,}05 + 4{,}60) \cdot 2 \cdot 2{,}74 - (1{,}00 \cdot 2{,}00 + 2{,}20 \cdot 1{,}64) =$

3

AUFMASZBILD x) $2{,}00 \cdot 3{,}14 \cdot 5{,}40 + \frac{2{,}00}{2} \cdot \frac{2{,}00}{2} \cdot 3{,}14 \cdot 2 =$

GEDANKENARBEIT:

3.1 FORMELBILD $d \cdot 3{,}14 \cdot l + \frac{d}{2} \cdot \frac{d}{2} \cdot 3{,}14 \cdot 2 =$

3.2 FLÄCHENBILD

3.3 ABWICKLUNG

3.4 RAUMBILDVORSTELL.

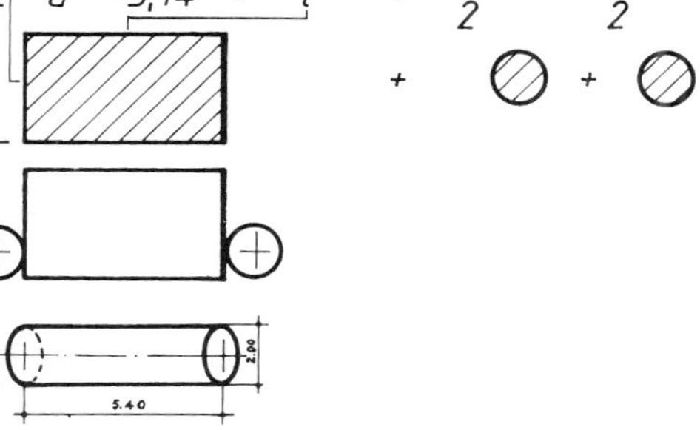

x) VOM AUFMASZBILD ZUM OBJEKT = UMGEKEHRTER WEG VON 1 + 2

88 Aufmessen nach Zeichnungen

gen. Kleine Skizzen und Entwürfe wird er mit schwarzem Kohlepapier, mit Blaupausen oder Graphitpapieren in einem Arbeitsgang schnell und gleich mehrfach durchzeichnen, so wie Durchschläge beim Maschinenschreiben angefertigt werden. Die Durchzeichenpapiere dürfen nicht zu dick sein.
Auch das *Nachzeichnen* kennt der Maler. Allerdings läßt sich damit nur ein Duplikat anfertigen. Es wird ein Lichtpaustisch oder eine Lichtpausplatte mit regelbarer Lichtquelle benötigt. Nachdem über das Original ein transparentes Papier gespannt worden ist, kann vom unterlegten Original auf das darüberliegende Transparentpapier problemlos »hochgezeichnet« werden. Zum Veranschaulichen bei Arbeitsbesprechungen oder für Referate kann direkt auf die glasklare Tageslichtfolie hochgezeichnet werden.

2. Mechanische Verfahren

Lichtpausen läßt sich auf alle Formate. Dazu braucht man allerdings Geräte, wie sie in Zeichenwerkstätten eingesetzt werden. Maler arbeiten mit Architekten zusammen und könnten daher in ihrem Zeichenbüro Kopien anfertigen lassen.
Einfache *Bürodrucker* kommen heute in vielen Malerbetrieben zur Anwendung. Es können Schablonendrucker mit Wachsmatrizen oder Carbon-Spirit-Umdrucker sein, auf denen sich auch einfache technische Zeichnungen in großen Stückzahlen rationell und preiswert, sogar mehrfarbig, vervielfältigen lassen.
Moderne *Bürokopierer* finden sich ebenfalls mehr und mehr in Malerbetrieben. Auch mit diesen Geräten, die meist fototechnisch oder thermisch arbeiten, läßt sich duplizieren oder vervielfältigen.
Sogar die *Mikroverfilmung* kann dem Maler nutzen. Wird dies verlangt, dann muß kontrastreich mit Tusche gezeichnet werden. Außerdem sind die Normen für mikrofilmgerechtes Zeichnen (m) zu beachten. Der Vorteil dieser Art der Vervielfältigung ist, daß auf kleinstem Raum zahlreiche Zeichnungen unterzubringen sind.
Abschließend soll noch auf den *Siebdruck* hingewiesen werden. Maler können mit ihrer Siebdruckanlage selbst komplizierte, feinlinige Zeichnungen in beliebigen Auflagen anspruchsvoll vervielfältigen.

SEHEN UND VORSTELLEN

In den bisherigen Kapiteln hatten wir uns mit dem allgemeinen Wissen um die technische Zeichnung und besonders mit dem Rüstzeug, welches zur zeichnerischen Darstellung gebraucht wird, zu beschäftigen. Jetzt kennen wir die nach DIN genormten Linien und alle geometrischen Linienarten. Wir beherrschen die vorschriftsmäßige Bemaßung und Beschriftung. Mit Zirkel und Lineal können wir konstruieren und wir wissen, wie das Zeichengerät für die exakte Darstellung zu handhaben ist. Das alles befähigt uns, *die Fläche* in jeder möglichen Gestalt zu zeichnen. Im nun folgenden Absatz behandeln wir die technische Zeichnung, die eine *räumliche Darstellung* verlangt.

Der Raum als Ordnungsprinzip

Alle Gegenstände sind Körper, also in drei Dimensionen ausgestaltet. Sie haben einen Außen- und einen Innenraum. Körper sind Räume, die von verschiedenen Flächen – alle zusammen ergeben die Oberfläche – umfaßt werden. Der Maler hat sich wie kaum ein anderer Handwerker bei seiner täglichen Arbeit in erster Linie mit dem Raum auseinanderzusetzen. Jede Innen- und Außenarbeit ist raumbezogen. Selbst wenn nur eine einzelne Fläche zu behandeln ist, sei es eine Wand, ein Giebel, eine Türseite oder eine Tischplatte, so sind dies die Teile eines Ganzen, und das Ganze ist immer der geordnete Raum. Teilflächen eines Raumes sind ihm zuzuordnen, Teile im Raum sind ihm einzuordnen. Der Raum ist die Ordnung aller Teile und Verhältnisse, bis hin zum Weltall als höchste Raumordnung.

Der Mensch erobert seinen Raum

Die Schöpfung hat in jedem Menschen die Gabe des räumlichen Sehens angelegt. Während seiner Entwicklung vom Kleinkind zum Erwachsenen macht der Mensch Fortschritte beim Sichorientieren. Gleichzeitig damit durchläuft er alle Stufen des Sehens. Das verraten seine ersten Äußerungen beim zeichnerischen Darstellen. Sie bestehen vorwiegend aus Punkten und Strichen. Bald entdeckt das Kind die Fläche, und über diese findet es während des Heranwachsens immer vollkommener zur räumlichen Tiefe.
Gleiche Entwicklungen hat die Menschheit in ihrer Kulturgeschichte über Jahrtausende hinweg durchlebt. Von der »primitiven« Höhlenmalerei der Urmenschen über die flächigen Wandmalereien der Antike und noch des Mittelalters ging der Weg bis zur Entdeckung der Perspektive in der Renaissance vor 500 Jahren. Als mit ihr unsere Neuzeit anbrach, hatte man endlich die Tiefe auf der zweidimensionalen Darstellungsebene erobert. Die technischen Erfindungen, vor allem auch die weltweiten Entdeckungen rund um den Erdball, machten uns im räumlichen Sehen und Darstellen erfahren. Die Weite und Tiefe in der Natur konnten wir »ermessen«, was die Vorbedingung für den perspektivischen Blick bedeutet. So schufen die großen Meister der Renaissance im Eifer der neuen Idee ihre ersten Bildwerke mit vollendeter Raumwirkung. Albrecht Dürer, der zu ihnen gehört, verfaßte zu gleicher Zeit die erste deutsche wissenschaftliche Abhandlung über die Perspektive.
Die später folgende Erfindung der Fotografie vertiefte noch das räumliche Erleben auf der Fläche. Heute wird behauptet, daß in unseren Tagen durch die Flut von Bildreizen die eigene Fähigkeit zum räumlichen Empfinden und Vorstellen beängstigend verkümmert. Sollte sich dies bewahrheiten, dann wären die Erziehung und Schulung zum räumlichen Sehen eine Notwendigkeit. Technisches Zeichnen bedarf dieser Fähigkeit in Vollendung. Daher gilt die Beschäftigung mit dem Zeichnen als Hohe Schule des räumlichen Sehens und Vorstellens.

Der gesehene Raum

Räumliche Darstellung erfordert räumliches Sehen und Vorstellen. Dazu gehört ein besonders ausgeprägtes Auge. Nur der Maler, der alles um sich körperhaft sieht und empfindet, wird wohlgestaltete Arbeit leisten. Nicht jedes Auge vermag unmittelbar räumlich zu sehen. Dazu gehört ein intaktes und geschultes Sinnesorgan. Bewußt räumliches Sehen ist ein höheres Sehen, zu dem der junge Maler hinarbeiten muß. Die folgenden Bildbeispiele lassen uns erleben, wie unser Auge vom zunächst flächigen Sehen zum räumlichen Sehen gelangen kann.

Vom eindimensionalen zum zweidimensionalen Sehen

Die Beispiele in Abbildung **(89)** zeigen, wie selbst die Linie mit ihrer nur einen Ausdehnung raumbezogen gesehen werden kann. Die Linie in Abbildung **(89.1)** können wir einmal als fixierte Schräglage sehen oder aber als gerade Markierung auf einer ebenen Bodenfläche im Landschaftsraum erkennen.
Alle Beispiele sind bloße Liniengruppierungen, also ihrer Natur nach eindimensional. Soll bei Abbildung **(89.2)** ein Raumeindruck entstehen, so erblickt man den Ausschnitt einer perspektivisch dargestellten Bretterwand. In den Abbildungen **(89.3, 89.4)** sieht man eine sich zum Horizont verjüngende Stangenreihe. Abbildung **(89.5)** zeigt die Draufsicht auf einen Riemenfußboden. In Abbildung **(89.6)** erkennen wir die Schwellen eines in die Ferne führenden Schienenstranges. In Abbildung **(89.7)** wird eine Wellenbewegung sichtbar. Das Linienbündel in Abbildung **(89.8)** zeigt die Wandung eines ausgebuchteten Körpers. Die Linien in Abbildung **(89.9)** vermitteln die Ansicht eines eingebuchteten Gegenstandes.

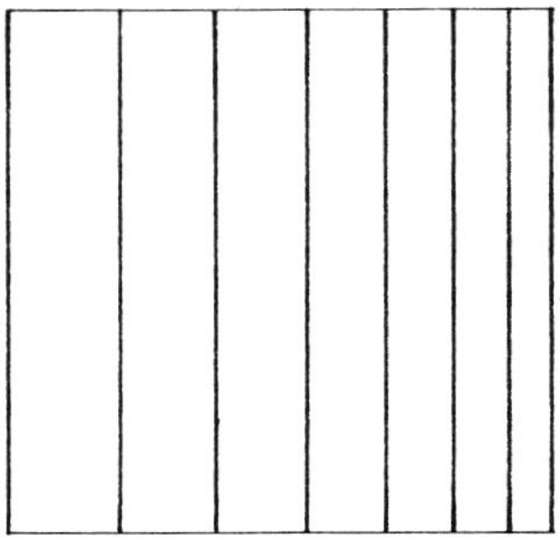
2

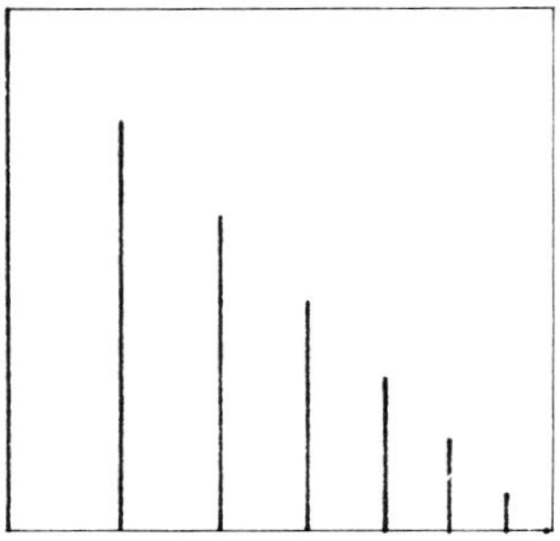
3

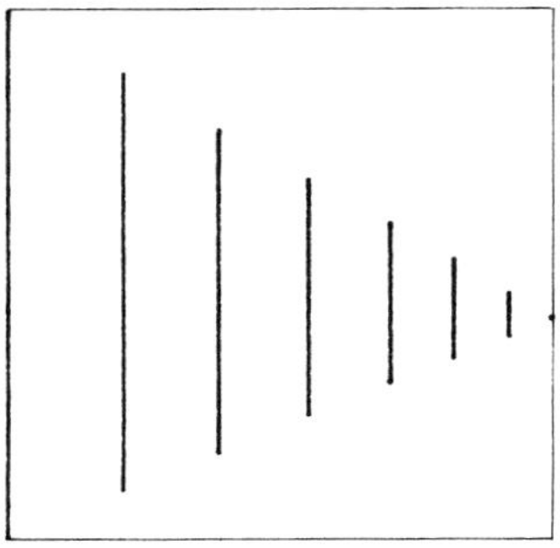
4

5

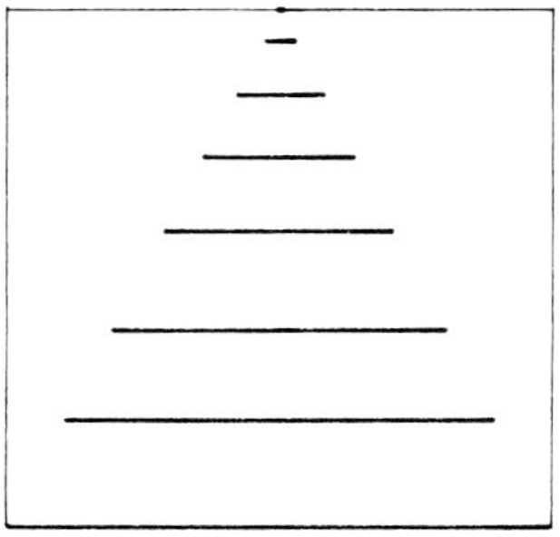
6

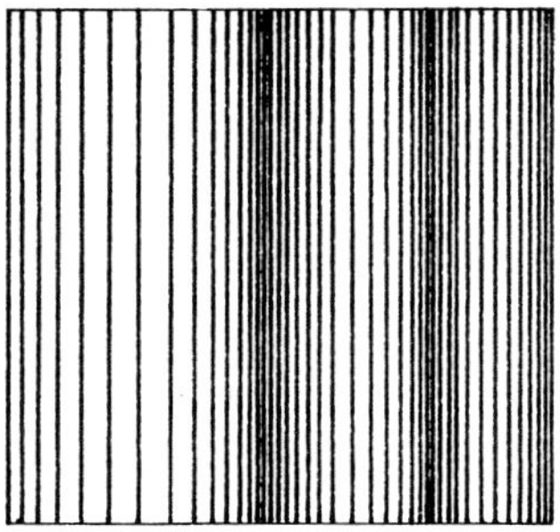
7

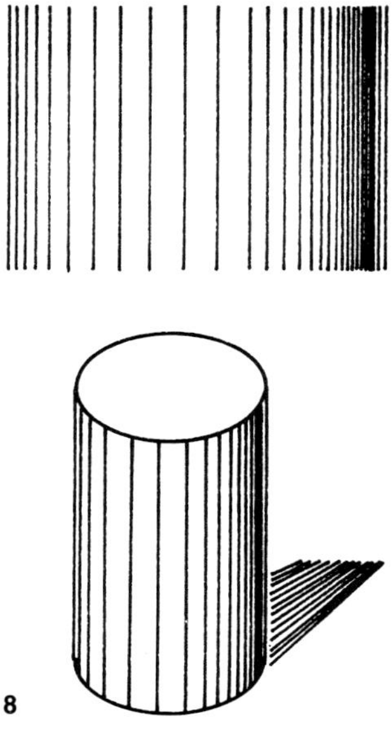
8

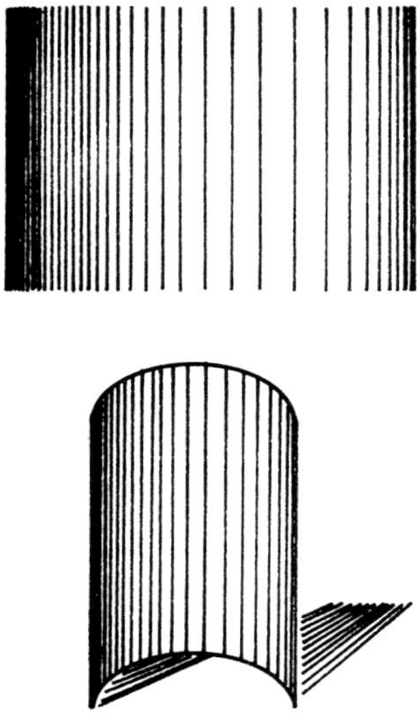
9

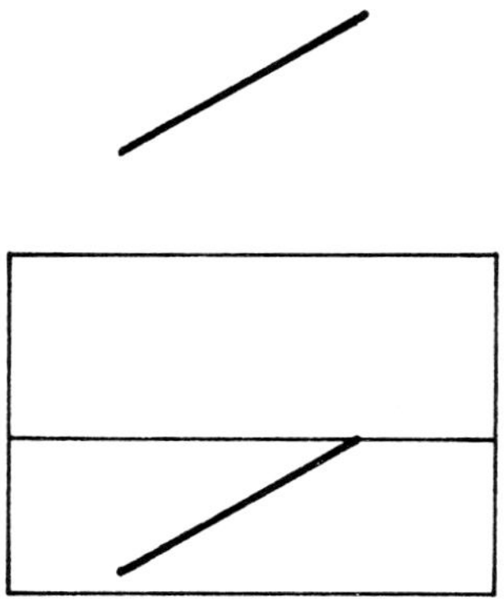
1

89 Linien im Raum

Vom zweidimensionalen zum dreidimensionalen Sehen

Die Beispiele **(90, 91)** zeigen, daß jede Fläche zugleich auch räumlich sichtbar werden kann. Bei dem Sechseck **(90.1, 90.2)** kann man gleichzeitig einen auf die Ecke gesetzten Würfel erkennen. Wer ein empfindliches Auge besitzt, kann sogar abwechselnd von oben in den Kubus hineinsehen oder unter ihn darunterblicken. Die zusammengesetzte Fläche in Abbildung **(90.3)** kann ebenfalls räumlich gesehen werden, einmal mit vor- und einmal mit zurückspringender Kante. Auch die Flächen in Abbildung **(91)** lassen sich räumlich betrachten. Dabei kommen wir ganz ungewollt zur plastischen Vorstellung von verschiedenartigen Bauanlagen.

Bei Abbildung **(90.4)** schauen wir in eine fliehende Tiefe hinein. Es schichtet sich in Abbildung **(90.5)** etwas übereinander. Bei Abbildung **(90.6)** blicken wir unweigerlich in die Ferne oder in einen Schacht, wie wir es gerade möchten. Wir könnten aber auch den Flug über eine Pyramide mitmachen. Je nach unserem Wollen sehen wir bald das eine oder das andere. In Abbildung **(90.7)** entsteht ein Raumbild durch die Reihung der gleichen Figur, indem sich Abstände und Größen verringern. Das Auge vermittelt nicht nur das flächige Nebeneinander, sondern gleichfalls ein perspektivisches Hintereinander.

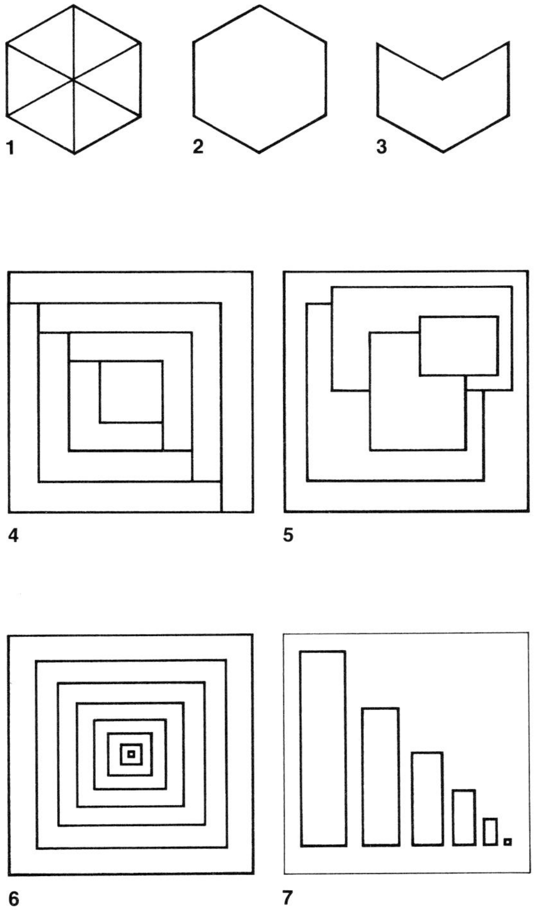

90 »Dreidimensionale« Flächen

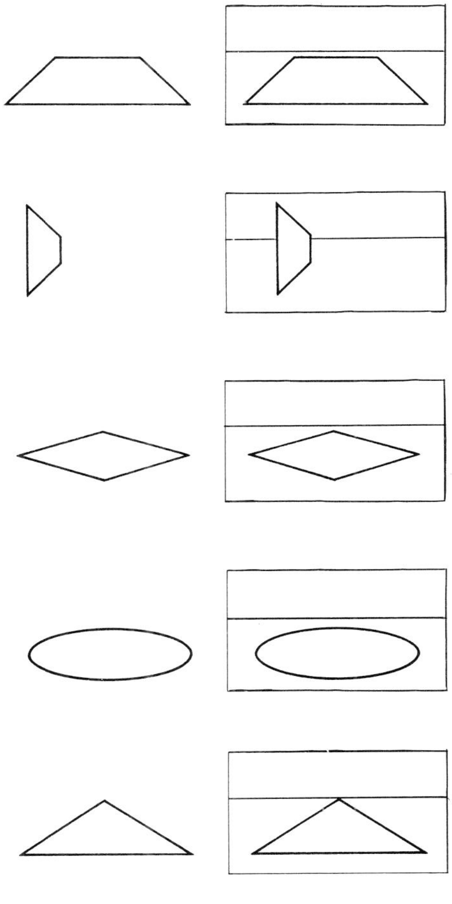

91 Flächen im Raum

Abbildung **(92)** beweist, durch welche Mittel ein vollständiger Raumeindruck hervorgerufen werden kann. Sind die Faktoren Abstände, Größe und Strichstärke gleich, so entsteht noch kein Raum **(92.1)**.
Die fortgesetzte Verringerung der Abstände schafft bereits ein angedeutetes Raumbild **(92.2)**.
Die fortschreitende Verringerung von Abstand und Größe ergibt einen stärkeren Raumeindruck **(92.3)**.
Erst die Verkleinerung aller drei Faktoren bringt das greifbare Raumerleben **(92.4)**. Alle Beispiele zeigen, daß die Art und Weise, wie wir etwas sehen, besonders auch von unserem Willen abhängt. Dazu betrachten wir noch einmal Abbildung **(90.1, 2)**. Wollen wir gerade ein Sechseck sehen, so sehen wir nur dieses. Wünschen wir aber einen Würfel, dazu noch in Drauf- oder Druntersicht, so sehen wir wiederum nur das eben Gewollte. Auch Abbildung **(93)** verdeutlicht diese Tatsache. Wir sehen hier als Innenfigur ein helles Kreuz auf dunklem Grund oder wir bemerken als Außenfiguren rechts und links die Kleinbuchstaben i. Diese Erkenntnis verrät uns, daß jeder Betrachter ein anderes, nämlich sein persönliches Bild sehen muß. Das hängt erstens bei jeder Person von den Faktoren Alter, Reife, Charakter, Beruf und Übung ab. Darüber hinaus wird das Geschaute abhängig sein von der Stimmung des Menschen im Augenblick des Hinschauens, von bewußt oder unbewußt geprägten Vorstellungen und von seinem Wünschen und Wollen.

Diese Betrachtungen waren notwendig, um Gegenstände aus unseren Arbeitsbereichen so zeichnen zu können, daß sie umfassenden Raumeindruck vermitteln. Außerdem muß beim Lesen technischer Zeichnungen (Bauzeichnungen) das wirkliche Raumgeschehen erfaßt werden können. Der Maler hat so raumgebunden zu sehen, zu denken und zu handeln, daß er mit seinem geistigen Auge stets jeden gedachten oder beschriebenen Architekturraum gegenwärtig erleben kann. Der technische Zeichner kennt mehrere Möglichkeiten, um einen Gegenstand allseitig in seiner Raumfunktion sichtbar zu machen.

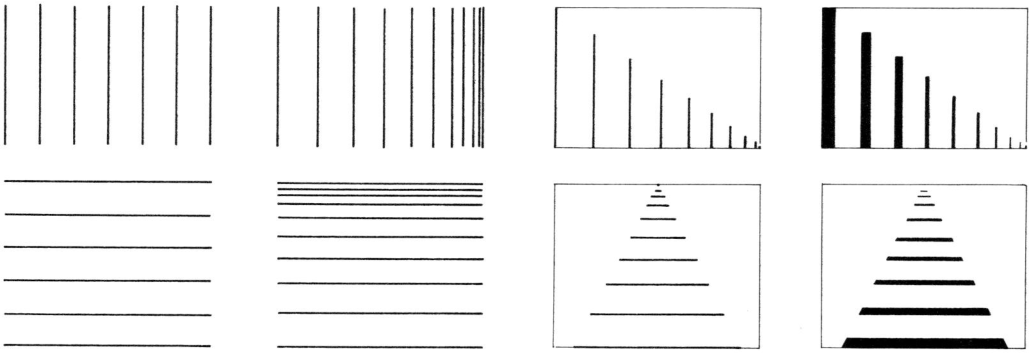

1 2 3 4

92 »Dreidimensionale« Linien

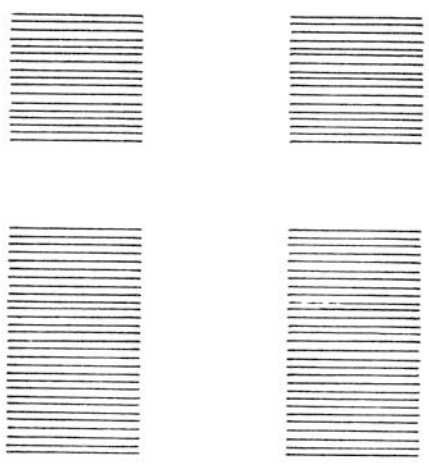

93 Subjektives Sehen

Der unmögliche Raum

Das Phänomen der optischen Täuschung kann Raumbilder vollkommen auf den Kopf stellen oder alles äußerst interessant verwirren. Unwahrscheinliches wird wahrscheinlich. Das Hineinsehen in solche Raumspiele schult und amüsiert unseren Blick.
Zeitgenössische Maler, allen voran der in Frankreich wirkende Ungar Victor Vasarely, sind bei ihren Erfindungen optischer Raumtheater unerschöpflich. Ein unwahrscheinliches Prisma stammt von dem niederländischen Graphiker M. C. Escher (1898–1972) **(94)**.
Im Zeitalter des Barock und Rokoko berauschten sich die Menschen an einer Welt der Vorspiegelungen. Die Maler täuschten (imitierten) mit ihren technischen Künsten nicht nur edelste Werkstoffe vor, sie zauberten auch auf Decken- und Wandflächen die verblüffendsten Scheinräume. Auch heute nutzen Baumaler die Gesetze der optischen Täuschung, um mit Formen und Farben Raumeindrücke architektonisch günstiger darzustellen.

94 Ein unwahrscheinliches Prisma

Die Abbildung **(95)** veranschaulicht die gebräuchlichsten Praktiken zum gewollten Verändern von Raumwirkungen.

1. Die Tiefe
Helle Rückwand: Wirkung = fern. Schein = langer Raum **(95.1.1)**
Dunkle Rückwand: Wirkung = nah. Schein = kurzer Raum **(95.1.2)**
2. Die Last
Helle Decke: Wirkung = leicht. Schein = hoher Raum **(95.2.1)**
Dunkle Decke: Wirkung = schwer. Schein = niedriger Raum **(95.2.2)**
3. Die Stütze
Helle Wände: Wirkung = weit. Schein = breiter Raum **(95.3.1)**
Dunkle Wände: Wirkung = eng. Schein = schmaler Raum **(95.3.2)**
4. Das Volumen
Senkrechte Betonung: Wirkung = geschlossen. Schein = hoch und eng **(95.4.1)**
Waagerechte Betonung: Wirkung = offen. Schein = niedriger und weiter Raum **(95.4.2)**.

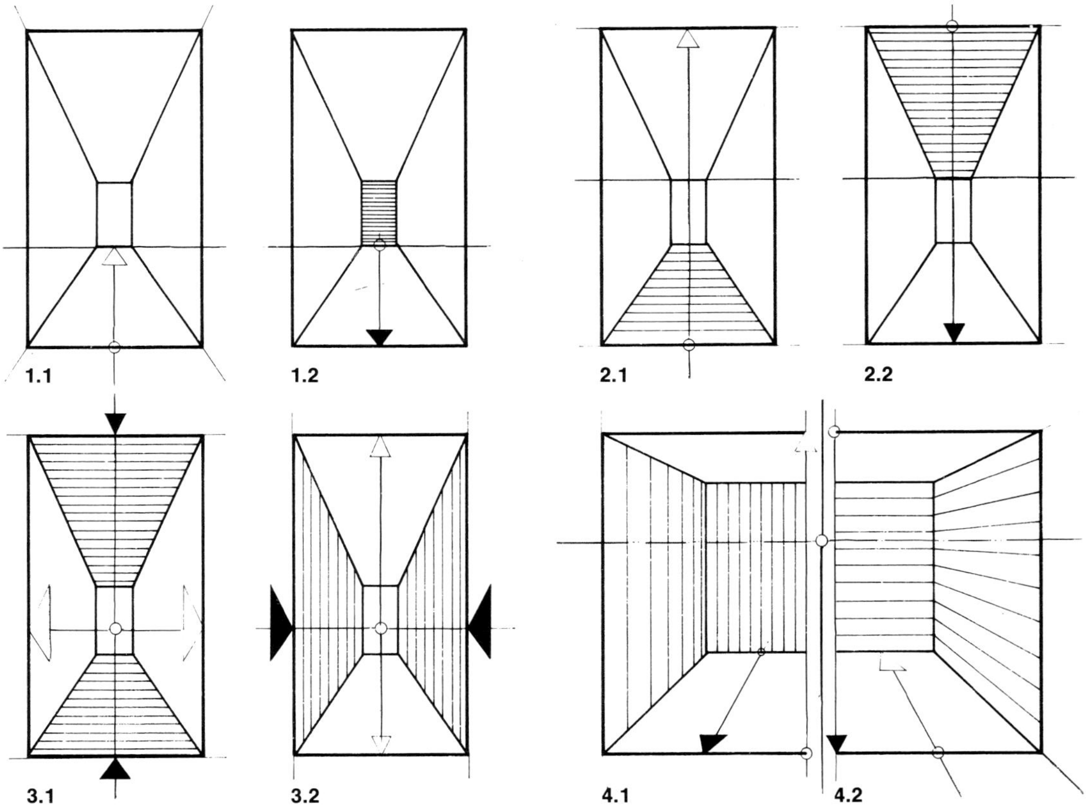

95 Raumwirkungen beeinflussen

Darstellen von Körpern in ihren Ansichten

Körper sind Raumgebilde. Sie lassen sich auf der Zeichenebene durch zwei Verfahren darstellen:

- Darstellen der einzelnen Körperflächen (Ansichten).
- Darstellen der gesamten Raumwirkung (Perspektiven).

In diesem Abschnitt wird die erste Methode erklärt. Ihr Vorteil liegt darin, daß die Abbildung der Außenflächen maßstabgetreu wiedergegeben wird.
Die Zeichnung der Ansichten entsteht durch die »rechtwinklige Parallelprojektion«. Nach DIN 6 – auch »ISO-Methode E« (E = Europa) genannt – werden die einzelnen Ansichten normgerecht angeordnet. Die USA regeln die Anordnung der Ansichten nach einer eigenen Norm. DIN 6 besagt weiterhin, daß nur so viele Ansichten gezeichnet werden sollen, wie zum eindeutigen Erfassen der Plastizität nötig sind. Drei Ansichten von insgesamt sechs möglichen genügen meistens.
Beim Darstellen und Lesen solcher Parallelprojektionen bedarf es allerdings einer geübten räumlichen Vorstellungskraft. Der nicht ganz sichere Anfänger bleibt daher noch längere Zeit in der flächigen Sehweise gefangen. Um aus den drei Ansichten plastische Raumbilder »umfassend« erkennen zu können, sind fleißig Zeichenübungen unterschiedlichster Aufgabenstellung zu machen.
Die Ansicht des Gegenstandes ist das Bild, das entsteht, wenn man von vorn, von den Seiten oder aus den jeweils anderen Richtungen senkrecht auf die dem Betrachter zugekehrte Fläche sieht. Der Techniker sagt: »Die Ansicht ist die rechtwinklige Projektion (Umklappung auf die Zeichenebene) einer Gegenstandsseite auf die Aufriß- oder Seitenrißebene.«
Abbildung **(96)** zeigt die Anordnung der Ansichten. Die Draufsicht befindet sich als Grundriß unten. Genau darüber ist die Vorderansicht zu zeichnen. Die Seitenansicht von links steht rechts neben der Vorderansicht, die Seitenansicht von rechts kommt links neben die Vorderansicht. Die fast nur bei Architekturzeichnungen gebrauchte Rückansicht und ebenfalls die fast nie übliche Untersicht wären so, wie es die Abbildung darstellt, anzuordnen. Die Ziffern an den Ecken des prismenförmigen Gegenstandes sind mit den Ecknummern der einzelnen Ansichten zu vergleichen. Daran läßt sich die seitenrichtige Projektion verfolgen. Bei falscher Darstellung entstehen seitenverkehrte Spiegelbilder, die zu Irrtümern führen.
Durch Kippen eines Würfels lernt man die Anordnung nach DIN 6 zu verstehen.

1. Wir betrachten die Würfelseite mit der Eins und haben die Vorderansicht = die Mitte der Anordnung.
2. Beim Kippen der Eins nach *unten* erhalten wir die Vier als Draufsicht = *unter* der Vorderansicht.
3. Nach dem Kippen der Eins nach *oben* haben wir die Drei als Untersicht = *oberhalb* der Vorderansicht.
4. Kippen wir die Eins nach *links,* so sehen wir die Zwei des Würfels als Seitenansicht von rechts = *links* von der Vorderansicht.
5. Kippen wir die Eins nach *rechts,* dann bekommen wir die Fünf als Seitenansicht von links = *rechts* von der Vorderansicht.
6. Schließlich sehen wir nach nochmaligem Kippen (also die Fünf weiter nach *rechts*) die Sechs als Rückansicht = *rechts,* ganz außen angeordnet.

Die Bezeichnung der Ansichten ist ebenfalls nach DIN 6 genormt.
Abbildung **(97)** zeigt ein Objekt, das von sämtlichen Seiten anzusehen ist. Unser vielleicht schon räumlich geschulter Blick muß sich dazu zwingen, aus den flächigen Einzelansichten den körperhaften Gegenstand zu erfassen. Um dieses möglich zu machen, sind bei der Darstellung von Körpern in verschiedenen Ansichten unbedingt die genormten Linienarten zu verwenden. Hauptsächlich dadurch, daß alle sichtbaren Kanten mit der fetten Vollinie und alle verdeckten (unsichtbaren) Kanten mit der etwas schwächeren Strichlinie gezeichnet werden, entsteht der räumliche Eindruck.

96 Körperansichten nach DIN 6

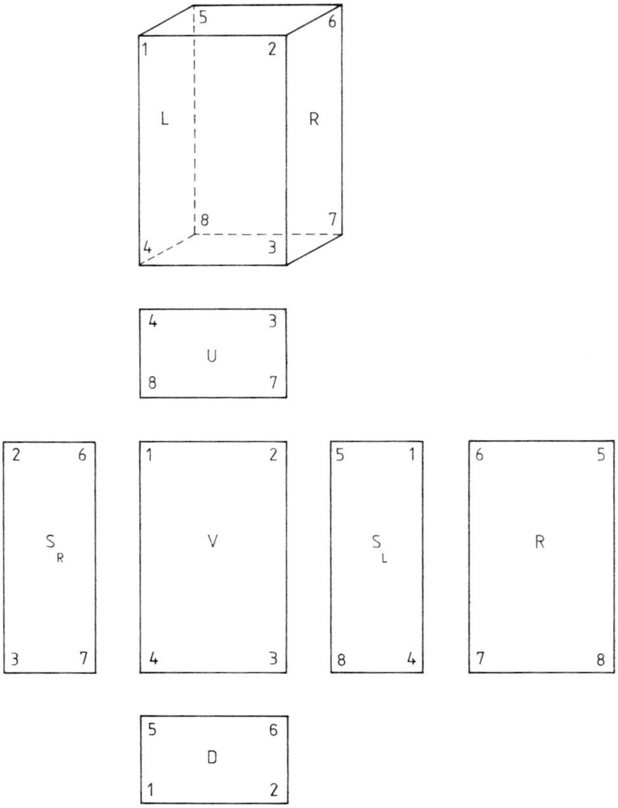

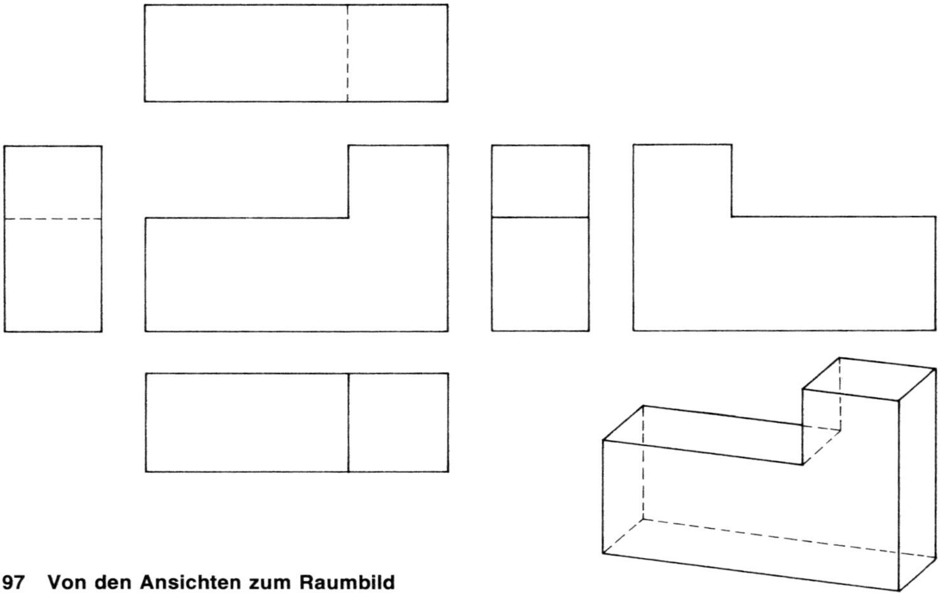

97 Von den Ansichten zum Raumbild

98 Benötigte Ansichten

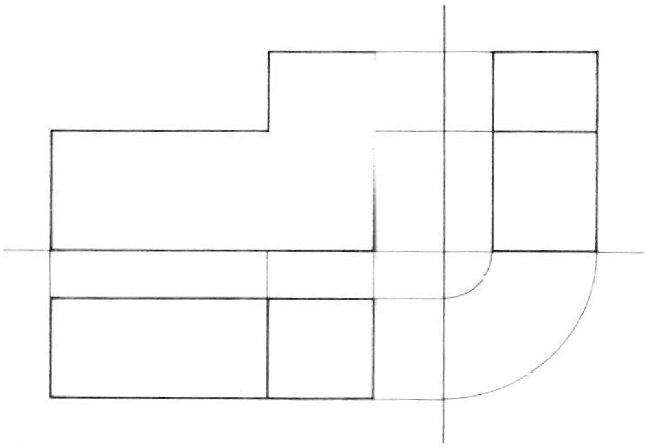

1

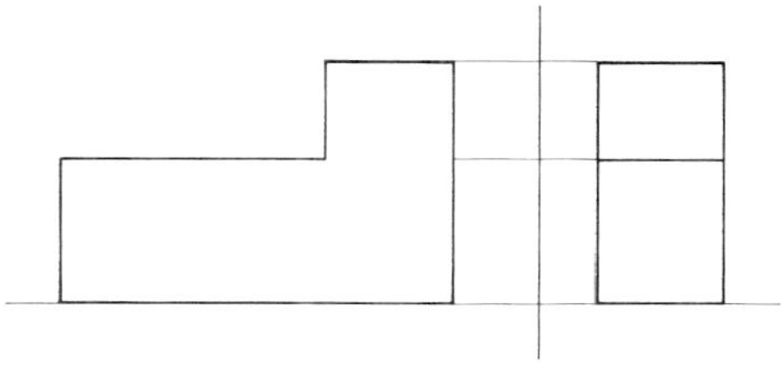

2

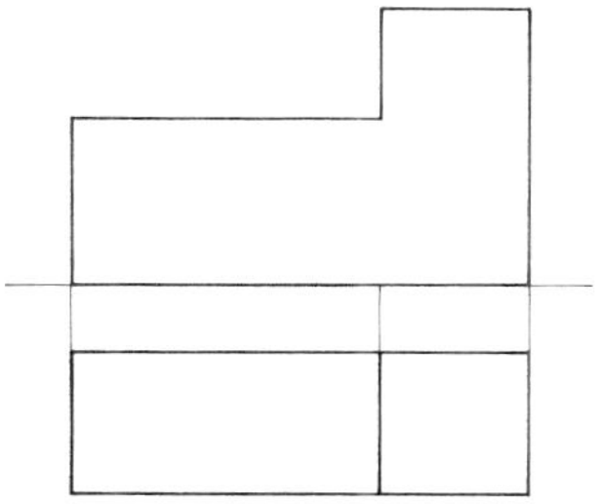

3

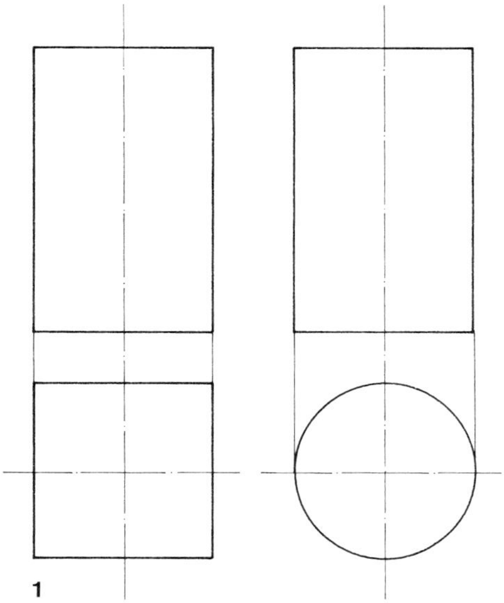

1

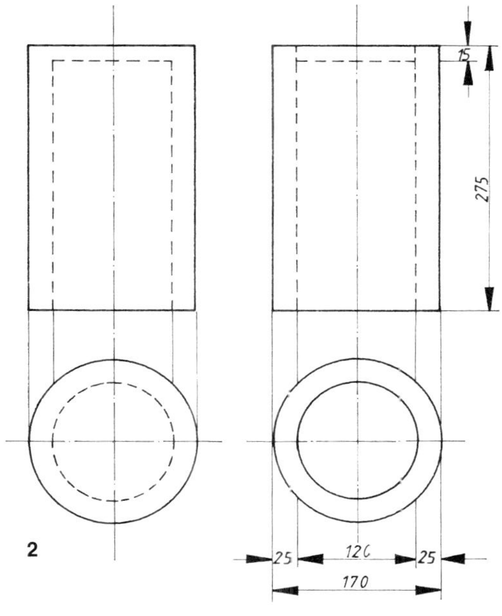

2

99 Prismen-Ansichten

Drei Ansichten (Draufsicht, Vorder- und Seitenansicht von links) genügen, um einen Gegenstand so darzustellen, daß er vollplastisch gesehen werden kann **(98.1)**.
Zwei Ansichten würden für die Verkörperung des Gegenstandes aus **(97)** bereits ausreichen. Entweder zeichnet man zur Vorderansicht eine Seitenansicht oder die Draufsicht. Auf diese Weise werden ebenfalls alle drei Dimensionen sichtbar und meßbar **(98.2, 98.3)**. Eine Ansicht (Hauptansicht) genügt bei vollsymmetrischen Körpern. Um bei dieser Darstellungsform die Fläche der Draufsicht (Grundfläche) bestimmbar zu machen, muß die Maßzahl das Quadrat- bzw. Durchmesserzeichen erhalten; siehe **(37)** und vergleiche mit **(99.1)**. Die Zeichnungen in Abbildung **(99.2)** verkörpern nochmals die Hohlzylinder. In Abbildung **(26)** sind sie geschnitten dargestellt, damit ein direkter Einblick in ihre Konstruktion gewonnen wird. Bei dieser Darstellung erkennt man sie nur in ihren Außenansichten. Hier sind es die Strichlinien, die die unsichtbaren Kanten des Inneren deutlich machen.
Die Mantelfläche eines Körpers entspricht den Wänden eines Raumes. Die Oberfläche eines Körpers stellt die Abwicklung des Raumes aus Fußboden, Wänden und Decke dar.
Komplizierte Objekte erfordern drei Ansichten, damit alle Verhältnisse eindeutig werden. Bei Abbildung **(100)** versuchen wir uns aus den drei Ansichten den wirklichen Körper greifbar vorzustellen, indem wir zuvor das untere Raumbild mit einem Papierbogen abdecken. Wenn uns das gelingt, d. h., wenn durch richtiges Lesen der Linienarten und durch unsere Vorstellung ein fotografisches Abbild in uns entsteht, dann sind wir vom nur flächigen Sehen zum plastischen Erkennen vorgedrungen. Das, was wir uns vorstellen, vergleichen wir dann mit der aufgedeckten räumlichen Darstellung.

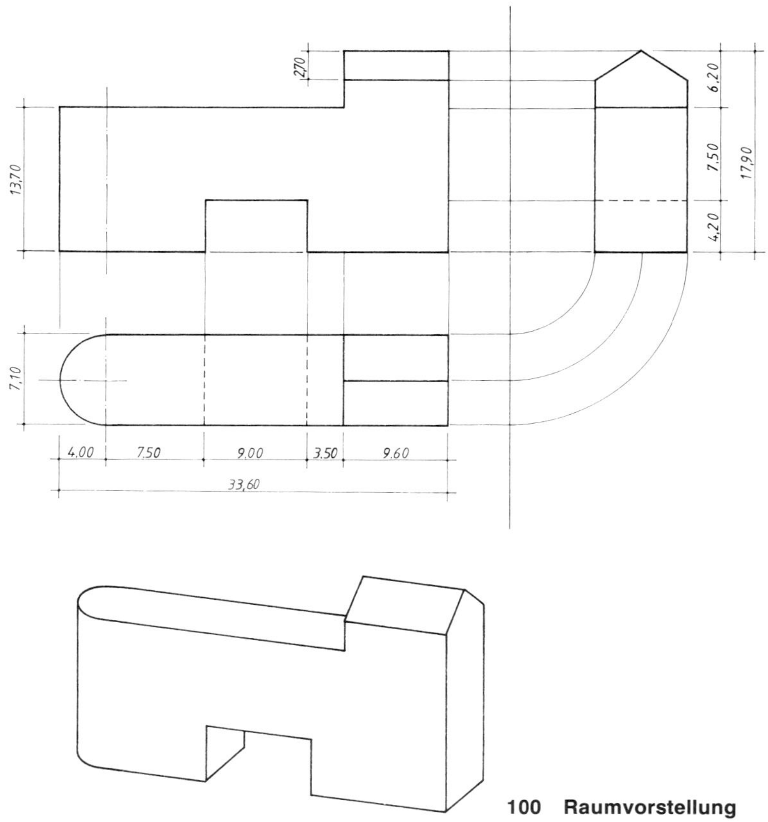

100 Raumvorstellung

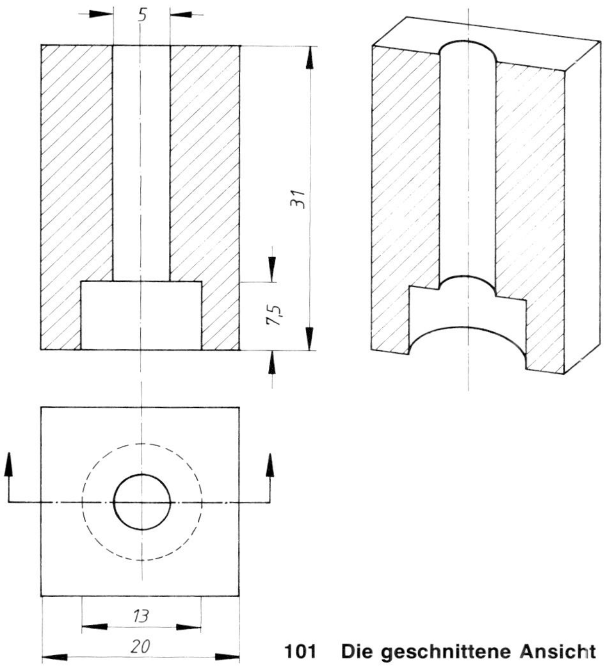

101 Die geschnittene Ansicht

102 Die Deutlichkeit der geschnittenen Ansicht

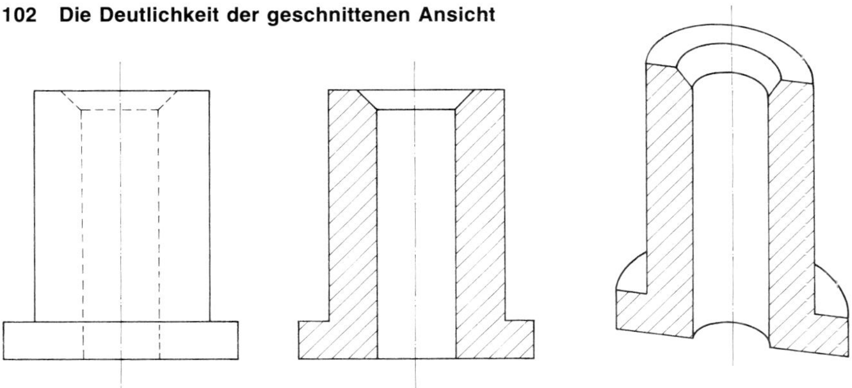

Die geschnittene Ansicht **(101)** soll gezeichnet werden, wenn Hohlräume vorhanden sind und wenn Maßeintragungen es erfordern sollten. Schnittdarstellungen (Vollschnitte) lassen alle Funktionen eines Gegenstandes deutlicher erscheinen.
Verdeckte Kanten werden in der Regel in die schraffierten Schnittflächen nicht eingezeichnet. Das in Abbildung **(102)** dargestellte Werkstück ist als Ansicht und als Vollschnitt gezeichnet. Es wird deutlich erkennbar, daß die Schnittzeichnung den anschaulichsten Einblick in das Objekt gestattet und damit der Ansichtszeichnung vorzuziehen ist.

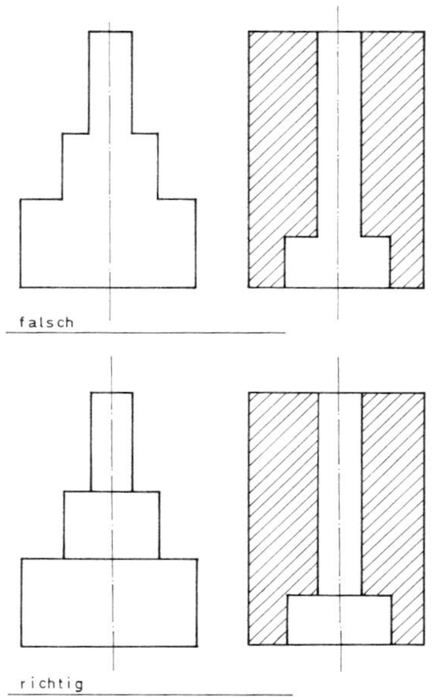

103 Kanten nicht vergessen

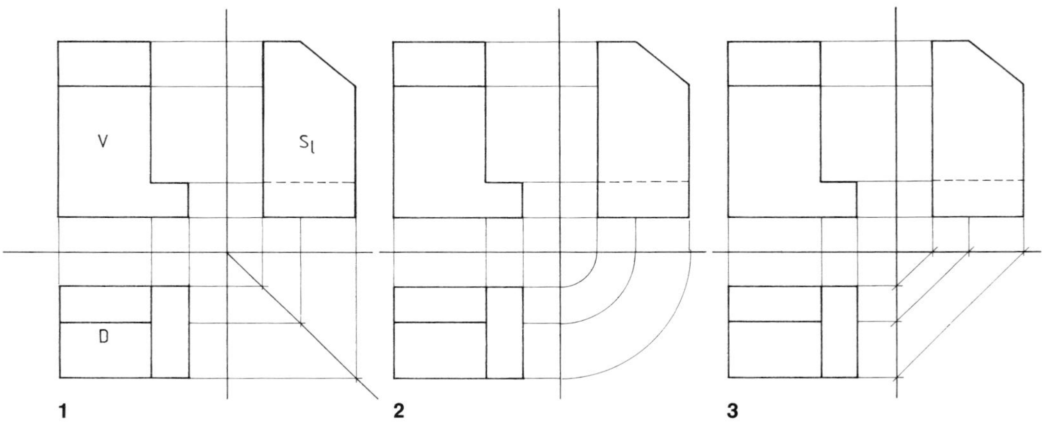

104 Umlenken der Projektionsstrahlen

Abbildung **(103)** zeigt oben zwei fehlerhafte, darunter die richtigen Zeichnungen. Obere Reihe: Wenn sichtbare Kanten weggelassen werden, entsteht ein falsches Bild. Der richtige Körper unten links wurde oben zur Fläche. Untere Reihe: Alle Kanten, auch die, die im Schnitt sichtbar werden, sind einzuzeichnen. Nur so wird die plastische Gestalt eindeutig.

Für die Darstellung von Körpern (Räumen) mittels rechtwinkliger Parallelprojektion – auch Dreitafel-Projektion genannt – kennen wir drei Möglichkeiten. Alle funktionieren durch »Umlenken« der parallelen Projektionsstrahlen **(104)**:

Umlenken über die 45°-Hilfslinie **(104.1)**.

Umlenken durch Viertelkreisbögen **(104.2)**.

Umlenken durch »schleifende« Übergänge **(104.3)**.

Die erste Methode ist zeitsparend und daher zu bevorzugen. Die zweite Möglichkeit ist umständlicher, aber am genauesten. Die dritte Projektion ist zeitraubend, nicht so genau und wird daher wenig angewandt.

Darstellen der Ansichten eines Bauwerkes

Einfache Ansichtsskizzen oder auch ausgearbeitete Zeichnungen von Bauobjekten hat der Maler für seine Entwurfsarbeit und ebenfalls für die Erstellung von Farbvorschlägen dann und wann anzufertigen. Außerdem muß er für die Ausführung von Malerarbeiten Bauzeichnungen mit dem Grundriß und den dazugehörigen Ansichten lesen können. Aus Abbildung **(105)** ist die Zeichenmethode zu erlernen.

Anmerkung: Die Bezeichnung der Gebäudeansichten erfolgt nach ihrer Lage zu den jeweiligen Himmelsrichtungen: Nordost-Ansicht, Südost-Ansicht, Südwest-Ansicht usw. Die seitenrichtige Projektion der Rückansicht erfolgt dadurch, daß sich der Zeichner hinter das Gebäude stellt und in Pfeilrichtung H schaut. Wenn so richtig gesehen die Rückansicht gezeichnet wird, muß die linke Gebäudekante rechts und die rechte links erscheinen. Im anderen Fall erhält man das falsche Spiegelbild. Ebenso wird bei der Darstellung der Seitenansichten verfahren. Der Betrachter stellt sich vor die linke Fassade, blickt in Pfeilrichtung L und projiziert rechts neben die Vorderansicht. Mit der rechten Giebelseite wird umgekehrt verfahren, so daß diese Ansicht links neben die Vorderfront zu zeichnen ist.

In Höhe AB ist das Gebäude waagerecht geschnitten. Dadurch blicken wir auf die gedachte Schnittebene und erhalten somit den Grundriß.

105 Ansichten eines Bauwerkes

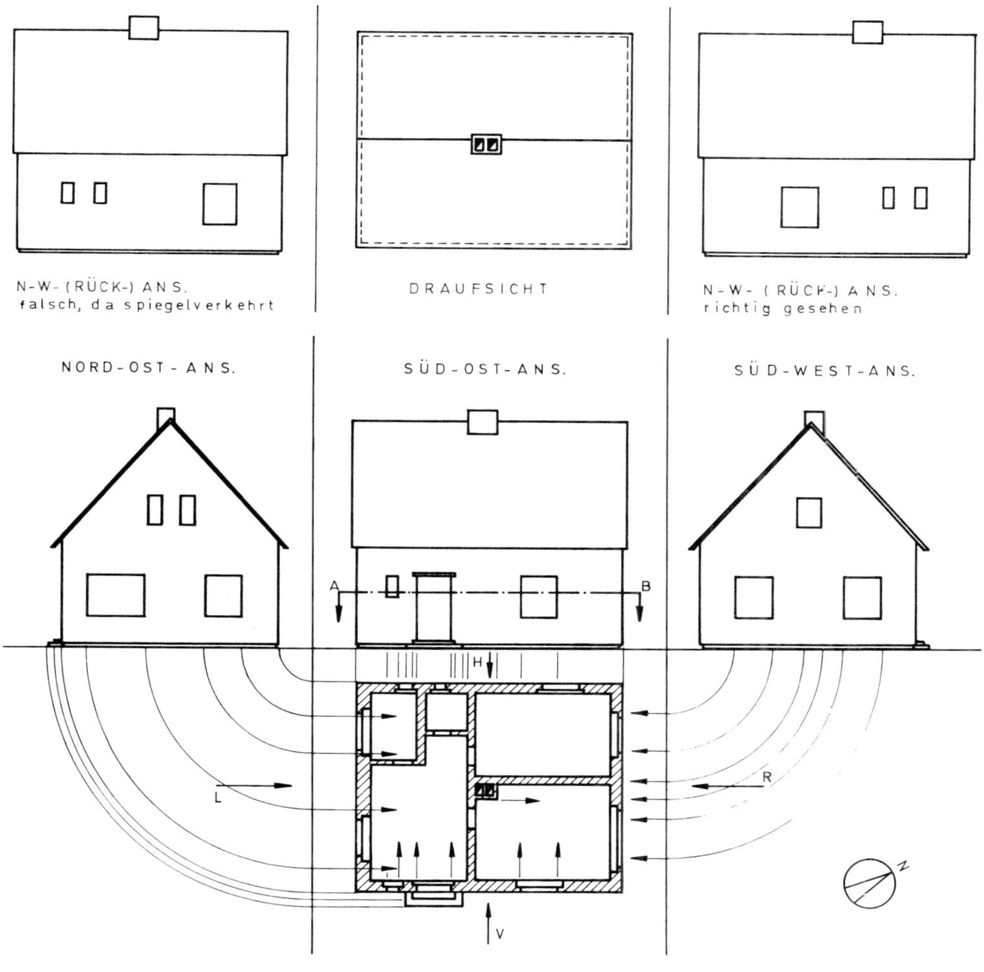

Abbildung **(106)** klärt die Darstellung der Hauptansichten eines Bauwerkes durch ein räumlich gezeichnetes Schaubild. Wir erkennen das dreidimensionale Geschehen bei der Parallelprojektion der Gebäudeflächen auf drei beziehungsweise vier zueinander senkrechte Ebenen (Grundriß, Aufriß und rechter und linker Seitenriß).
Diese Darstellung macht besonders deutlich, wie es zu den seitenrichtigen Projektionen auf die Ebenen II und IV kommt. Vergleichen wir deshalb nochmals mit Abbildung **(105)**. Man kann außerdem klar ablesen, daß die Draufsicht beim Zurückklappen in die Zeichenebene unter die Vorderansicht, und die Untersicht über die Vorderansicht zu liegen kommt. Der Gebäudekörper schwebt in der aus den drei Ebenen gebildeten Raumecke. Die Ansichten auf den Ebenen gewinnen wir mit Hilfe der Projektionsstrahlen.

Üben der räumlichen Vorstellungskraft

Die Darstellung von Körpern in ihren Ansichten, wie sie eingehend behandelt wurde, ist für die Fertigung von Werkstücken in allen konstruierenden Handwerken, besonders in den Metallberufen, eine notwendige Voraussetzung. Ohne technische Zeichnungsunterlagen dieser Art läßt sich nichts planen und herstellen. Da die technische und gestaltende Oberflächenbehandlung (Anstrich- und Malarbeiten) der Maler nur objektgebunden sein kann, ist auch für unser Handwerk das Lesen und Verstehen von Bauzeichnungen und anderer Darstellungen unbedingt erforderlich. Wie wir aus den bereits durchgearbeiteten Kapiteln erfahren haben, hilft uns die Zeichnung, unsere technisierte Berufs- und Alltagswelt sicherer zu bewältigen. Dieses vermag die Darstellung von Gegenständen in ihren verschiedenen Ansichten in besonderer Weise. Außerdem ist keine Darstellungsart mehr geeignet, das räumliche Sehen und Vorstellen zu vervollkommnen.
Die Abbildungen **(107, 108 und 109)** dienen zum Üben des räumlichen Vorstellungsvermögens. Wir sollten versuchen, nach dem Betrachten der Projektionen die entsprechenden Körper plastisch zu skizzieren. *Ergänzungen* sind eine gute Übung für räumliches Vorstellen, Sehen und Zeichnen. Bei Abbildung **(109)** fehlt die Seitenansicht von links. Ergänze sie durch Ziehen der parallelen Projektionsstrahlen!

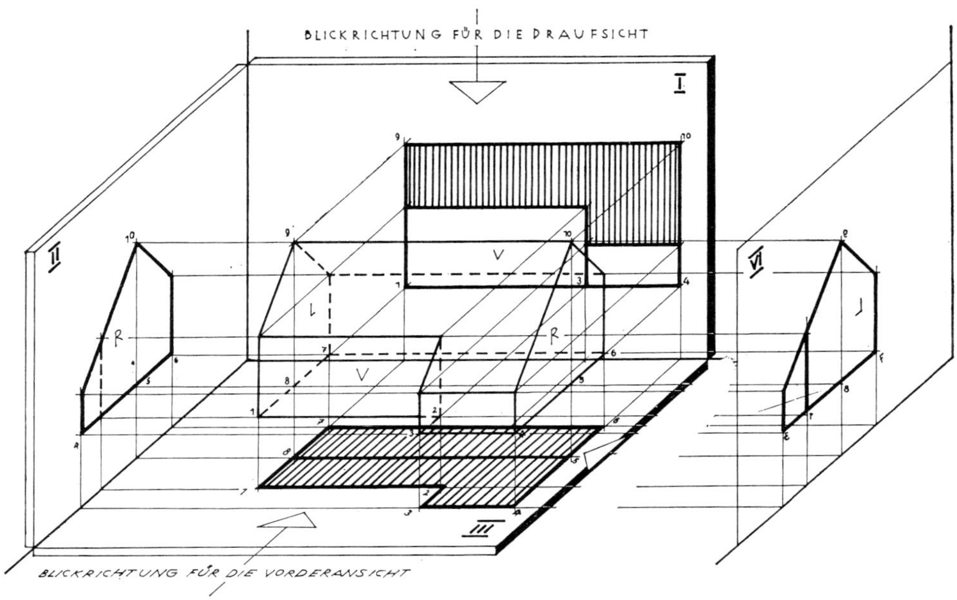

106 Die drei Bildebenen

107 Von einer Ansicht zum Raumbild

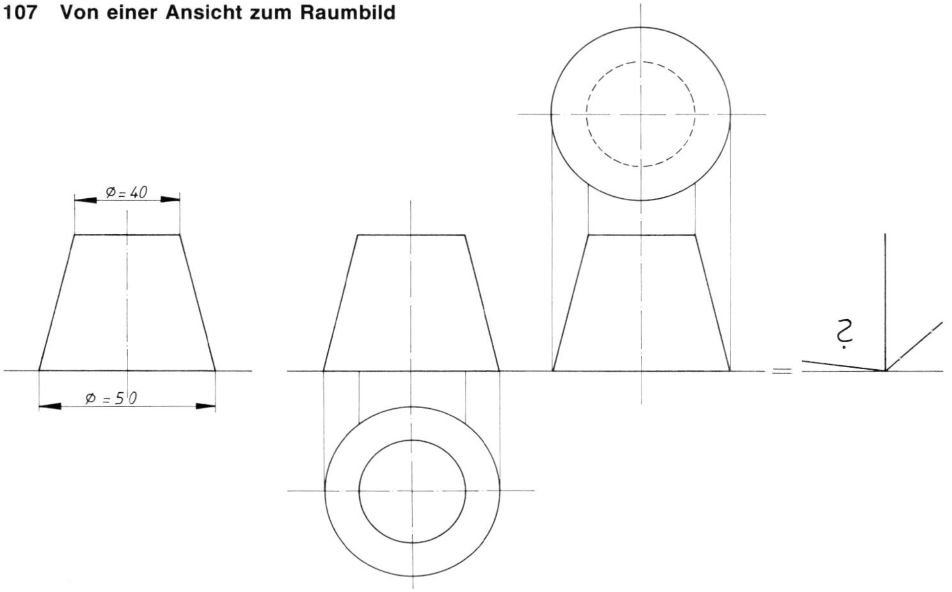

108 Das Raumbild ist gesucht

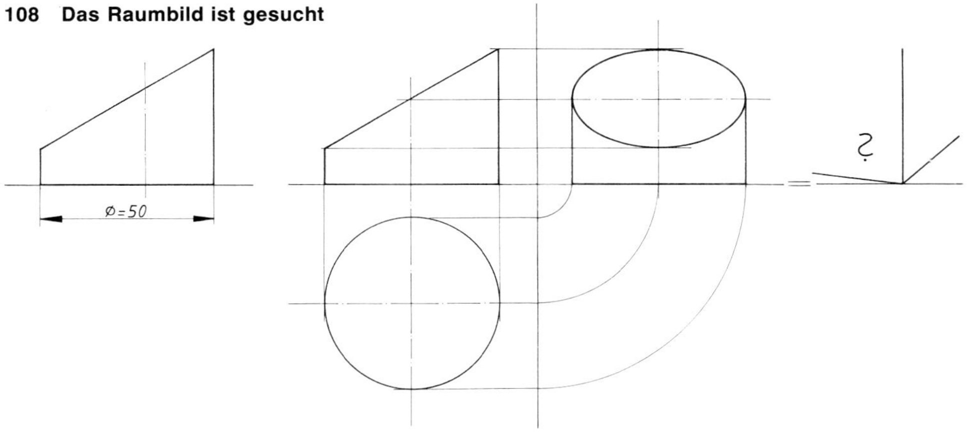

109 Seitenansicht ergänzen

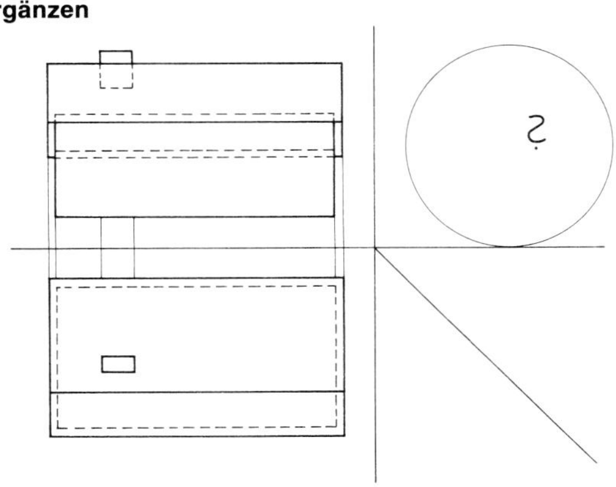

Die Abbildungen **(110.1–5)** stellen Baukörper mit verschiedenen Dachformen in Vorderansicht, Seitenansicht und Draufsicht dar. Aus den drei Einzelflächen eines jeden Objektes versuchen wir einen »umfassenden« Raumeindruck zu erhalten. Die Darstellungen sollen solange betrachtet werden, bis wir uns von der Flächengestalt lösen und in unseren Vorstellungen das plastische Raumbild entsteht.

Durch folgende Zeichenübungen wollen wir weitere Sicherheit in der Darstellung von Gegenständen in drei Ansichten erhalten. Wir benötigen zwei Zündholzschachteln. Diese ordnen wir durch wechselseitiges Aneinanderfügen und Kanten immer so zueinander, daß Gebilde entstehen, die Modelle moderner Außenarchitektur sein könnten. In Abbildung **(111.1–7)** sind einige von ungezählten Möglichkeiten angegeben.

Zwei dieser spielerisch gewonnenen Architekturmodelle **(111.1 und 3,)** versuchen wir in ihren drei Ansichten nach den erlernten Vorschriften für die technische Zeichnung darzustellen **(112)**. Durch Drehen der Modellkörper läßt sich die Richtigkeit der gezeichneten Ansichten nachprüfen. Es empfiehlt sich, im Maßstab 1:1, d. h. in natürlicher Streichholzschachtelgröße, zu arbeiten.

Nachdem wir eine Reihe von Modellformen in Vorderansicht, Seitenansicht von links und Draufsicht gezeichnet haben, legen wir die Schachteln beiseite, um uns umgekehrt über die Zeichnung unsere »kühne Außenarchitektur« raumgetreu zu vergegenwärtigen. Nach solchen und anderen vielleicht selbst erfundenen Zeichenübungen werden wir uns bald auf unseren dreidimensionalen Blick verlassen können. Wenn wir eines Tages die Dinge unserer Arbeitswelt, das sind die Innenräume mit ihren Gegenständen und die von Häusern und Fassadenreihen gebildeten Außenräume, in unserer Phantasie wahrhaft schauen, dann werden wir uns bei jeder Arbeit unfehlbar zurechtfinden.

Dieses Kapitel über die Ansichten von Körpern beschließen zwei Fassadendarstellungen **(113 und 114)**.

Maler zeichnen solche Ansichten von Gebäuden, Gebäudeteilen oder ganzen Straßenfluchten für ihre Farbplanung und für fertige Angebotsvorlagen. Damit nehmen sie an Fassadenwettbewerben teil oder sie beraten mit ihnen sehr anschaulich ihre Auftraggeber. In großen Mappen gesammelt, stellen solche Pläne zusammen mit Farbfotos der fertiggestellten Objekte überzeugende Referenzen dar.

110 Dächer in ihren Ansichten

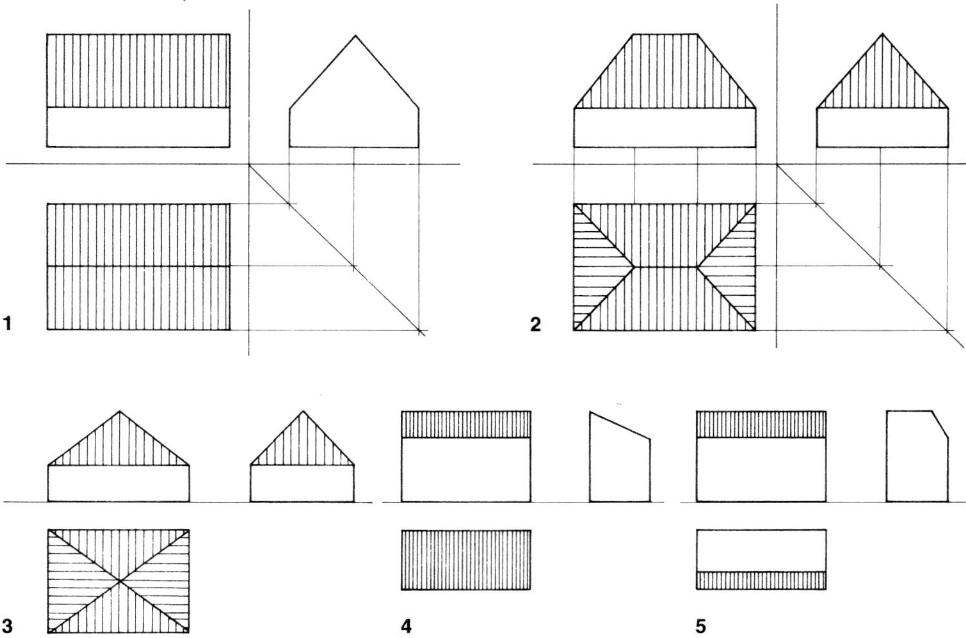

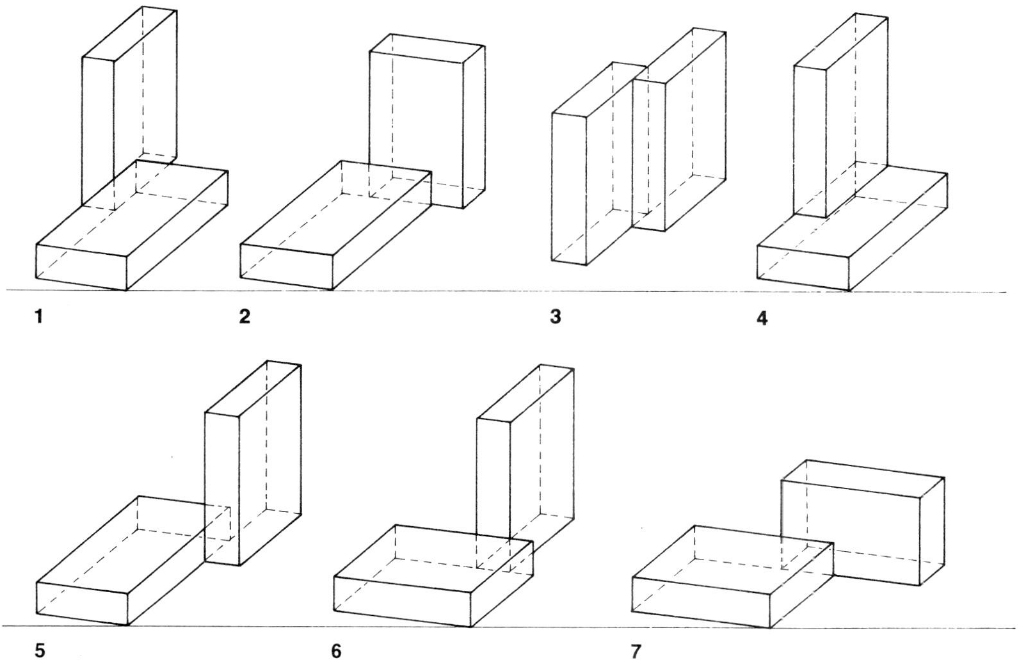

111 Zündholzschachtel-Architektur

112 Modell-Ansichten (1:1) von Abbildungen 111.1 und 111.3

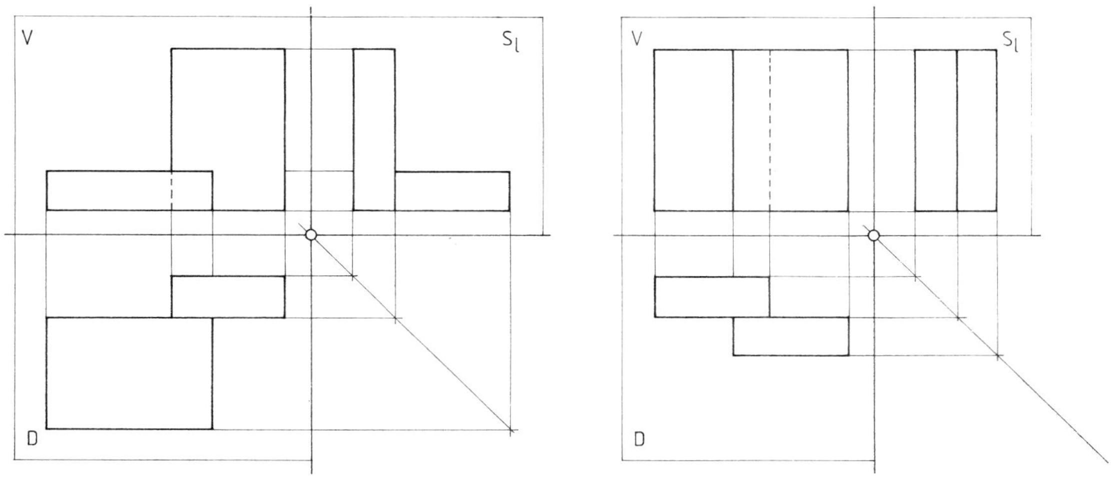

113 Vorderansicht von Reihenhäusern

114 Vorderansicht eines Einfamilienhauses

Abklappen und Abwickeln von Körpern

Während bei der Darstellung von Körpern in ihren Ansichten die Flächenteile einzeln, das heißt getrennt voneinander, zu zeichnen sind, wird durch Abklappen und besonders durch Abwickeln die gesamte Oberfläche mit ihren Biegekanten zusammenhängend in der Bildebene ausgebreitet. Eine Gesamtabwicklung stellt sozusagen die ausgespannte Haut (Oberfläche) eines Körpers dar. Unter Abklappung und Abwicklung versteht man einmal die Konstruktionsverfahren, zum anderen aber auch die fertige Darstellung. Beide Verfahren sind für die Technik von Bedeutung, etwa um den Werkstoffbedarf (Blech, Holzwerkstoffe, Acrylgläser u. a.) genau zu ermitteln und diesen auch zuschneiden zu können. Der Modellbau bedient sich ebenfalls dieser Zeichenmethoden. Maler und Graphiker nutzen diese Darstellungsweisen für ihre Entwurfs- und Gestaltungsarbeiten.

In Abbildung **(115)** erkennen wir die Begriffe für »Mantelfläche« (M), »Deckfläche« (D) und »Grundfläche« (G). Die Mantelflächen von Prismen bilden nach dem Abwickeln stets eine zusammenhängende Rechteckfläche, deren Grundlinie durch den Umfang der jeweiligen Grundfläche bestimmt wird. Alle Begrenzungskanten zeichnen wir mit der breiten Vollinie, während die Biegekanten durch die schmale Vollinie zu kennzeichnen sind.

Bevor das Prinzip der Abwicklung eines Körpers veranschaulicht wird, sei noch auf die Abklappung hingewiesen **(116)**. Bei dieser Art der ausgebreiteten Oberflächenwiedergabe werden alle Teile des Mantels um die Grundfläche herum in die Zeichenebene abgeklappt. Die Deckfläche hängt mit einer Mantelfläche zusammen. Die Wände eines Wohnraumes mit Kaminecke sind in **(117)** um den Grundriß abgeklappt. Da wir beim Zeichnen von Innen- und Außenarchitektur auf den Zusammenhang der Wände angewiesen sind, ist für unsere Zeichenarbeit die Abwicklung von Körpern die häufigere Darstellungsweise. Abbildung **(116.2)** veranschaulicht die Schritte der Abwicklung eines Raumes. Alle Wände bis auf eine sind vom Grundflächenumfang gelöst und bilden um ihre Höhenkante gedreht die geschlossene Rechteckfläche. Der Fußboden wird an einer Hauptwandfläche nach unten, die Decke wird nach oben geklappt.

115 Die Begriffe M – D – G

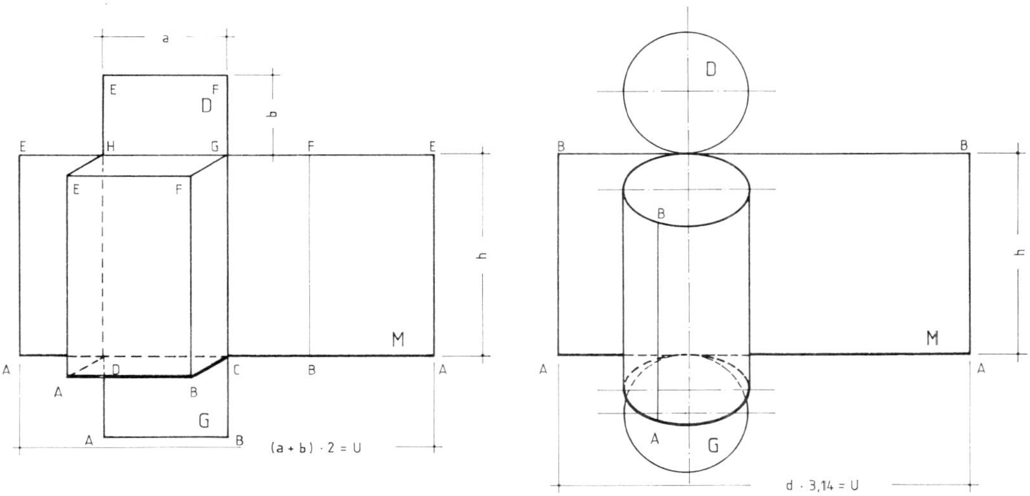

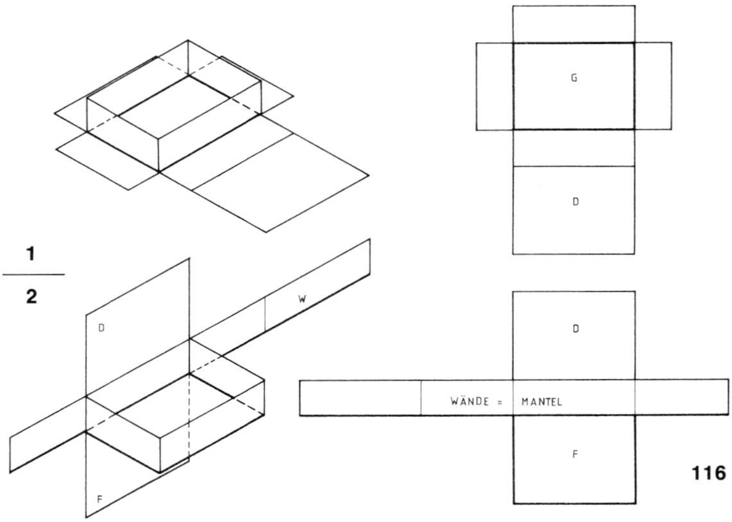

116 Abklappen – Abwickeln

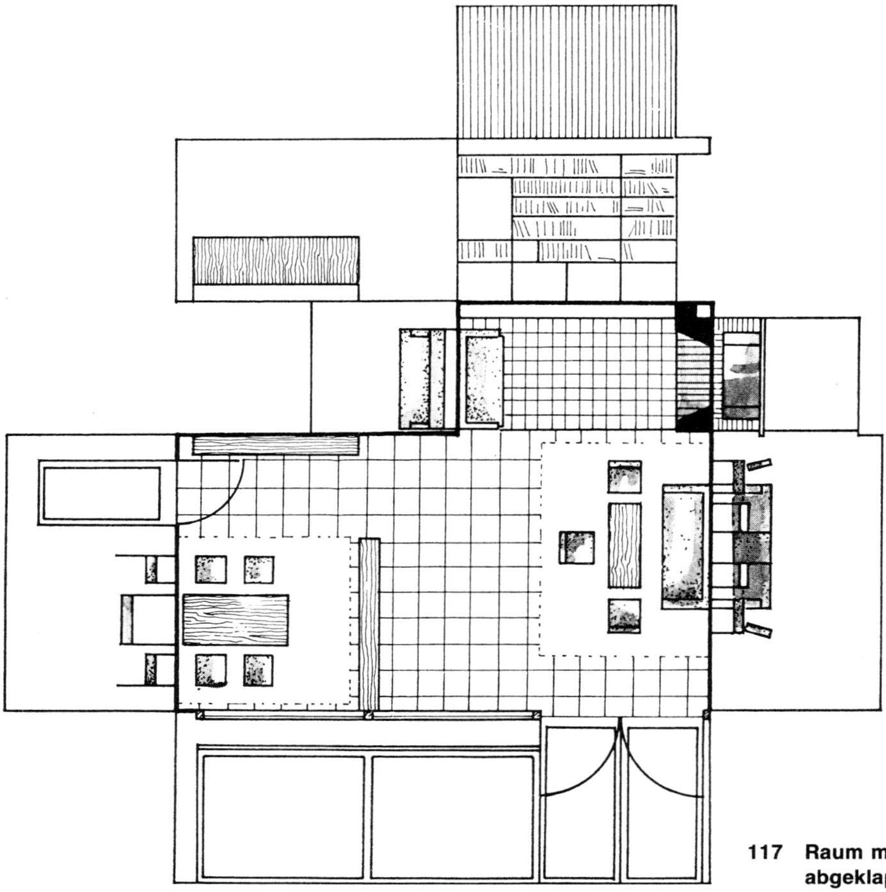

117 Raum mit Kaminecke, abgeklappt

Wir unterscheiden folgende Abwicklungen:
Die Gesamtabwicklung: Sie zeigt den Mantel in seinem Zusammenhang mit den angehängten Grund- und Deckflächen.
Die Mantelabwicklung: Bei dieser Darstellung fehlt die Grund- und Deckfläche.
Die Teilabwicklung: Es werden nur zusammengehörende Einzelflächen, ganz oder im Ausschnitt, gezeigt **(118)**.
Prismatische Körper eignen sich – wie wir erfahren haben – zum Abwickeln in besonderer Weise, da sich die einzelnen Mantelstücke, die senkrecht um den Grundrißumfang stehen, zu einem geschlossenen Mantelrechteck reihen. Alle Architektur, besonders die moderne, ist prismatisch angelegt. Meistens handelt es sich um das Prisma mit rechteckigem Grundriß (siehe die Übungen mit den Zündholzschachteln). Prismen haben gleiche Boden- und Deckenflächen. Die senkrecht um den Bodenumfang (Fußleiste) stehenden Mantelteile sind die Wände. Deshalb ist die Abwicklung von Körpern für unser Handwerk in hervorragender Weise für die Veranschaulichung von Malerarbeit an Innen- und Außenflächen geeignet. Die flächige Ausbreitung aller Raumelemente entspricht dem Oberflächencharakter unserer Arbeitsergebnisse. Die Raumverhältnisse mit ihren Ausdehnungen und Maßen können mit einem Gesamtblick erfaßt werden. Daher werden häufig Anstrichobjekte in ihrer Abwicklung skizzenhaft hingeworfen, um beim Aufmessen von Malerarbeiten die Maße an den richtigen Stellen übersichtlich und unverwechselbar festzuhalten. Außerdem eignen sich Abwicklungsskizzen für eilige Farbversuche. Exakt ausgezeichnete Abwicklungen benutzen wir für die Ausarbeitung fertiger Farbvorschläge, aus denen der Kunde die Farbwirkung eindrucksvoll ablesen kann. Bei einer Gesamtabwicklung lassen sich alle Raumflächen, die zusammengehörigen Wände mit Boden und Decke, für eine Farbberatung auswerten **(119, 120)**.
Die Mantelabwicklung wird immer dann vorteilhaft, wenn vorwiegend die Wände eines Raumes mit Formen und Farben behandelt werden sollen. Bei Entwürfen für Außenarbeiten wird es sich um eine Mantelabwicklung handeln. Abbildung **(121)** zeigt die Außenabwicklung eines Bungalows.
Teilabwicklungen werden gezeichnet, wenn besonders hervorzuhebende Einzelflächen bei Innen- und Außenarbeiten gestaltet werden sollen. Abbildung **(118)** stellt den Wandausschnitt eines Raumes mit den dazugehörigen Decken- und Bodenteilen dar.
In jeder Abwicklung lassen sich Wandöffnungen, bauseitige Konstruktionselemente wie Deckenunterzüge, Balken, Verkleidungen und Plattierungen, außerdem die Anordnung von Möbelstücken, Beleuchtungsanlagen, Dekorationen usw. unterbringen.

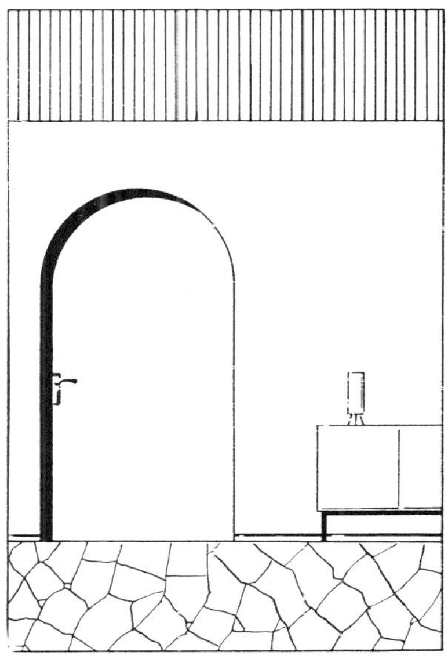

118 Teilabwicklung

119 Treppenhaus-Abwicklung

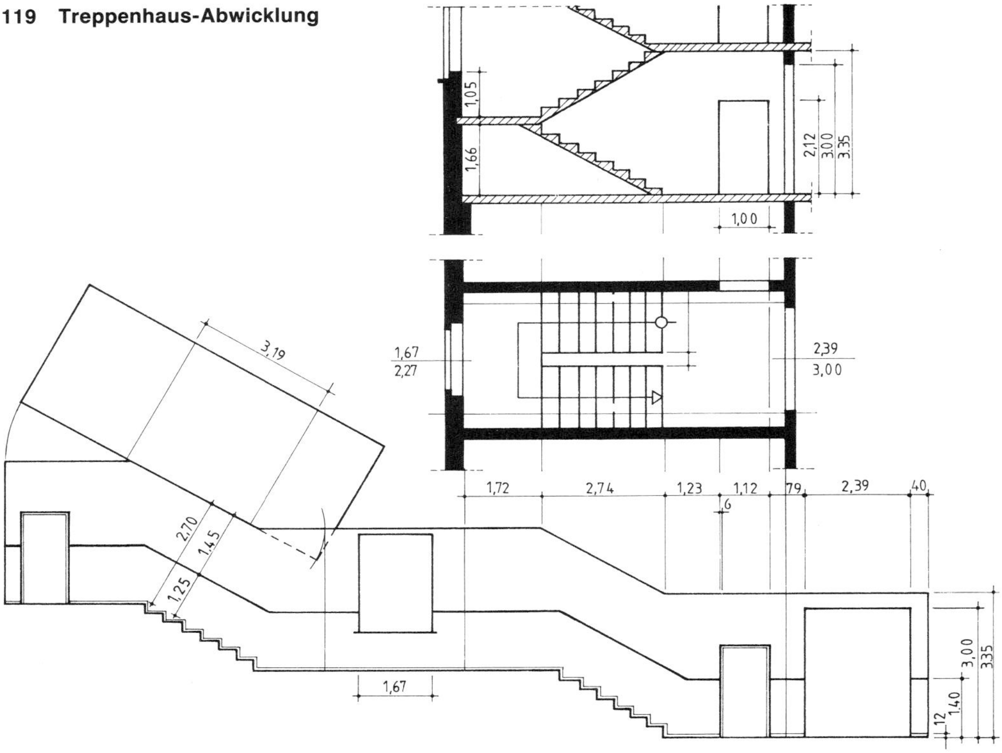

120 Raumabwicklung

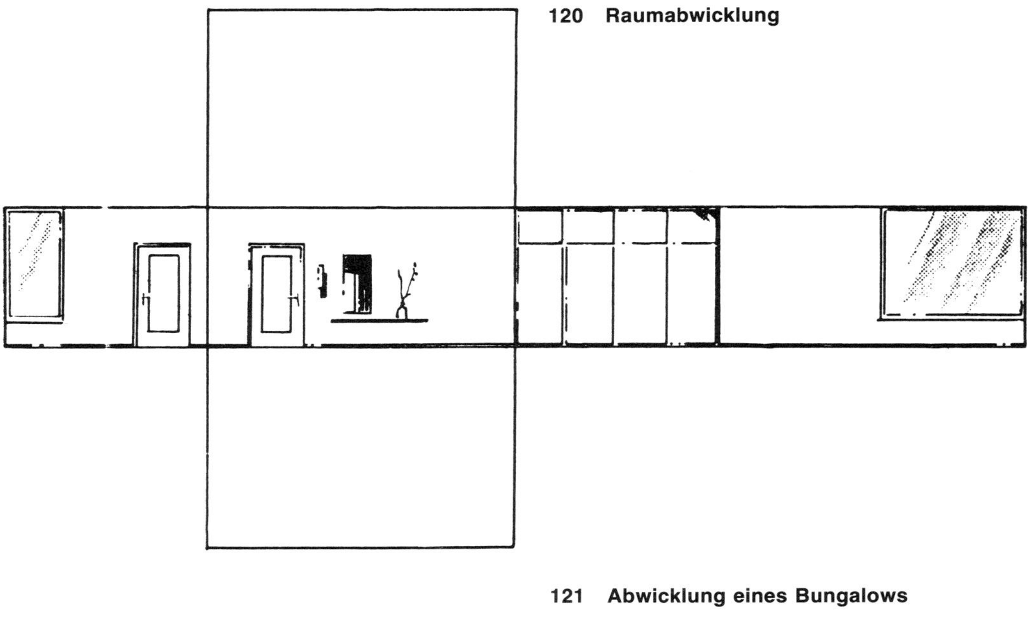

121 Abwicklung eines Bungalows

Die wahre Länge und die wahre Fläche

Beides bildet ein Problem beim Abwickeln von Pyramiden, Kegeln sowie bei geschnittenen Körpern. Bei ihnen verlaufen nämlich nicht alle Körperkanten und Körperflächen parallel zu mindestens einer der Bildebenen. Das bedeutet, daß sie in den Ansichten verkürzt erscheinen. Um ihre wahre Länge beziehungsweise wahre Fläche zu ermitteln, bedarf es einer bestimmten Konstruktion. Am Beispiel des Pyramidenstumpfes soll die Konstruktion der wahren Länge (WL) gezeigt werden **(122)**. Beim Abklappen entsteht kein Problem, denn die vier Mantel-Trapeze lassen sich aus den gegebenen Maßen der Vorderansicht ($s_I - s_{II} - sh$) leicht zeichnen. Die wahre Länge der schrägen Trapezkante entsteht von selbst.
Hier die Konstruktion der WL für die Abwicklung:
Um Punkt S der Draufsicht mit AS den Kreis schlagen, der die waagerechte Mittelachse durch S im Punkt I schneidet. Die in I errichtete Senkrechte schneidet die Verlängerung von AB in J. Die Verbindung JS ist dann die wahre Länge (WL_{II}) der schrägen Pyramidenkante, und die auf ihr liegende Strecke JK ist die gesuchte wahre Länge (WL_I) der Pyramidenstumpfkante.

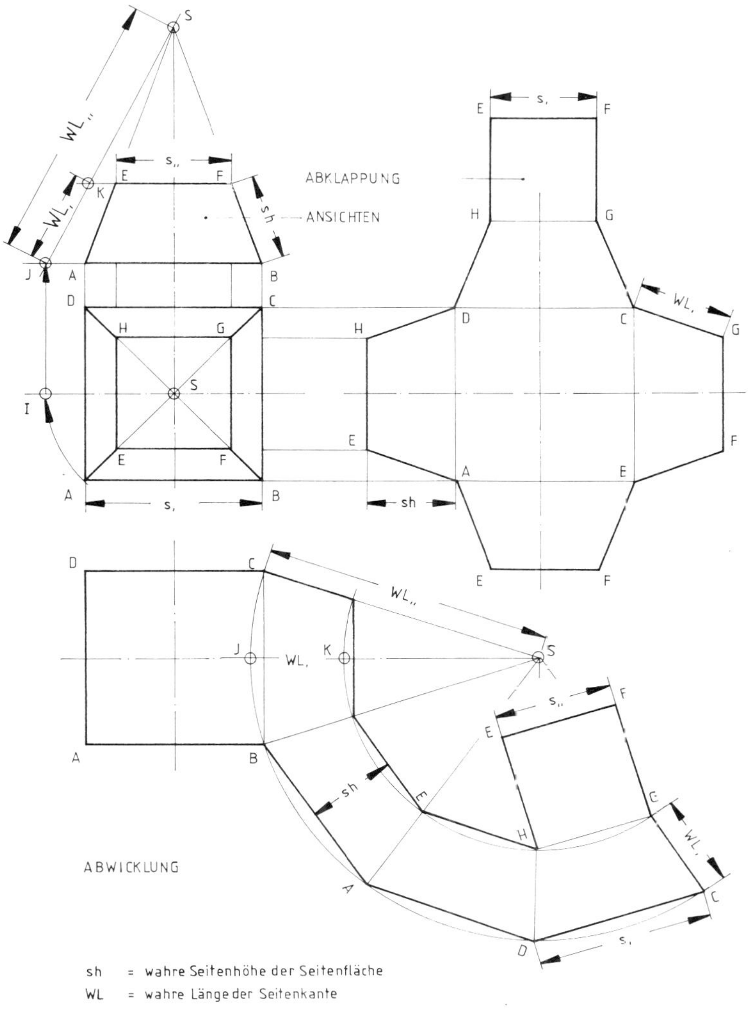

122 Die wahre Länge

Das Finden der wahren Fläche (WF) aus den Ansichten eines Körpers ist zum Erfassen eines Raumeindruckes besonders anschaulich. Abbildung **(123)** in ihren drei Ansichten stellt einen Messestand mit trapezförmigem Grundriß dar.

Die Ansicht BAGH ist die offene Eingangsfront, das Trapez DAGF die schräge Seitenwand, und die Kante FG zeigt die Schräglage der trapezförmigen Decke. Die wahre Länge der beiden Seitenwände kann aus dem Grundriß ABCD unmittelbar abgegriffen werden, während die wahre Flächengröße der schrägen Decke konstruiert werden muß.

Da man die wahre Fläche einer schräg verlaufenden Deckfläche nur dann erkennt, wenn man senkrecht auf sie herabsieht (siehe Pfeil zu FG), ist es vorteilhaft, sie direkt senkrecht über die Schräglage FG zu projizieren. FG bezeichnet man als Schnittkante durch diesen prismatischen Körper. Die wahre Deckfläche ist zu finden, wenn die Grundrißpunkte ABCD mit Viertelkreisen um K und mit weiteren Bögen um F auf die Senkrechte in F projiziert werden. Jetzt ließe sich die vollständige Abwicklung zum Beispiel für ein maßstabgetreues Faltmodell dieses Messestandes zeichnen.

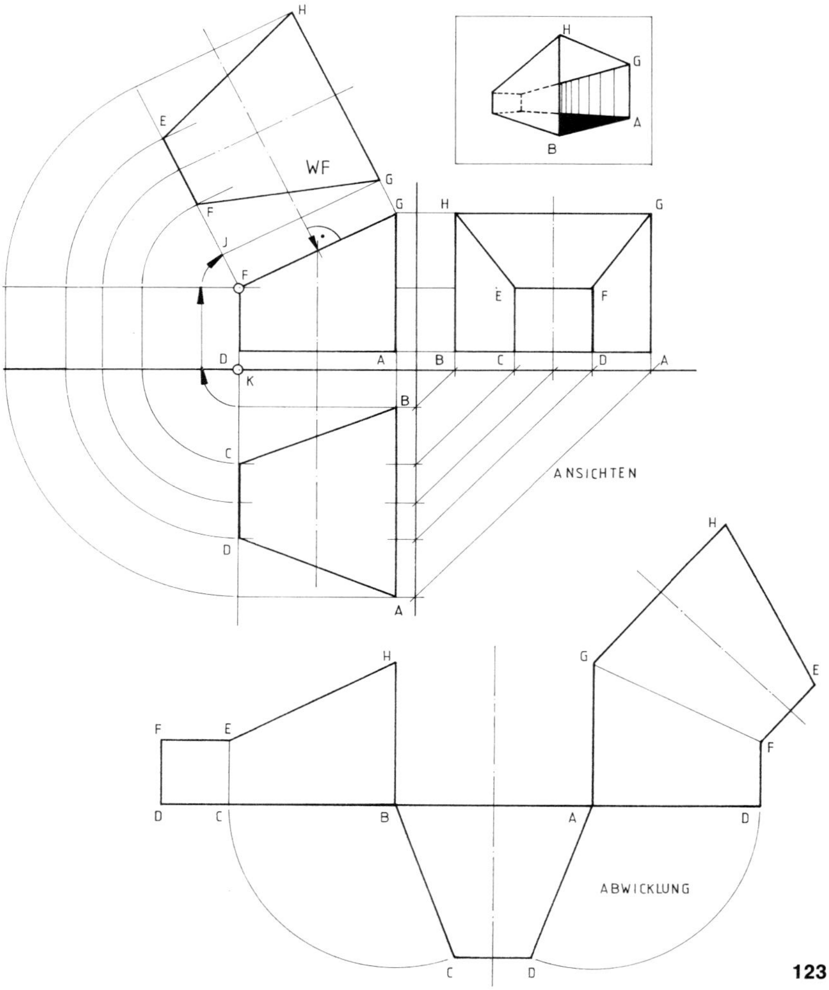

123 Die wahre Fläche

Systematisch zeichnen

Fleißiges Üben führt zur perfekten Zeichentechnik. Der Zeichner gewinnt eine sichere Hand und sammelt Erfahrung. Mit Erfindungsgabe entwickelt jeder seine eigenen Arbeitsfolgen für das Zeichnen. Zeit sparen sollte bei diesem schrittweisen Vorgehen die Devise sein.

Hier sind die bisher dargelegten Grundvoraussetzungen für die perfekte Zeichnung zusammengestellt:

Der geordnete Arbeitsplatz.

Die zweckmäßigen und gepflegten Zeichenmittel mit modernen Zeichenhilfen.

Kenntnisse der Konstruktionen, Darstellungen und Normen.

Die trainierte Hand, das sichere Auge und die deutliche Vorstellungskraft.

Sauberkeit als Arbeitsprinzip.

Nicht zuletzt für Maler der Einsatz ihrer graphischen und maltechnischen Möglichkeiten.

Das Beispiel **(125)** soll nun für das Zeichnen selbst *eine* mögliche rationelle Arbeitsfolge empfehlen.

Nach der Handskizze **(124.1)** ist der Gegenstand auf ein DIN A 4-Blatt in seinen zwei Ansichten **(124.2)** zu zeichnen:

1. Blatt aufteilen, übersichtlich gestalten.

2. Zeichnen mit dem Feinminenstift

Mit leichtem Handdruck, ohne die vorgeschriebenen Linienbreiten beachten zu müssen.

Mit den Mittellinien beginnen **(125.1)**.

Die Umrißkanten maßstäblich ziehen. An den Ecken sollen sie sich deutlich überschneiden. Das fixiert bereits die später zu ziehenden Maßhilfslinien und erleichtert das maßgenaue Ausziehen mit Tusche **(125.2)**.

Die Einzelheiten innerhalb der Umrisse zeichnen, Bögen und Kreise zuerst **(125.3)**.

3. Ausziehen mit Tusche

Für DIN A4 die Liniengruppe 0,35 wählen. Mit der dünnsten Linienbreite (0,18) beginnen. Sie trocknet schneller. Gleich breite Linien immer gemeinsam ziehen, damit der Tuschefüller nicht zu häufig gewechselt werden muß. Zuerst Kreise und Bögen (sichtbare Kanten mit 0,35 mm – verdeckte Kanten mit 0,25 mm) ausziehen **(125.4)**.

Eckenabrundungen lassen sich mit der Abrundungsschablone zu ihren Geraden hin übergangslos ausführen.

Mittellinien und Körperkanten ausziehen. Der Geübte kann die verdeckten Kanten ohne Bleivorzeichnung sofort mit Tusche ziehen. Alle Kanten sind direkt über je zwei Ansichten hinweg zuerst waagerecht, dann senkrecht auszuziehen. Von oben nach unten arbeiten, damit nichts verwischt. Zuletzt werden die schrägen Kanten ausgezogen **(125.5)**.

4. Bemaßung

Zunächst mit dem Feinminenstift, ohne die vorgeschriebenen Linienbreiten zu berücksichtigen, zeichnen. Die Norm beachten.

Mit den Maßlinien beginnen, danach die Maßhilfslinien **(125.6)**.

Die Maßlinienbegrenzung, dann die Maßzahlen sofort mit Tusche zeichnen. Hierfür die 3,5-mm-Schriftschablone nehmen, am besten die vertikale Normschrift DIN 6776 (ISO 3098/1), Schriftform B. Besonders beim Bemaßen von oben nach unten vorgehen, um Verwischungen auszuschließen.

5. Beschriften

Mit DIN 6776, Schriftform B. Geübte Zeichner sofort mit Tusche.

6. Fertigstellen der Zeichnung

Abradieren mit Bleiradierer. Überprüfen auf Richtigkeit, Vollständigkeit und Sauberkeit. Fehler mit Tuscheradierer (Radiermesser) beseitigen.

Wer so oder ähnlich überlegt vorgeht, wird schnell und sicher zu einer korrekten Zeichnung gelangen.

124.1

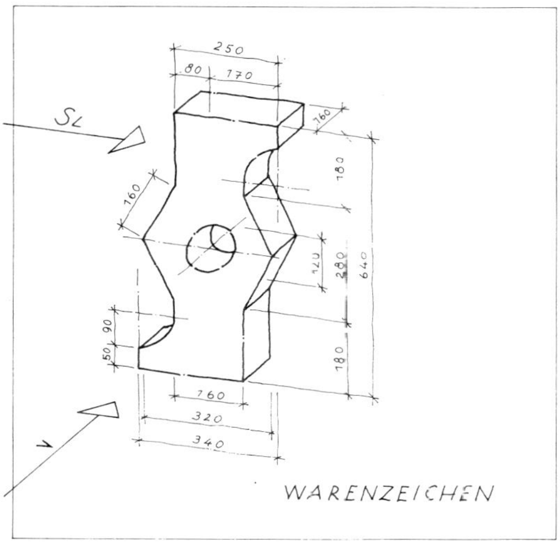

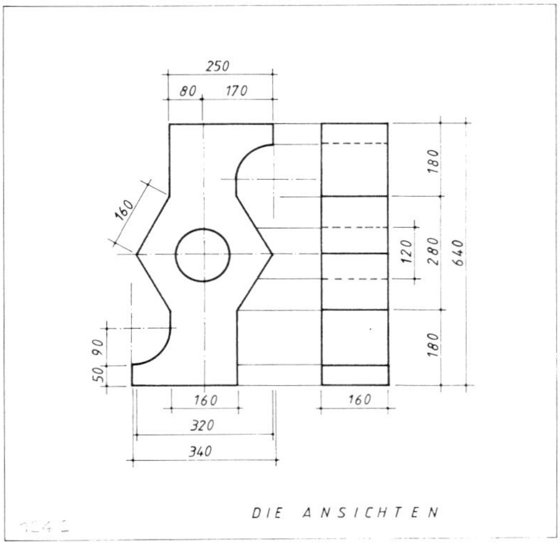

124.2

124 Von der Handskizze zu den Ansichten

125 Zeichenschritte

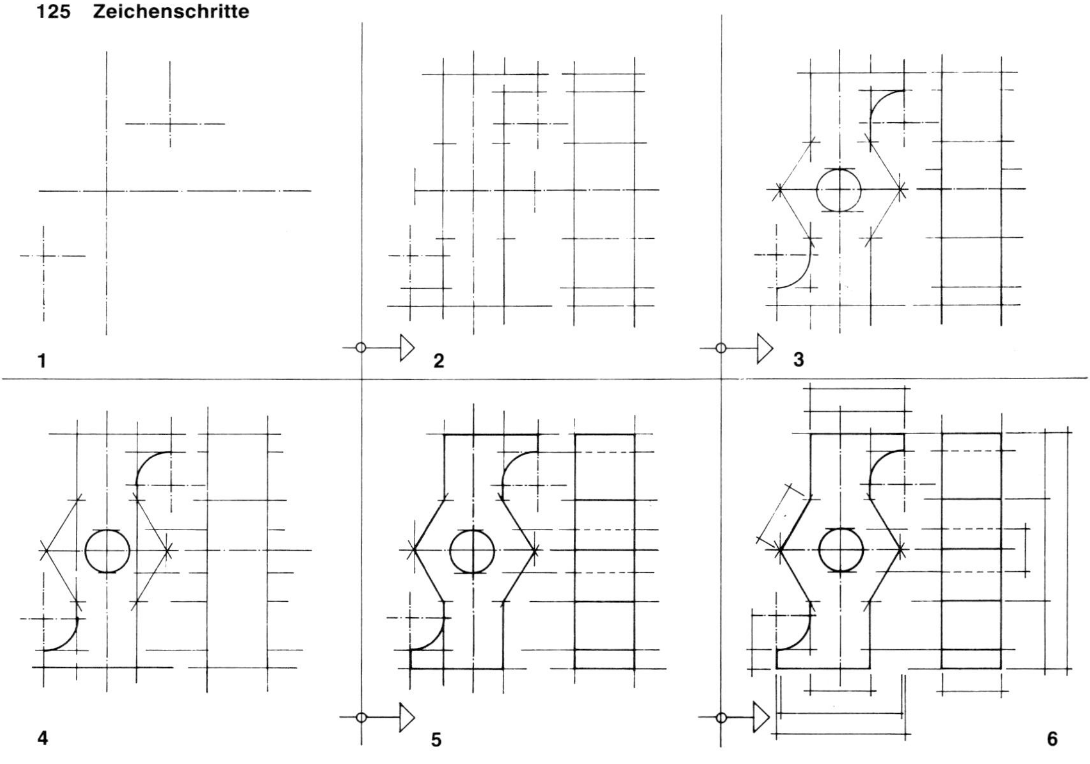

Die bisher behandelten, im Malerhandwerk üblichen Methoden der zusammenhängenden Abwicklung von Gegenständen, geben die Körper immer nur in ihrer zweidimensionalen Oberflächengestalt wieder. Darüber hinaus gibt es zeichnerische Möglichkeiten, um Objekte in ihren drei Ausdehnungen in natürlicher Körperlichkeit auf die Zeichenebene zu bannen.

Technische Zeichner bedienen sich bestimmter Verfahren, um ihre dreidimensionalen Objekte auch als anschauliches Raumbild darzustellen. Die vollkommen räumlich erscheinende Zeichnung entsteht nur durch die Perspektive. Echte Perspektiven sind allerdings für Ingenieurszeichnungen zum Fertigen und Bauen ungeeignet, da sich alle in der Wirklichkeit parallel verlaufenden Tiefenkanten in einem Fluchtpunkt sammeln.

Die echte Perspektive gibt einen Gegenstand in seinen drei Ausdehnungen naturgetreu wieder. Dieses wird dadurch erreicht, daß alle vom Beschauer weglaufenden Kanten nicht parallel nebeneinander in die Ferne weisen, sondern in einem Fluchtpunkt zentral zusammenfinden. Außerdem verkürzen sich diese fliehenden Kanten, so daß sämtliche Dimensionen im Hintergrund immer kleiner werden **(126.2)**.

Die Parallelprojektion ist für technische Zwecke die übliche Methode, Raumbilder zu zeichnen. Sie liefert allerdings nur die scheinbare Wirklichkeit. Es fehlt ihr der auf dem Horizont liegende Fluchtpunkt, in dem alle fliehenden Kanten zusammenlaufen. Darüber hinaus fehlt ihr die naturgetreue Verkürzung dieser Fluchtkanten. Bei ihr bleiben die Abmessungen im Hintergrund die gleichen wie im Vordergrund **(126.1)**. Die Parallelprojektion in Abbildung **(126.1)** soll einen Kubus verkörpern. Dadurch, daß die Fluchtlinien nicht verkürzt gezeichnet sind, also das Originalmaß wie die Längen und Höhen besitzen, ist der Würfel in seiner mathematischen Gleichheit nicht mehr erkennbar. Aus dem Kubus ist ein liegender Quader geworden. Parallelprojektion und Perspektive haben demnach nur das Sichtbarmachen der drei Dimensionen gemeinsam. Die erstgenannte Darstellungsweise gibt nur die scheinbare Raumwirklichkeit wieder, die andere Zeichenmethode vermittelt den vollkommen echten Raumeindruck, wie ihn unser Auge wahrnimmt bzw. wie wir ihn von der Fotografie her kennen.

Da echte Perspektiven schwieriger und aufwendiger als Parallelperspektiven zu konstruieren sind, zeichnen Techniker, Graphiker und Maler ihre Raumbilder gern mit den Methoden der Parallelprojektion. Außerdem lassen sich an perspektivisch verkürzten Fluchtkanten keine Maßverhältnisse ablesen.

Projizieren in der Geometrie

Geometrisch projizieren heißt das Übertragen von Punkten eines zu zeichnenden Objektes auf die Projektionsebene (Bild- oder Zeichenebene). Das erfolgt mittels Projektionsstrahlen. Wo sie auf die Projektionsebene auftreffen (oder wo sie diese durchstoßen), bildet sich der projizierte Punkt des Objektes. An folgenden Beispielen werden die Wirkungen des Projizierens dargestellt:

1. Die Parallelprojektion (rechtwinklig) von flächigen Gegenständen **(127.1)**

– Der Gegenstand steht parallel zur Bildebene.
– Die Projektionsstrahlen laufen untereinander parallel.
– Sie treffen rechtwinklig auf die Bildebene.
– Die Darstellung ist maßstäblich genauso groß wie der Gegenstand.

2. Die Zentralprojektion (spitzwinklig) von flächigen Gegenständen **(127.2)**

– Der Gegenstand steht parallel zur Bildebene.
– Die Projektionsstrahlen sammeln sich in einem Fluchtpunkt (F) hinter der Bildebene.
– Sie treffen spitzwinklig auf die Bildebene.
– Die Darstellung ist maßstäblich kleiner als der Gegenstand.

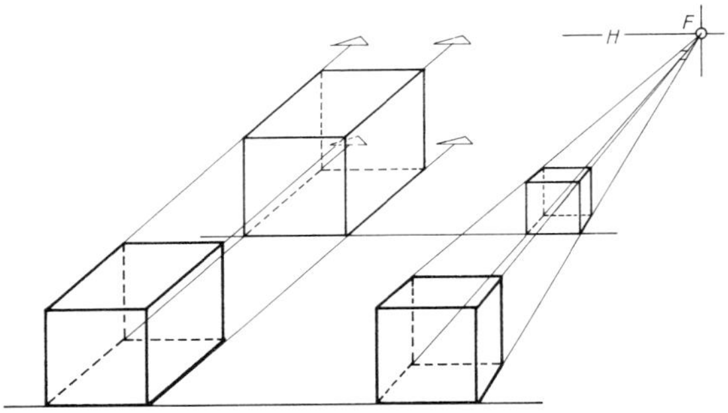

1 2

126 Parallel- und Zentralprojektion

3. Die Parallelprojektion bei Körpern

Der Würfel in Abbildung **(128.1)** steht parallel zur Bildebene. Es wird nur eine Ansicht projiziert.

Der Würfel ist in Abbildung **(128.2)** um seine senkrechte Achse gedreht (α). Das bedeutet, er steht nicht mehr mit seinen Flächen parallel zur Bildebene. Es werden zwei Ansichten projiziert.

Der Würfel in Abbildung **(128.3)** ist zusätzlich mit seiner waagerechten Achse (β) gedreht. Das bedeutet, er steht mit seinen Flächen nicht parallel zur Bildebene. Auch zu seinen Projektionsstrahlen liegt er nicht mehr parallel. Endlich können alle drei Ansichten auf die Bildebene projiziert werden.

127 Flächen in Parallel- und Zentralprojektion

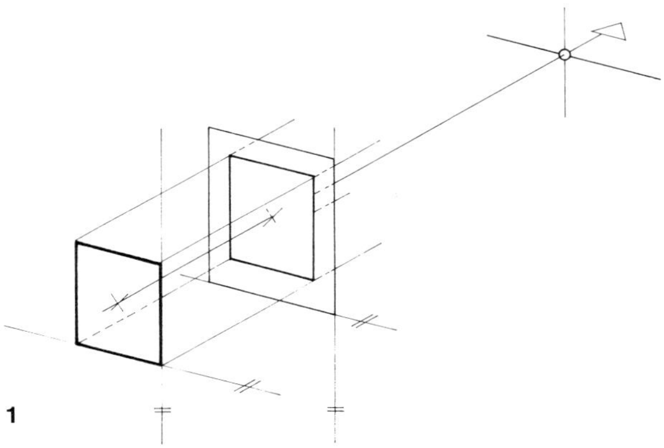

1

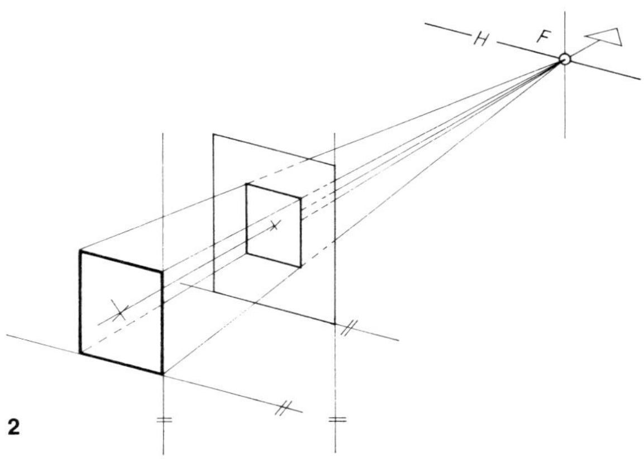

2

128 Parallelprojektion von Körpern

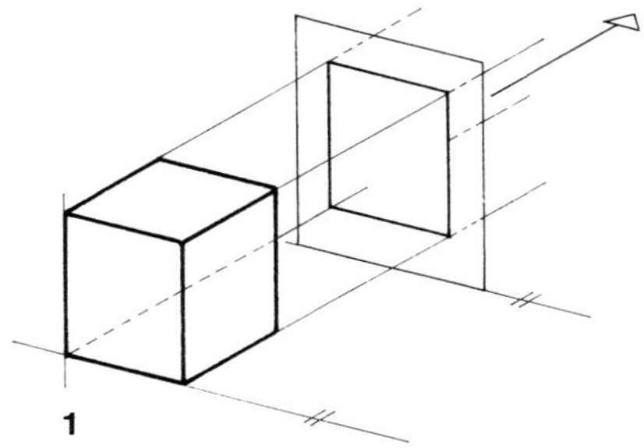

1

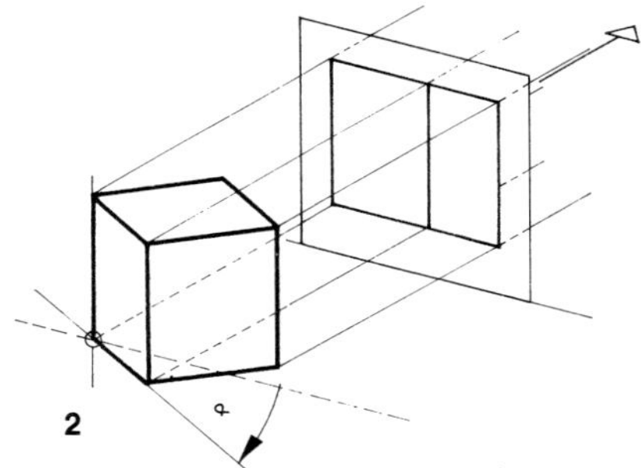

2

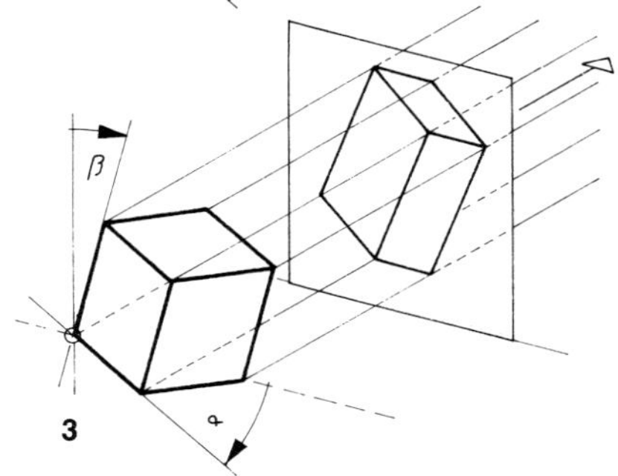

3

Mit Hilfe dieses Verfahrens lassen sich Körper verhältnismäßig einfach in dreidimensionaler Erscheinung auf die Zeichenebene bannen.
Der ebenfalls gebräuchliche Begriff »Parallelperspektive« ist wissenschaftlich nicht korrekt, da Perspektiven bekanntlich den Fluchtpunkt benötigen. Geometrisch exakt werden diese Verfahren als »Axonometrien« benannt. Axonometrie heißt »an den Achsen gemessen«. Außerdem wird mittels der drei sich kreuzenden Achsen konstruiert. Das geschieht verhältnismäßig einfach. Leider aber werden Kreise zu Ellipsen, und das erschwert die Arbeit.
Es gibt für dieses Zeichnen zwei Ausgangspositionen. In Abbildung **(129.1)** ist von der Hauptansicht, dem Aufriß des Gegenstandes, ausgegangen. Alle in den Raum, das heißt in die Tiefe fliehenden Kanten, werden in einem bestimmten gleichbleibenden Winkel (β) parallel zueinander gezeichnet. In Abbildung **(129.2)** ist der Grundriß des Gegenstandes die Ausgangsfläche. Alle aufsteigenden Höhenkanten sind senkrecht, das heißt in rechtem Winkel, anzutragen. Auch bei diesem Verfahren laufen sämtliche Objektkanten parallel. Von dieser absoluten Parallelität ist für diese Zeichnungen der Name Parallelprojektion abgeleitet.
In Abbildung **(129.2)** läuft die Grundkante des durch die Winkelverschiebung zu einem Parallelogramm (Rhomboid) gewordenen Grundrisses waagerecht und damit parallel zur unteren Kante unseres Zeichenblattes. Dieser parallelogrammförmige Grundriß kann aber auch in bestimmtem Winkel (α) übereck gestellt werden, so daß die Grundkante nicht mehr parallel zur unteren Papierkante verläuft **(129.3)**. Im folgenden sollen die verschiedenen Möglichkeiten der Axonometrie genauer besprochen werden.

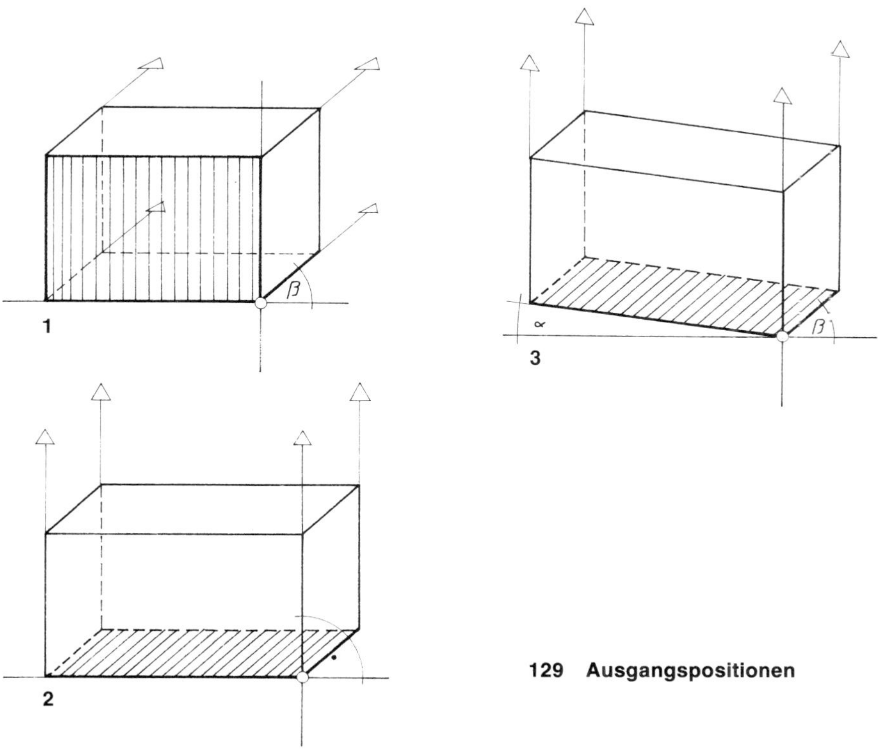

129 Ausgangspositionen

Die Isometrie

Die Bezeichnung kommt von dem griechischen Wort »iso« für »gleich«. Isometrie bedeutet also, daß der gleiche Maßstab für alle Achsenrichtungen verwendet wird. Isometrisch wird gezeichnet, wenn alle drei Ansichten gleichwertig dargestellt werden sollen. Allerdings wirkt die isometrische Axonometrie unwirklich und unschön. Vor allem bei in der Tiefe langen Körpern erscheint sie ohne Verkürzungen verzerrt. Das Unterscheidungskriterium der verschiedenen axonometrischen Isometrien ist der Winkel im Achsenkreuz.

1. Die Kavaliersperspektive **(130.1)**

Diese nicht genormte Projektion läßt sich am einfachsten konstruieren, da ihre Vorderansicht wie bei der Darstellung in drei Ansichten parallel zur Zeichenebene steht. Die Seitenansicht kann dann unverkürzt im Winkel von 45° rechts angefügt werden. Da alle Kanten gleich lang bleiben, entstehen auch keinerlei Schwierigkeiten mit dem Maßstab. Der Geo-Winkel ist hierfür die rationelle Zeichenhilfe.

2. Die Militärperspektive **(130.2)**.

Sie unterliegt ebenfalls keiner Norm und kann gezeichnet werden, wenn die Draufsicht großflächig hervorgehoben werden soll.

3. Die Axonometrie-DIN 5 **(130.3)**.

Sie ist als einzige der Isometrien genormt und wird häufig für den Maschinenbau angewandt, vor allem deshalb, weil fehlende Maße wegen der Normung notfalls der Darstellung entnommen werden können. Außerdem erscheinen Kreise in den drei Ansichten in gleichen Ellipsenverhältnissen.

Damit wir mit der Parallelprojektion eine angenäherte Wirklichkeit erreichen, ist die Verkürzung der Fluchtkanten zu empfehlen **(131)**. Der Grad der Verkürzung hängt von dem gewählten Winkel für die parallel laufenden Projektionslinien ab. Die größtmögliche Naturnähe wird gewonnen, wenn bei einem Winkel von 30° mit zwei Dritteln des Objektmaßes gezeichnet wird. Bei einem Winkel von 45° wird die Hälfte und bei einem Winkel von 60° nur noch ein Drittel des wirklichen Maßes genommen. Je offener der Fluchtwinkel gewählt wird, um so stärker müssen die Verkürzungen sein. Die Winkel 30°, 45° und 60° sind bequem abzutragen und einzuhalten, da das die Winkel bei den genormten Zeichendreiecken sind. Nach den DIN-Zeichnungsnormen ist anstelle des Winkels von 45° ein Winkel von 42° vorgeschrieben, denn durch den 42°-Winkel entsteht ein günstigeres Raumbild. Bei einem Würfel würde die Diagonale des Ansichtsquadrates mit zwei Körperkanten zusammenlaufen **(132)**. Alle richtungsgleichen Fluchtlinien lassen sich mittels Parallelverschiebung sehr genau und verhältnismäßig schnell ziehen. Die Wahl der Ansichtsfläche, von der man beim Zeichnen ausgeht, und die Auswahl der Winkel – ob mehr spitz oder stumpf – wird immer von dem Wesentlichen, das man zeigen möchte, abhängen. Die Abbildungen **(133)** verraten uns, daß zwischen einer rechten und linken Seitenansicht und sogar zwischen einer Drauf- und Druntersicht entschieden werden kann. Die Pfeile geben die jeweilige Blickrichtung an.

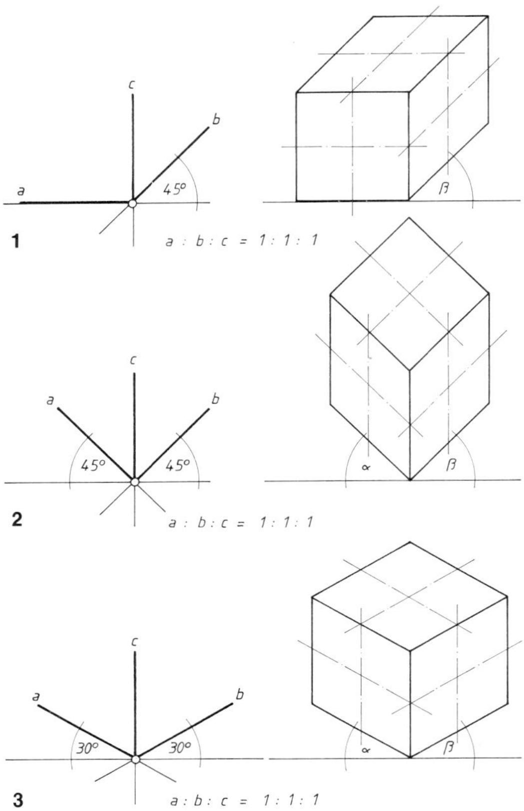

130 Die Isometrie

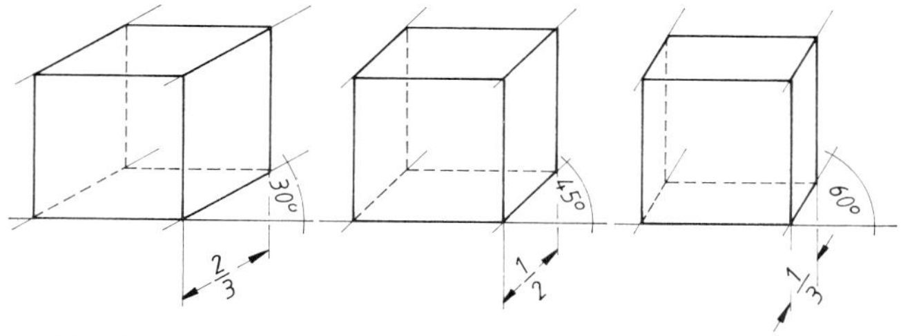

131 Verkürzen der Fluchtkanten

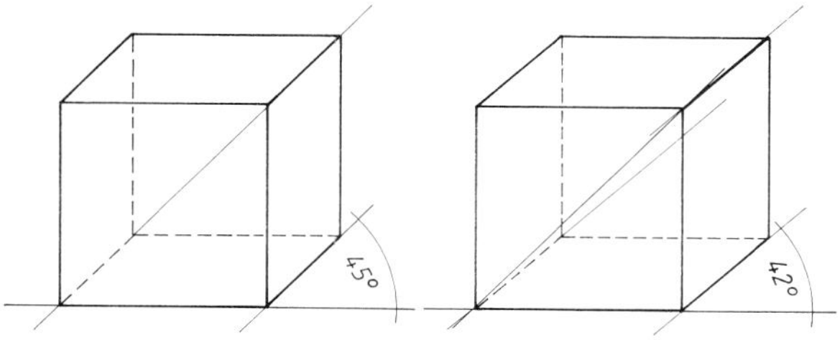

132 Der 45°- und der 42°-Winkel

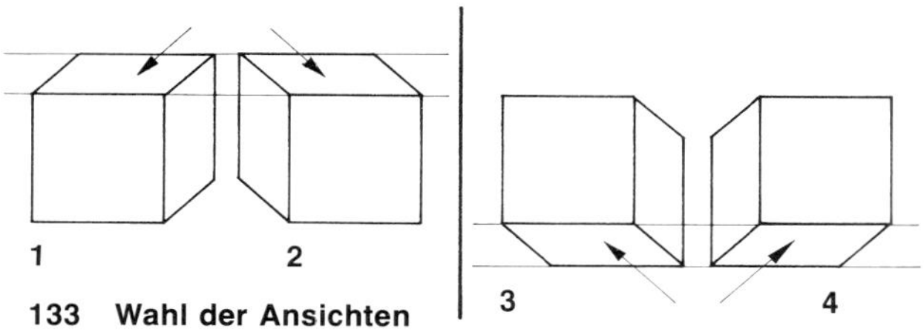

133 Wahl der Ansichten

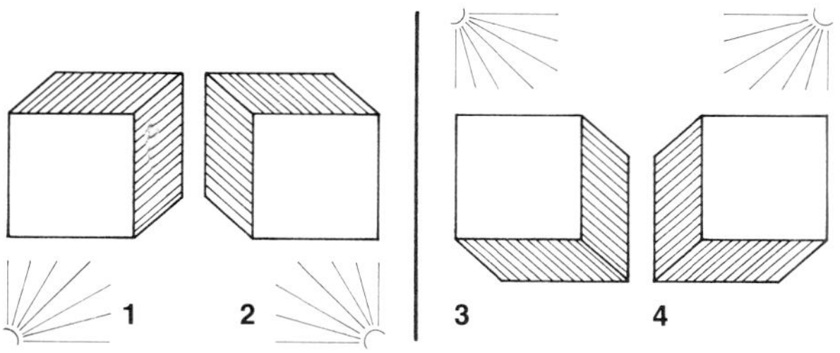

134 Schattenflächen

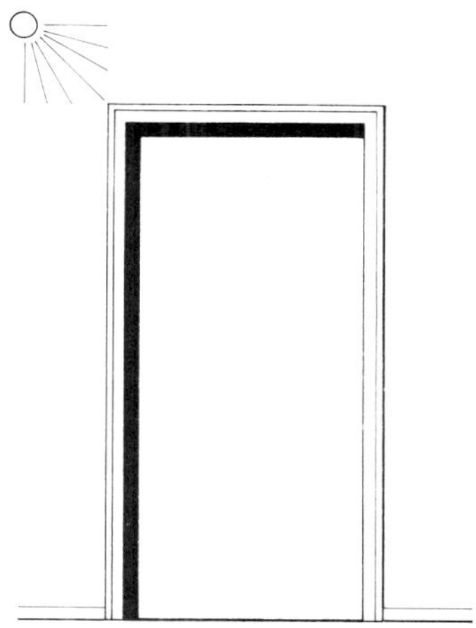

135 Schattenwurf bei einer Tür

Abbildung **(133.1)** wird für die Draufsicht und Abbildung **(133.3)** für die Druntersicht wegen des natürlichen Eindrucks in den meisten Fällen die bessere sein.

Sollen belichtete Körper mit ihren Schattenwirkungen wiedergegeben werden **(134)**, dann würden die Würfel der Abbildungen **(134.1, 134.3)** unserem Empfinden am ehesten entsprechen. Hierbei hätte Abbildung **(134.3)** mit der Belichtung von links oben den Vorzug. Abbildung **(135)** zeigt eine Tür im Licht, deren schattenwerfendes Futter nach dem Beispiel in Abbildung **(134.3)** gezeichnet ist.

Nach den Verkürzungen der Fluchtkanten unterscheidet man zwischen »Dimetrie« und »Trimetrie«.

Die Dimetrie

»Di« ist das griechische Wort für »zwei«, also zwei Maßstäbe für die Achsenrichtungen. Dimetrisch zeichnen wir, wenn in der Vorderansicht das Wichtigste zu zeigen wäre. Dimetrische Axonometrien wirken bereits naturähnlicher. Wir unterscheiden wieder:

1. Die nicht genormte Kavaliersperspektive **(136.1)**
2. Die Militärperspektive **(136.2)**

Bei ihr wird meistens die Höhe um die Hälfte gekürzt. Da diese Axonometrie gleichfalls nicht genormt ist, kann aber auch jede Seitenrichtung maßstäblich halbiert werden.

3. Die Axonometrie-DIN 5 **(136.3)**

Hier sind die Verkürzung und die Winkel genormt. Diese Darstellung kommt dem perspektivischen Sehen sehr nahe. Der Kreis in der 7°-Ansicht ist aus Gründen der Vereinfachung als Kreis und nicht als Ellipse zu zeichnen. Die beiden anderen Kreise haben allerdings zwei unterschiedliche Ellipsenformen.

In der Zeichenpraxis des Malers wird das dimetrische Verfahren mit seinen Verkürzungen wegen des richtigen Bildeindruckes öfter als die Isometrie angewandt. Leider aber wird dann im täglichen Sprachgebrauch fast immer fälschlich die Dimetrie als Isometrie bezeichnet. Es wäre besser, wenn diese beiden Projektionsarten aufgrund ihres gesetzmäßigen Unterschiedes richtig bestimmt würden.

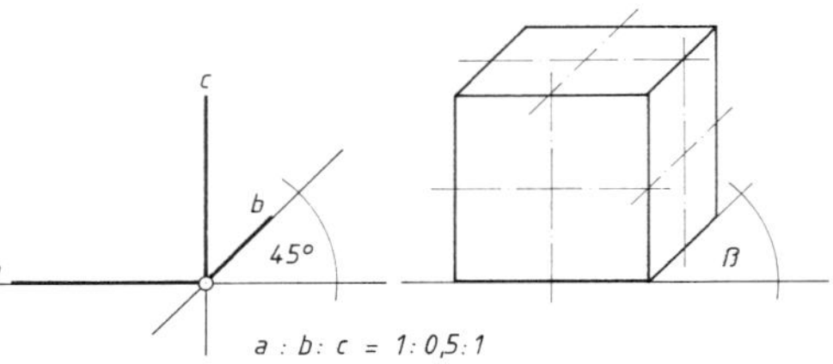

1

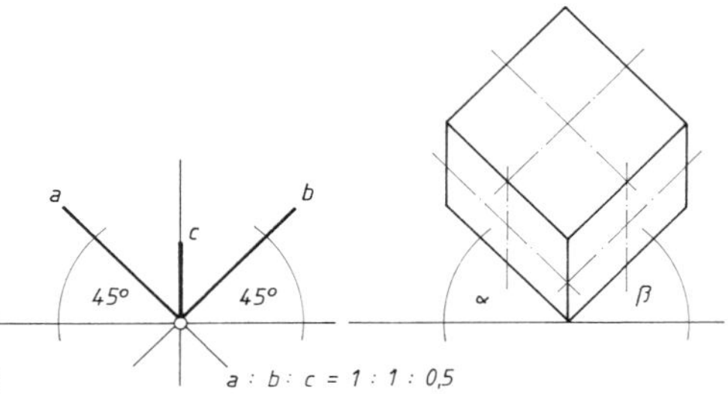

2

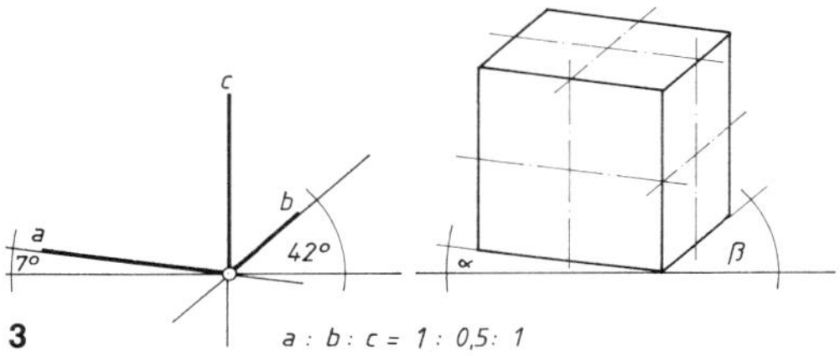

3

136 Die Dimetrie

Die Trimetrie

Sie unterliegt keiner Normung. »Tri« ist das griechische Wort für »drei«, also drei Maßstäbe. Die Kreise erscheinen als drei unterschiedliche Ellipsen.

1. Die Kavaliersperspektive **(137.1)**
2. Die Militärperspektive **(137.2)**

Da die Trimetrie nicht genormt ist, sind auch andere wirkungsvolle Winkel und Verkürzungen erlaubt. Graphisch gefällig könnte das in Abbildung **(137.3)** gezeichnete Verhältnis sein.

Für technische Informationen, also für detaillierte graphische Zeichnungen von komplizierten Teilen, ist die trimetrische Axonometrie vorteilhaft.

Dimetrien und Trimetrien fordern teilweise aufwendige Konstruktionen. Deshalb liefert der Handel hierfür sehr brauchbare Zeichenhilfen:

Vordruckpapiere mit Rasternetzen für Axonometrien auf opakem oder transparentem Papier. Die Raster sind mit blauen Linien gedruckt. Das hat den Vorteil, daß sie nicht mitkopiert werden. Maler können auf diesen Rasterpapieren durch Verschieben des 30°-Zeichendreiecks verblüffend schnell maß- und winkelgerechte Handskizzen zeichnen **(138)**.

Axonometrie-Dreiecke mit den häufigsten Ellipsenschablonen. Dazu gehört praktisches Zeichengerät in kompletten Sätzen.

Die übereck gestellten Parallelprojektionen ergeben ein gefälligeres Raumbild als die von der Frontansicht betrachteten. Sie ver-

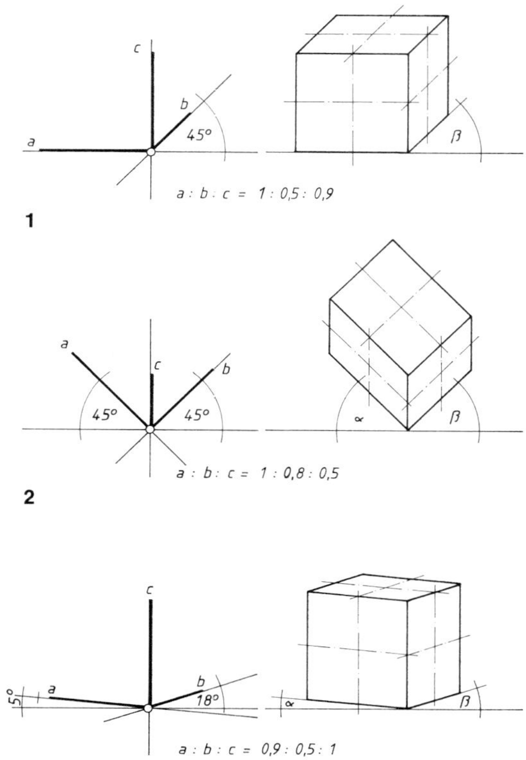

137 Die Trimetrie

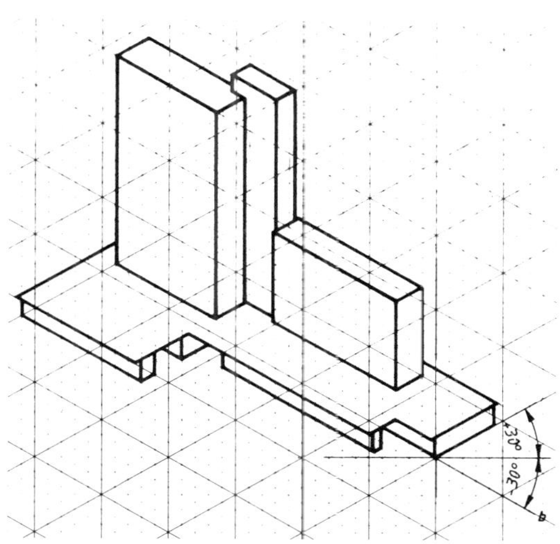

138 Handskizze auf Isometrie-Raster

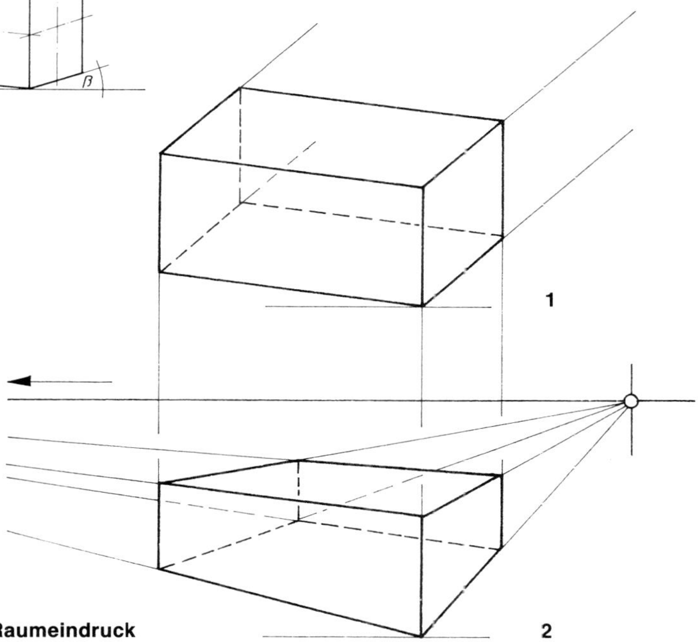

139 Wirklicher und unwirklicher Raumeindruck

lieren das allzu Klotzige und erscheinen vor allem wirklichkeitsgetreuer. Allerdings erreicht man auch hierbei, selbst wenn die empfohlene Verkürzung der Fluchtkanten nicht außer acht gelassen wird, noch immer keinen echten Raumeindruck. Diesen kann allein die Perspektive vermitteln **(139.1, 139.2)**. Warum aber die übereck gestellte Parallelprojektion schließlich doch etwas wirklichkeitsechter erscheint als die von einer dem Betrachter genau gegenüberliegenden als Frontalansicht gezeichnete, das soll an den folgenden Beispielen geklärt werden.

Der Zeichner, der sich zentral gegenüber der Hauptansicht befindet, kann niemals die Seitenflächen des Körpers, auch nicht seine Drauf- oder Druntersicht, erblicken **(140.1)**. Beim Betrachten von Prismen würde er nur Rechtecke bzw. Quadrate wahrnehmen, bei einer Pyramide z. B. wäre nur ein Dreieck als Fläche sichtbar. Wird also die Parallelprojektion von einer Ansicht ausgehend entwickelt und würde die untere Bildkante dieser Ansichtsfläche waagerecht und damit parallel zur unteren Zeichenblattkante verlaufen, dann kann es in der Natur niemals eine außen erkennbare Seitenansicht geben. Bei einem durchsichtigen Kubus würden wir die Seitenwände nach innen gewandt bemerken.

Bei einer räumlichen Darstellung wird eine Seitenfläche nur sichtbar, wenn sich der Betrachter vor einem übereck gestellten Gegenstand befindet **(140.2)**. Auf diesem Naturgesetz des räumlichen Sehens beruht die Tatsache, daß die abgewinkelte Parallelprojektion dem Wirklichkeitsbild am nächsten kommt.

Die Abbildungen **(141.1, 141.2)** erklären die Darstellungsweise von Kreisflächen. Abbildung **(141.1)** stellt den Würfel und den Zylinder mit seinen Kreisbildern in der Isometrie dar. Alle Ellipsen haben dieselben Achsenmaße. Die Kreisabbildungen in der Dimetrie ergeben naturgemäß zwei verschiedene Ellipsen **(141.2)**.

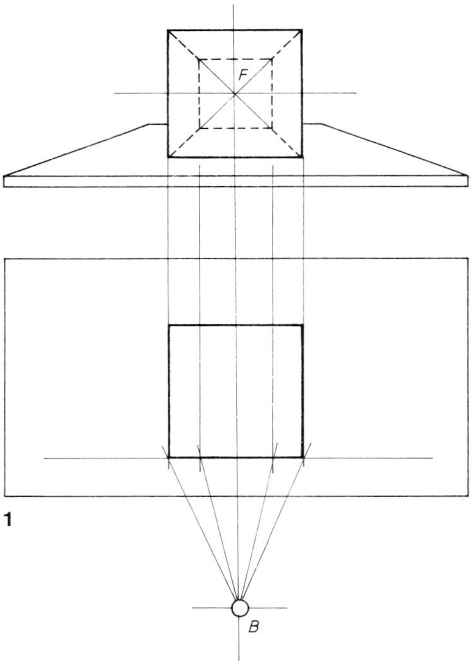

1

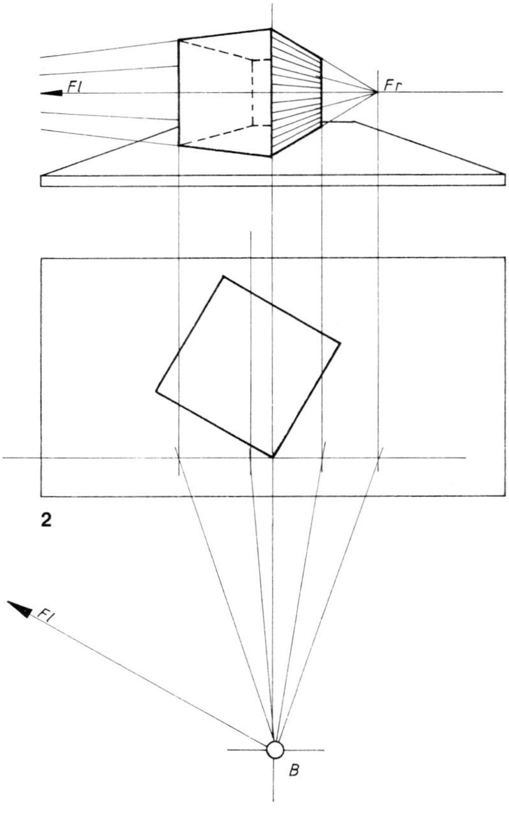

2

140 Frontal- und Übereckschau

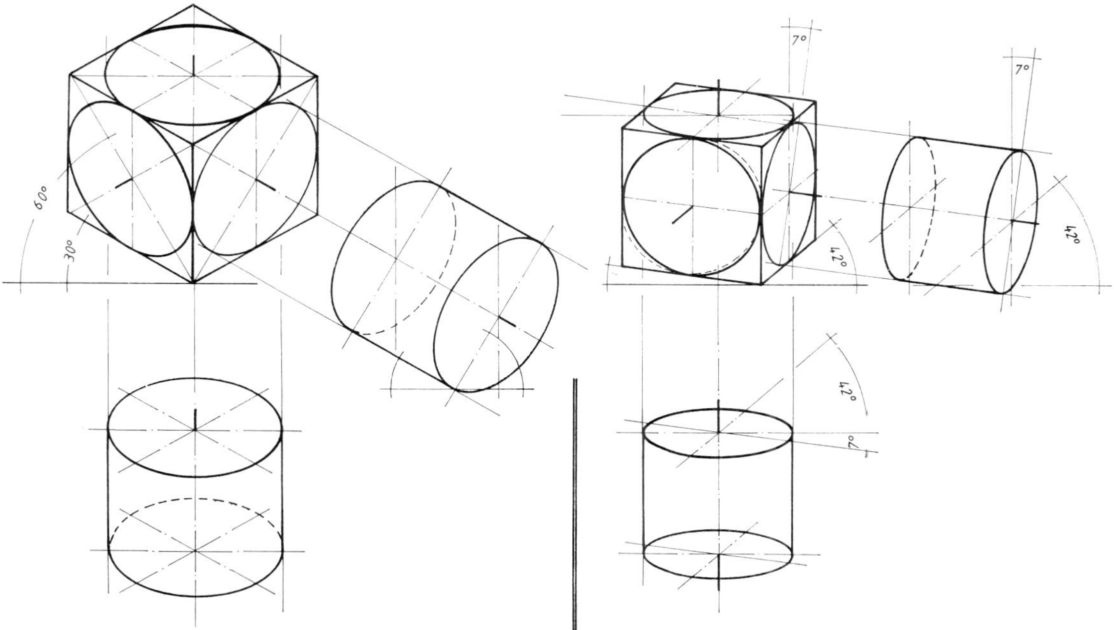

1 2

141 Axonometrische Kreisbilder

Zeichenschritte

Darunter ist der schrittweise Aufbau einer Zeichnung zu verstehen. Nach vorausgegangenem Üben sollte sich jeder Zeichner selbst eine ihm gemäße systematische Arbeitsfolge aneignen, um schnell zu eindrucksvollen Darstellungen zu gelangen. Abbildung **(142)** zeigt einen möglichen Vorschlag. Hier nur in zusammengefaßten Schritten:

1. Aus den vorliegenden drei Ansichten eines Objektes wird eine Freihandskizze, am besten auf Axonometrie-Raster, angefertigt.
2. Den Kreuzpunkt der Achsen und deren Verlauf auf der Zeichenebene vorteilhaft festlegen.
3. Das Gesamtobjekt mit einer quaderförmigen »Hülle« umreißen. Nur leichte Graphitlinien ziehen.
4. Die Objektkanten innerhalb dieser Hülle zeichnen.

Ausgangspunkt für alle Abmessungen ist die vordere, dem Betrachter zugewandte Eckkante.

5. Die Mittellinien für die Ellipsen konstruieren und mittels Schablonen nur die sichtbaren Kanten der Bögen ziehen.
6. Alle sichtbaren Bogenkanten mit Tusche ausziehen.
7. Nun die Mittellinien mit Tusche ziehen, da diese schmaler sind und deshalb schneller trocknen. Danach sämtliche waagerechten und zum Schluß die senkrechten Körperkanten zeichnen.
8. Fertigstellen der Darstellung durch Abradieren der Tuschezeichnung. Kontrollieren und etwaige Fehler beseitigen.
9. Axonometrien zur graphischen oder malerischen Anschauung können zusätzlich mit Licht- und Schatteneffekten ausgestaltet werden. Maler werden sich für ihre hierfür typischen Arbeiten solcher Mittel bedienen.
10. Axonometrien werden im allgemeinen nicht bemaßt. Nur ausgesprochene Fertigungszeichnungen erhalten Maße, wobei die Maß- und Maßhilfslinien parallel zu den Achsen verlaufen müssen. Abbildung **(143)** zeigt ein Beispiel für die Grundsätze der Bemaßung einer Parallelprojektion. Man beachte dabei gleichzeitig die beiden Möglichkeiten der Dimetrie!

142 Zeichenschritte für Axonometrien

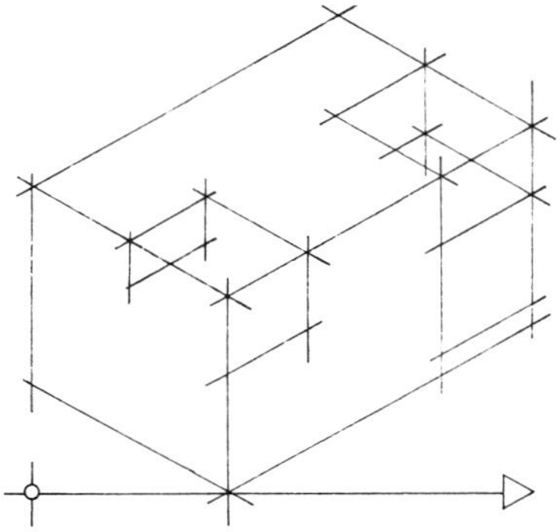

2 + 3

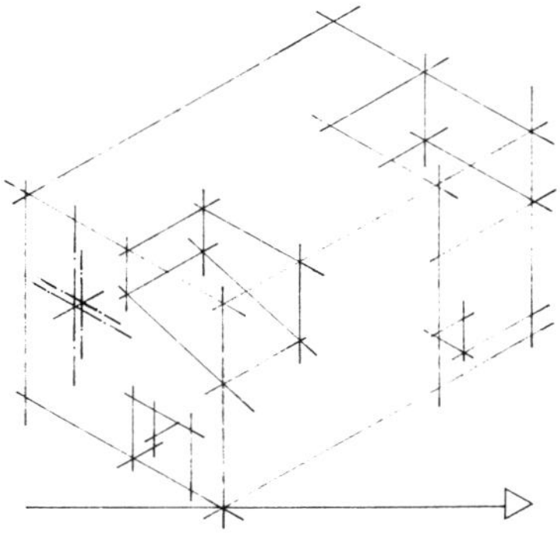

4 + 5

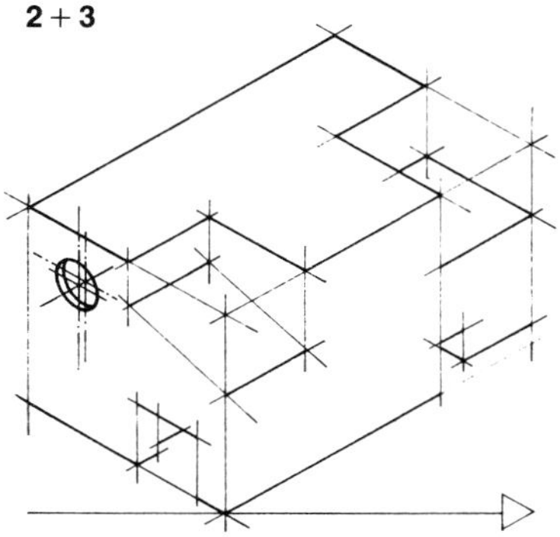

6 + 7

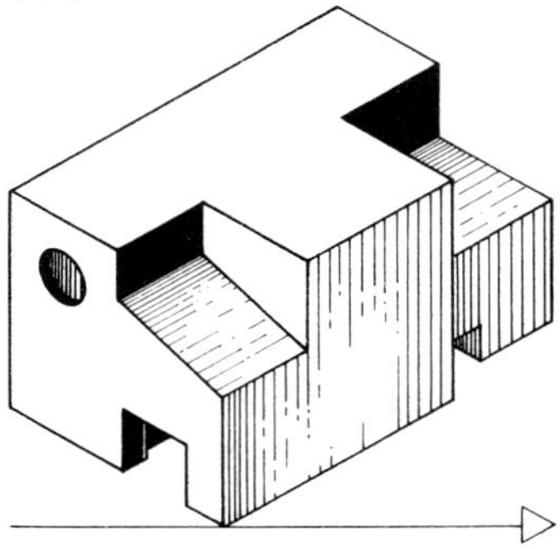

8 + 9

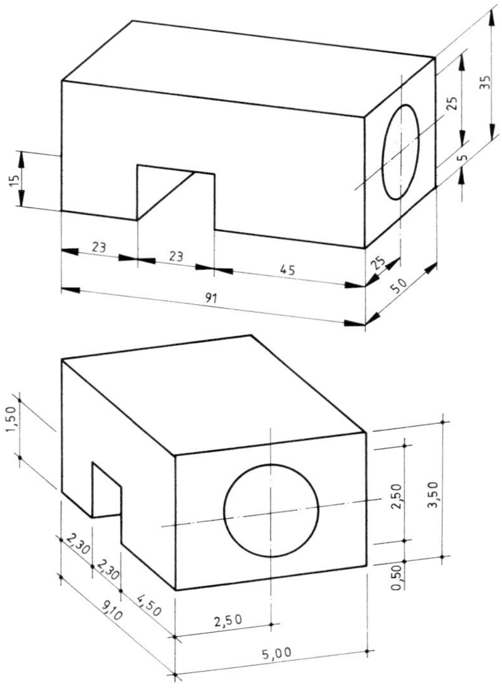

143 Parallelprojektion bemaßen

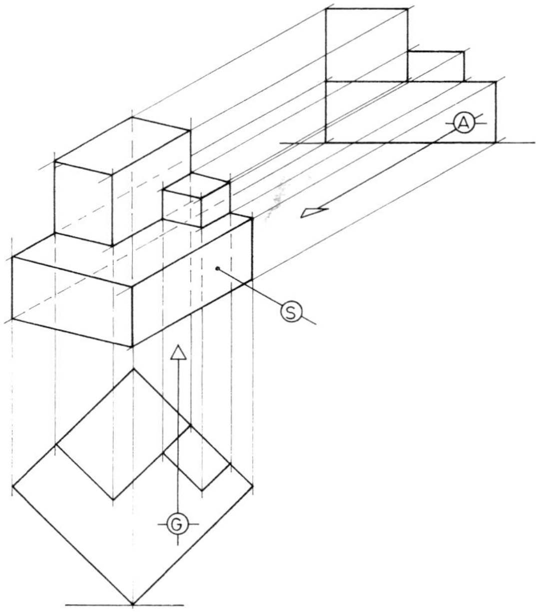

144 Die Schrägrißprojektion

Die Schrägrißprojektion

Diese Form der Projektion ist von Malern für ihre Raumdarstellungen ohne Aufwand anzuwenden **(144)**. Da sie keiner Norm unterliegt, können die drei Achsen mit ihren Winkeln beliebig gezeichnet werden. Hier die Konstruktionsschritte:

1. Zwei Ansichten, meist Grund- und Aufriß, sind in frei gewählter Lage zu zeichnen. Sie ließen sich zeitsparend einfach der vorgegebenen Ansichtszeichnung entnehmen und auf das Zeichenpapier heften.
2. Für den Grundriß (G) legt man die senkrechte Projektionsrichtung und für den Aufriß (A) eine beliebige Richtung fest (siehe Pfeile).
3. Von den für die Konstruktion wichtigen Grund- und Aufrißpunkten zieht man parallel zu den gewählten Projektionsrichtungen die betreffenden Projektionsstrahlen. Ihre Schnittpunkte ergeben dann als Parallelprojektion den gesuchten Schrägriß (S).

Die Lage der Risse bestimmt den Raumeindruck. Bei ungeschickter Wahl kann die Bildwirkung verzerrt erscheinen. Am leicht darzustellenden Würfel können ansprechende Raumwirkungen ausprobiert werden. Abbildung **(145)** zeigt, welche Rißlagen natürlich erscheinende Schrägrißprojektionen ergeben. Selbst Kreisbögen werden durch Punktprojektion auf einfache Weise zu geometrisch genauen Bildellipsen **(146)**.

Abschließend sei vermerkt, daß sich diese Zeichenmethode vor allem für schnelle Handskizzen eignet. Mit nur wenigen Konstruktionspunkten kommt man aus.

Wir kennen jetzt die Verfahren der Axonometrie mit ihren Besonderheiten. Ob wir die eine oder die andere Darstellungsart für unsere Absichten wählen, das hängt von dem Wesentlichen ab, das wir deutlich machen wollen. Der Maler braucht sich in bezug auf die Winkelgrößen und Seitenverhältnisse nicht immer so streng wie der technische Zeichner an die DIN-Bestimmungen zu halten. Wie wir bei der dimetrischen Darstellung den Grad der Verkürzung vornehmen, das richtet sich nach der meist freien Wahl der Winkel.

145 Rißlagen und ihre Raumwirkung

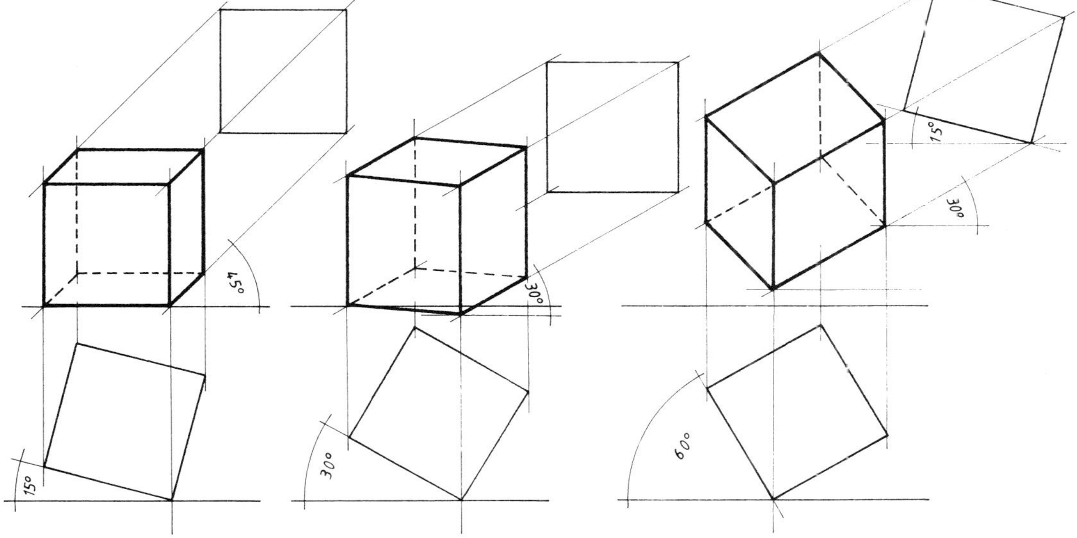

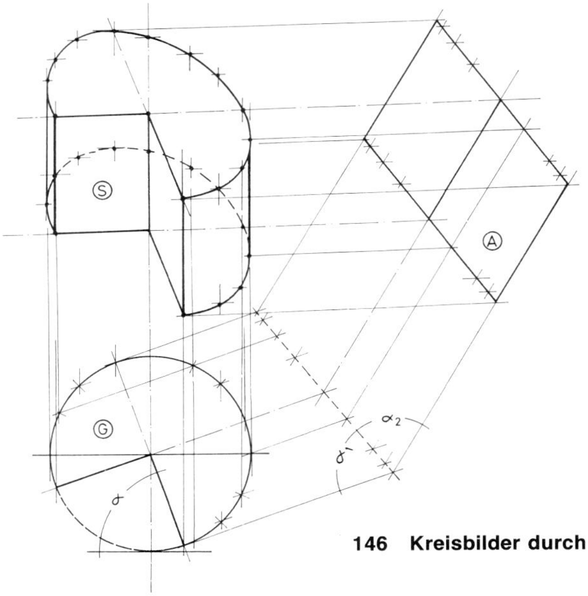

146 Kreisbilder durch Schrägrißprojektion

Auswerten

Ein geschulter Techniker vermag sich aus einer Darstellung in ihren drei Ansichten ein vollkommenes Raumbild vorzustellen. Der Laie allerdings erlangt selbst nach langem Einsehen und Hineindenken noch keine sichere Vorstellungskraft. Deshalb können Axonometrien von jedermann einfach gelesen werden. Der Zeichner selbst benötigt weniger Zeitaufwand als für eine Darstellung in den Ansichten, die manchmal sogar alle sechs Ansichten zum vollständigen Erfassen des Gegenstandes erfordert.
Für den Maler eignen sich die Isometrie und die Dimetrie vortrefflich zum räumlichen Darstellen aller Werkobjekte. Mit Hilfe dieser Zeichnungsverfahren lassen sich verhältnißmäßig rasch und einfach, ohne erhebliche Konstruktionsschwierigkeiten, Freihandskizzen für eine wirkungsvolle Veranschaulichung oder zum Eintragen sämtlicher Maßverhältnisse anfertigen. Für Farbvorschläge, die einen umfassenden Überblick gestatten, ist diese Zeichnungsart besonders geeignet. Die Anwendung der Isometrie und Dimetrie für die Zeichenarbeit des Malers wird deshalb in der folgenden Abhandlung in zahlreichen Beispielen besonders gezeigt werden. Vorerst ist es aber für die fehlerlose Bewältigung einer späteren Zeichenarbeit ratsam, alle bisher beschriebenen Gesetze, Regeln und Normen der Parallelprojektionen zu studieren und sich dieses technische Rüstzeug gründlich anzueignen.

Sinnbilder

Die Grundgesetze der Parallelprojektion sind behandelt worden. Verschiedene Bildbeispiele haben die Konstruktionsverfahren der Axonometrien gezeigt. Nach den grundlegenden Übungen und allgemeinen Hinweisen werden nun Beispiele für die Anwendung in der Berufspraxis des Malers gegeben.
Keine Darstellungsmethode aus dem vielseitigen Bereich des technischen Zeichnens vermag so eindeutig sämtliche Anstrichobjekte in ihrer räumlichen Ausbreitung bildhaft zu machen. Die Parallelprojektion besticht durch Klarheit und konsequente Ordnung. Außerdem ist sie bedeutend unkomplizierter als jede Perspektive und damit wesentlich leichter zu zeichnen bzw. zu konstruieren. Die Parallelprojektionen, die Außen- oder Innenansichten von Gebäuden darstellen sollen, werden meistens aus Bauzeichnungen entwickelt. Um zum Beispiel aus Grundrissen Einblicke in Räume, Wohnungen oder ganze Geschosse zu zeichnen, muß man die genormten Zeichen für Wandöffnungen, Installationen und Einrichtungsgegenstände lesen können.

Für unsere Darstellungen benötigen wir nur die wichtigsten Zeichen.
Abbildung **(147)** zeigt die verschiedenen Möglichkeiten von Türdarstellungen in Grundrissen (M 1:100 u. M 1:50). Die Schlagrichtung der Türblätter wird im Grundriß so dargestellt, wie es die Abbildungen **(147.1, 147.2)** verdeutlichen. Aus diesen Darstellungen erkennen wir auch den Raumbedarf der Türschläge. Die Links- und Rechtsbezeichnung für Tür- und Fensterschläge wird gefunden, indem man Türen und Fenster von der Seite betrachtet, nach welcher ihre Flügel aufschlagen. Die Darstellungen von Türen in Grundrissen für die Vorentwurfszeichnung (M 1:200), Entwurfszeichnung (M 1:100) und für die Ausführungszeichnung (M 1:50) sehen wir in Abbildung **(147.3)**. Fenster nach Anschlag und Verglasung werden wie in Abbildung **(148)** gezeichnet.
Durch die möglichen Anschläge entstehen Innen- und Außenleibungen, die für Axonometrien und echte Perspektiven zu berücksichtigen sind. Maler müssen für ihre Berufsausübung auch die Bauarten von Fenstern kennen.

1
2
3

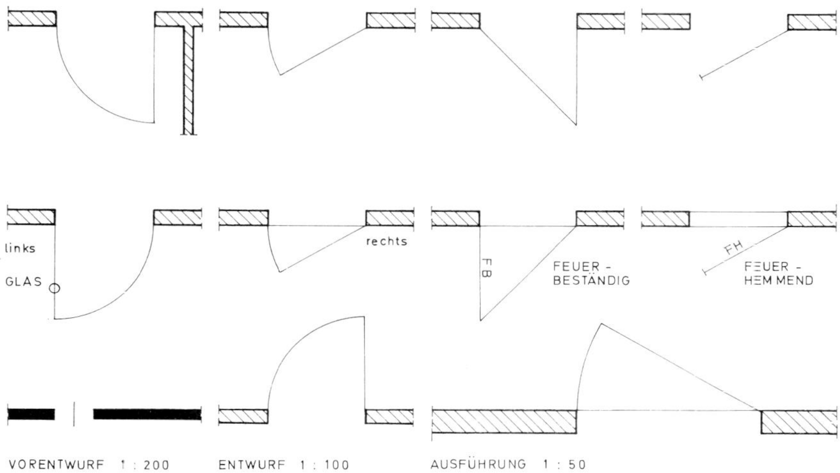

147.1 TÜRDARSTELLUNG IN GRUNDRISSEN M 1:100 UND M 1:50
147.2 TÜRANSCHLÄGE OHNE UND MIT SCHWELLE
147.3 TÜRDARSTELLUNG IN DEN ZEICHNUNGEN

147 Türen im Grundriß

1
2

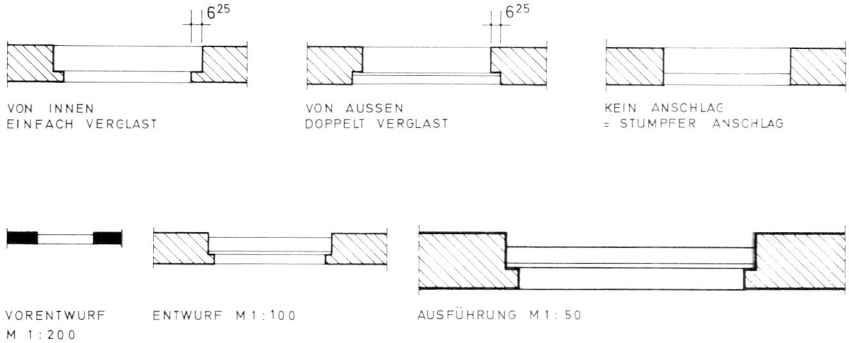

148.1 FENSTERANSCHLÄGE UND VERGLASUNG
148.2 FENSTERDARSTELLUNG IN DEN ZEICHNUNGEN

148 Fenster im Grundriß

In Abbildung **(149)** sehen wir ihre Benennungen und Darstellungen nach der Schlagrichtung. Links ist jeweils die Ansicht von innen und rechts die Ansicht von außen abgebildet: Drehflügel **(149.1)**, Kippflügel **(149.2)**, Drehkippflügel **(149.3)**, Schwingflügel **(149.4)**, Wendeflügel **(149.5)**, Klappflügel **(149.6)**, Hebeflügel **(149.7)**, Schiebeflügel **(149.8)**.
Wie Fenster in den Grundrissen für die Vorentwurfs-, Entwurfs- und Ausführungszeichnung darzustellen sind, zeigt Abbildung **(148.2)**. Wandöffnungen werden mit ihren lichten Maßen gemessen. Die Breiten stehen über und die Höhen unter der Maßlinie.
Will der Maler farbige Schaubilder in Axonometrien gestalten, so benutzt er hierfür meist die Grundrisse aus Architekturzeichnungen. Die darin enthaltenen Sinnbilder für Elektro- und Sanitärinstallationen sowie für die Möblierung müssen gelesen und verstanden werden. Für den Kunden sollten wir Maler aber auch solche Sinnbilder selbst zeichnen können. Unsere Pläne für die Farbgestaltung und für Entwürfe unterschiedlichster Zwecke werden dadurch anschaulich. Selbstverständlich gilt auch bei dieser Zeichenarbeit: »Weniger ist besser als zuviel«! Sinnbilder müssen daher absolut maßstabgetreu, klar erkennbar und übersichtlich eingefügt sein. Die Sinnbilder für Installationen sind selbstverständlich genormt. Zeichnen wir die Einrichtungen, so könnten in Anlehnung an die üblichen Sinnbilder auch eigene Ideen verwirklicht werden.

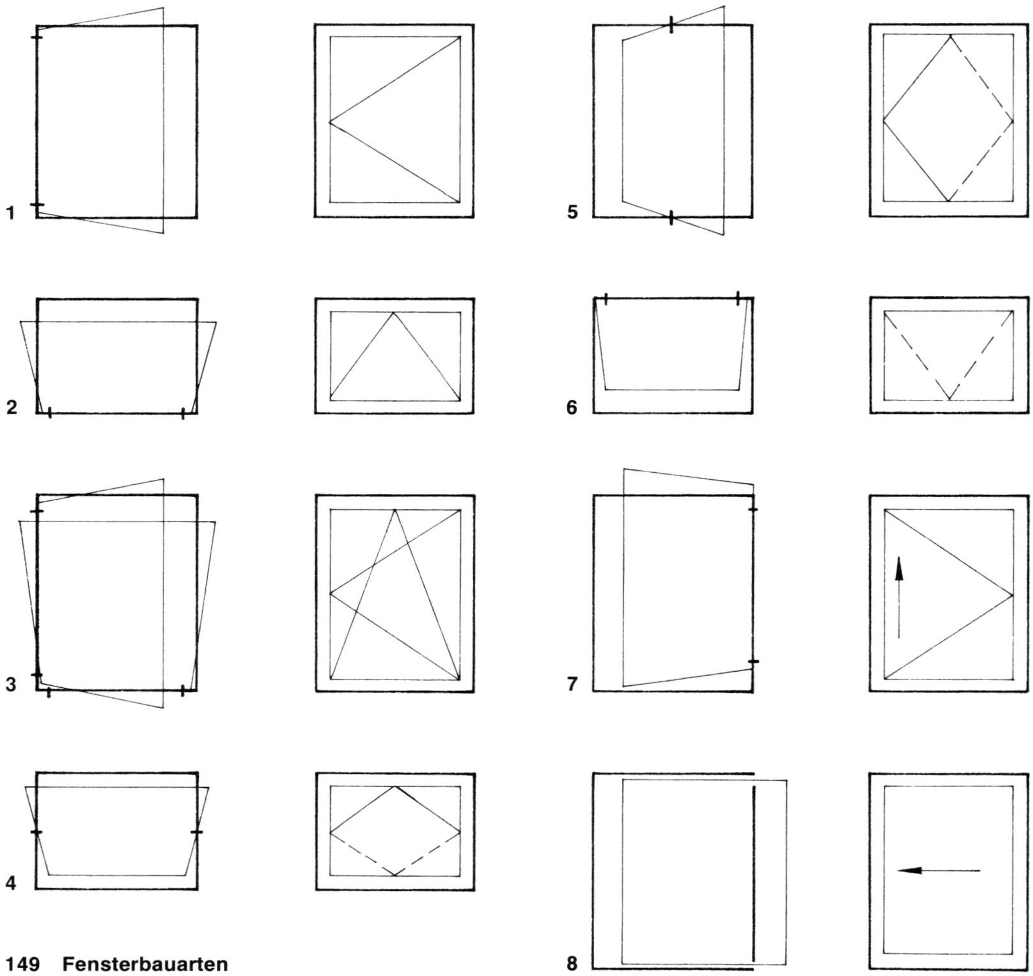

149 Fensterbauarten

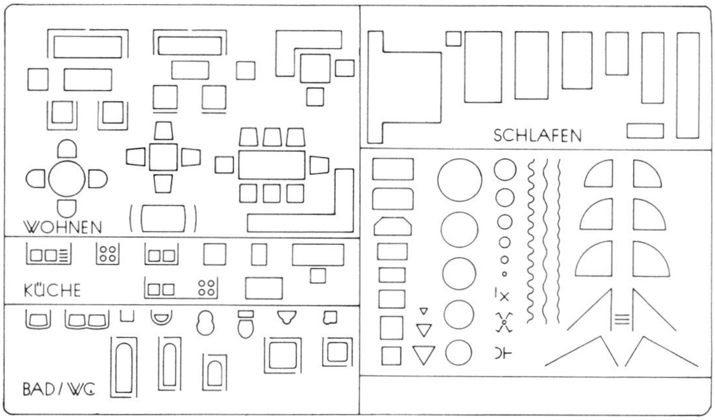

150 Möblierungsschablone

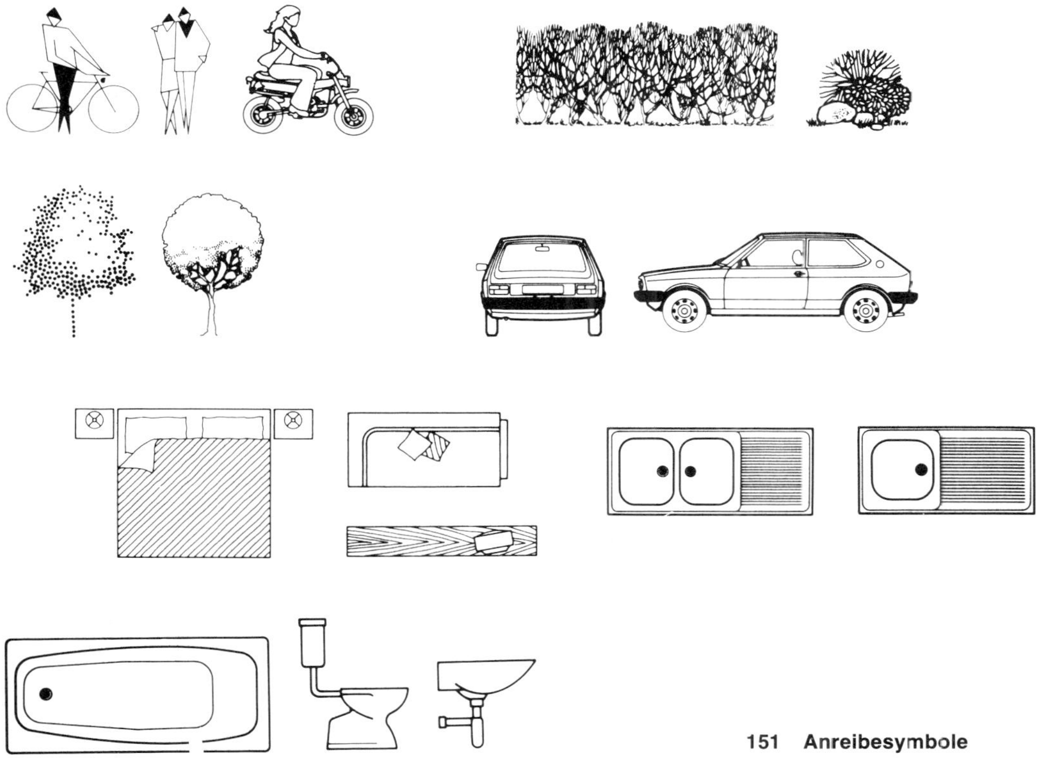

151 Anreibesymbole

Wer häufiger für seine Entwürfe Sinnbilder benutzen muß, der sollte sich der sogenannten *Architekturschablonen,* die es für die gebräuchlichen Maßstäbe gibt, bedienen. Abbildung **(150)** zeigt eine solche Schablone für die Möblierung (M 1:100/M 1:50) und für die Sanitärinstallation DIN 1986 (M 1:50).

Besonders praktisch kann mit *Anreibesymbolen* gearbeitet werden. Sie sind in den Maßstäben 1:20, 1:50 und 1:100 für Einrichtungen (Möbel, Küche, Sanitäranlagen) sowie für das Gebäudeumfeld (Menschen, Tiere, Pflanzungen, Fahrzeuge) in vielfältigen Ausführungen erhältlich **(151)**.

Die Parallelprojektion von Innenarchitektur

Mit Hilfe dieses Verfahrens lassen sich besonders anschauliche Einblicke in sämtliche räumliche Verhältnisse eines Gebäudes gewinnen. Verblüffend wirklichkeitsnah erscheinen solche »Über«sichten in eine komplette Wohnung oder auch in eine ganze Etage. In bestechender Klarheit erkennt man die Zuordnung der einzelnen Räume und ihre Begehbarkeit. Man empfindet äußerst natürlich und dadurch einprägsam die Maßverhältnisse und versteht die Funktion der Räumlichkeiten, besonders wenn durch das Hineinzeichnen von entsprechenden Einrichtungen und Dekorationen die Architektur belebt wird. Aus diesen Gründen bietet die Parallelprojektion die beste Möglichkeit für den Maler, die Wirkung seiner geplanten Farbgestaltung dem Auftraggeber verständlich zu machen. Für die Konstruktion wählt man am vorteilhaftesten die Isometrie. Alle Breiten, Tiefen und Höhen können also im Originalmaßstab aus der Bauzeichnung entnommen werden. Die Abbildungen **(152.1–4)** veranschaulichen die verschiedenen Möglichkeiten der Darstellung, die sich aus der Lage des Grundrisses ergeben.

Abbildung **(152.1)** (vgl. **153**). Der Grundriß, aus dem der Einblick in die Räume gewonnen werden soll, bleibt rechtwinklig. Er liegt parallel zur unteren Papierkante und wird in seinen Originalmaßen gezeichnet. Alle Höhen (Wand-, Tür-, Fensterhöhen usw.) sind in einem steilen Winkel (etwa 70°) gleichlaufend nach rechts oben abzutragen. So erhält man von einem verhältnismäßig hohen Standpunkt einen umfassenden »Über«-blick. Alle Hauptwände und besonders die Fußböden sind ziemlich großflächig erkennbar, so daß sich diese einfache Methode gut für eine Farbübersicht eigenen würde.

In Abbildung **(152.2)** ist nur die Rechtwinkligkeit des maßstabgetreuen Grundrisses aufgehoben. Die vordere Grundrißkante bleibt parallel zum unteren Papierrand. Alle Tiefen sind ungekürzt in einem nicht zu spitzen Winkel gleichlaufend zu ziehen. Die Richtung der Fluchtlinien kann je nach Bedarf nach rechts oder nach links oben gewählt werden. Alle Höhen sind hierbei lotrecht.

In Abbildung **(152.3)** ist der Grundriß in einem günstig zu wählenden Winkel übereck gestellt. Er ist rechtwinklig geblieben und im Originalmaßstab gezeichnet. Alle Höhen stehen wiederum senkrecht. Die Winkel von 60° und 30° sind für die Parallelverschiebung vorteilhaft, da sie den Winkeln beim langen Zeichendreieck (60°-Zeichendreieck nach DIN) entsprechen.

Das Verfahren in Abbildung **(152.4)** zeigt wieder einen übereck gestellten Grundriß, dessen Rechtwinkligkeit aber aufgehoben ist. Der Winkel der vorderen Grundrißecke muß mehr als 90° betragen. Die Winkel α und β dürfen nicht gleich groß sein. Auch bei dieser Darstellungsweise können alle Maße (Breiten, Tiefen und senkrechte Höhen) isometrisch, das heißt unverkürzt im Originalmaßstab gezeichnet werden. Dieses letzte Verfahren wirkt wegen seiner Übereckstellung und besonders wegen der fehlenden rechten Winkel nicht mehr so steif. Es wird daher häufig verwendet. Diese Darstellungsweise fordert allerdings durch die schwierigere Grundrißveränderung mehr Zeichenarbeit. Der Blick in den Innenraum erfolgt flach von der Seite, also von einem niedrigeren Standpunkt als bei den Abbildungen **(152.1–3)**, so daß nur wenig Fußbodenfläche wahrzunehmen ist. Daher ist bei dieser zuletzt gezeigten Methode das Hineinzeichnen von Möbeln und Einrichtungen weniger günstig. Die Abbildungen **(153.1, 153.2)** zeigen eine detaillierte Ausarbeitung einer Innenraum-Isometrie nach dem Verfahren der Abbildung **(152.1)**.

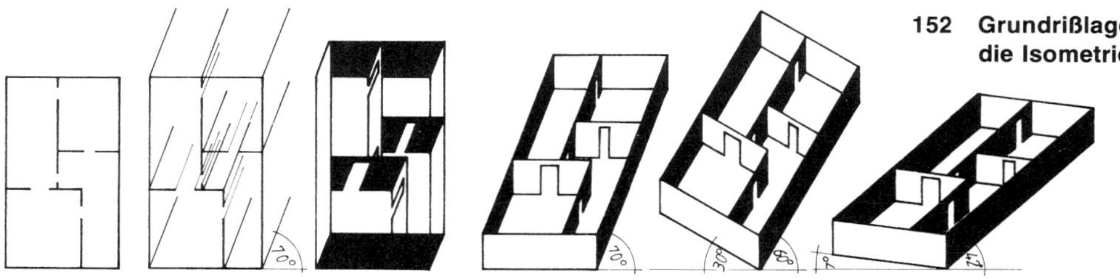

152 Grundrißlagen für die Isometrie

1 2 3 4

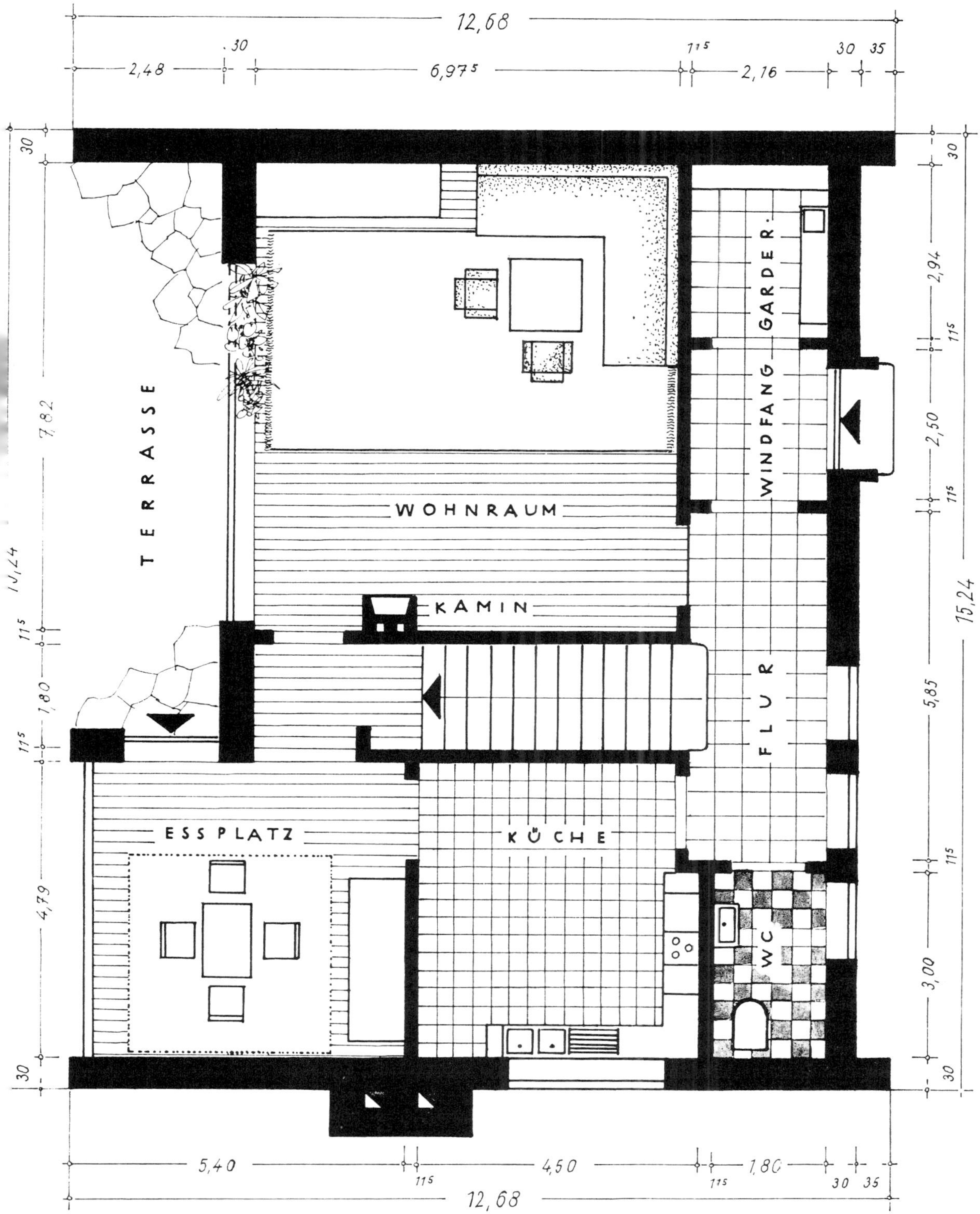

ERDGESCHOSS

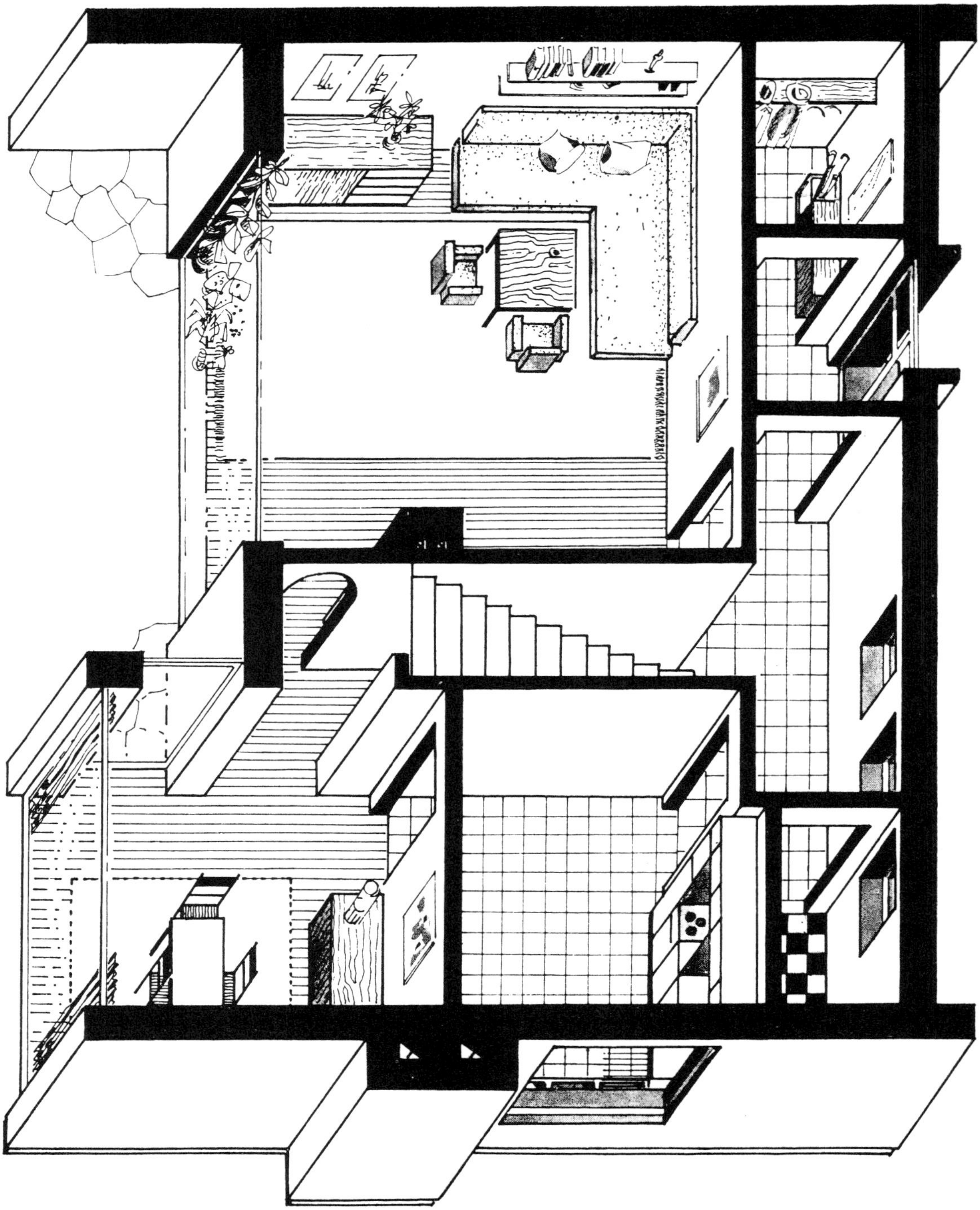

153 Ein Blick in die Wohnung (153.1 und 153.2)

Die Parallelprojektion von Außenarchitektur

So wie der Einblick in Gebäude, so wird auch die Darstellung ihrer Außenansichten von Baumalern und Farbberatern vielseitig genutzt. Solche Zeichnungen gestatten ein dreidimensionales Überschauen (es handelt sich immer um mehr oder weniger schräge Draufsichten) der Außenverhältnisse eines Baukörpers. Moderne Architektur ist wegen ihrer prismatischen Gestalt und ihrer einfach gegliederten Fassaden für diese Form der Aufzeichnung besonders gut geeignet **(158)**. Die Farbgebung von Außenanstrichen (Einzelobjekte, Siedlungsreihen, Straßenzüge, Werksanlagen) läßt sich auf diese Weise eindringlich demonstrieren. Nur noch Modellanlagen können die hierdurch erreichte Anschaulichkeit übertreffen.

Bei dieser Zeichenarbeit ist die Vereinfachung oberstes Gebot. Alles Unwesentliche muß also fortgelassen werden. Außerdem ist bei der Darstellung von Außenansichten die dimetrische Konstruktion der Isometrie vorzuziehen, damit kein verzerrtes Gebilde durch zu ausgedehnte Tiefen, die der Natur nicht mehr entsprechen, entstehen kann **(154)** – vergleiche die Erklärungen auf Seite 95 zu Abb. **(126)**.

Abbildung **(155)** zeigt fünf der meistangewandten axonometrischen Projektionen.

154 Die Isometrie verzerrt

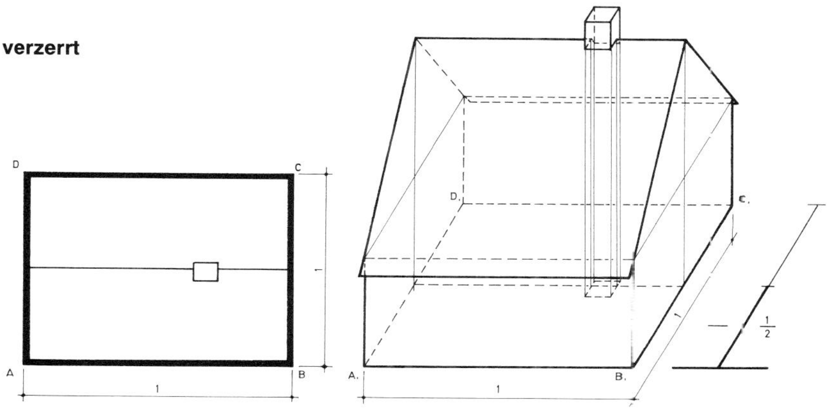

155 Gebräuchliche Axonometrien

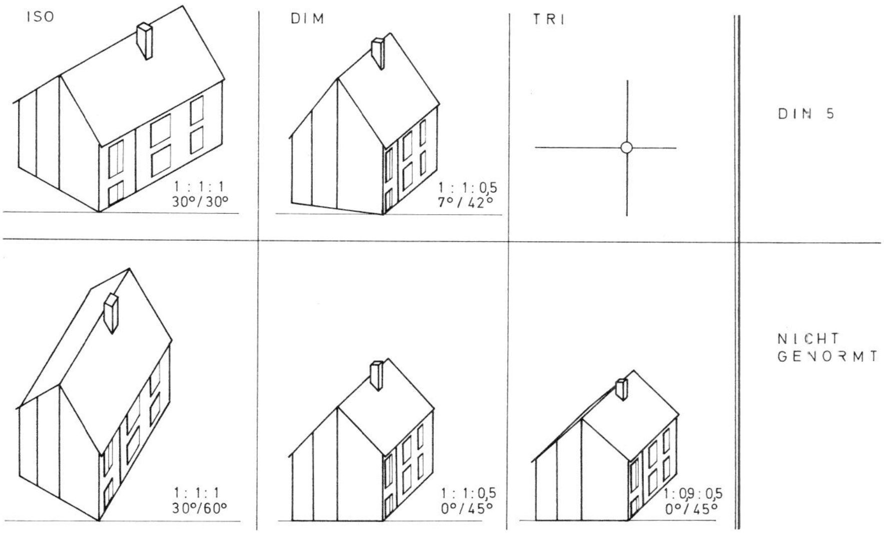

Man kann von der Hauptansicht eines Gebäudes ausgehen, siehe **(129)**. Hierbei müßte die Lage der einzelnen in die Tiefe gestaffelten Wandöffnungen in der darzustellenden Seitenansicht durch zeitraubendes Messen aus den Bauzeichnungen entnommen werden. All diese Maße wären danach noch dimetrisch zu verkürzen. Es wird daher auch bei der Zeichnung von Außenansichten vorteilhafter von dem Grundriß auszugehen sein, siehe **(157)** und Erklärungen.
Das Beispiel in Abbildung **(156)** eignet sich weniger für die Abgabe eines Farbvorschlages. Es wird hauptsächlich bei Lageplänen für plastische Effekte durch Licht und Schatten angewandt. Da dieses Verfahren aber verhältnismäßig einfach aus jeder Lagekarte entwickelt werden kann, sei es hier erwähnt. Die Grundrisse bleiben in ihren kleinen Maßstäben (je nach Größe und Beschaffenheit des Geländes 1:250 bis 1:2500) erhalten. Alle Gebäudehöhen werden stark verkürzt im Winkel von etwa 60° rechts oben oder auch links unten eingetragen. So erhält man ein scheinbar echtes Luftbild aus beträchtlich hoher Vogelschau.

In Abbildung **(157)** wird gezeigt, wie von einem schiefwinkligen, parallel zur unteren Papierkante verlaufenden Grundriß ausgegangen wird. Alle Tiefen des Grundrisses werden je nach Wahl des Fluchtwinkels mehr oder weniger stark verkürzt eingezeichnet (siehe »Kavaliersperspektive«). In allen für die Fassadengliederung wichtigen Grundrißpunkten sind Senkrechte zu errichten. Bei ausführlichen, ins einzelne gehenden Zeichnungen, die allerdings in genügend großem Maßstab durchgeführt werden müssen, ergeben sich aus den Wandstärken des Grundrisses sogar Leibungen, Nischen oder Vorsprünge. Solche Einzelheiten sind aber nur darzustellen, wenn sie für das Wesen der Architektur bestimmend sind oder wenn sie besondere Farbtonbehandlung erfahren sollen. Die Maße für die Wand-, Giebel-, Tür- und Fensterhöhen sind aus den entsprechenden Aufrissen der Bauzeichnung zu entnehmen und auf den dazugehörigen Senkrechten abzutragen. Man beachte die Konstruktion der Dachschrägen und die des Schornsteins. Das Satteldach muß den Kaminkopf in den entsprechenden Dachnei-

156 Lageplan in Axonometrie

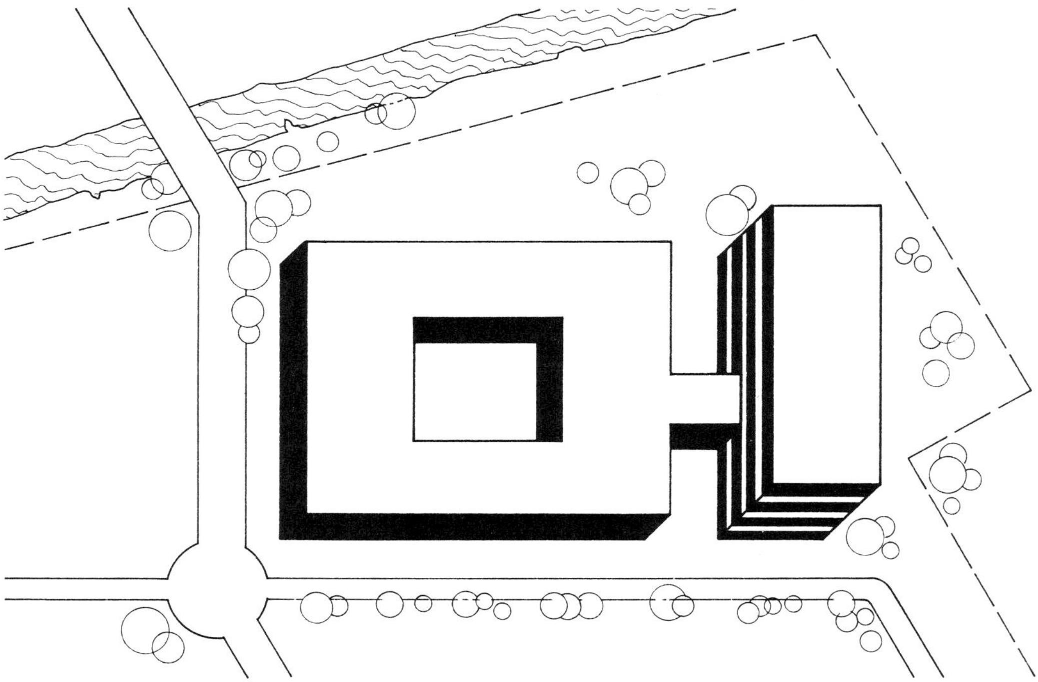

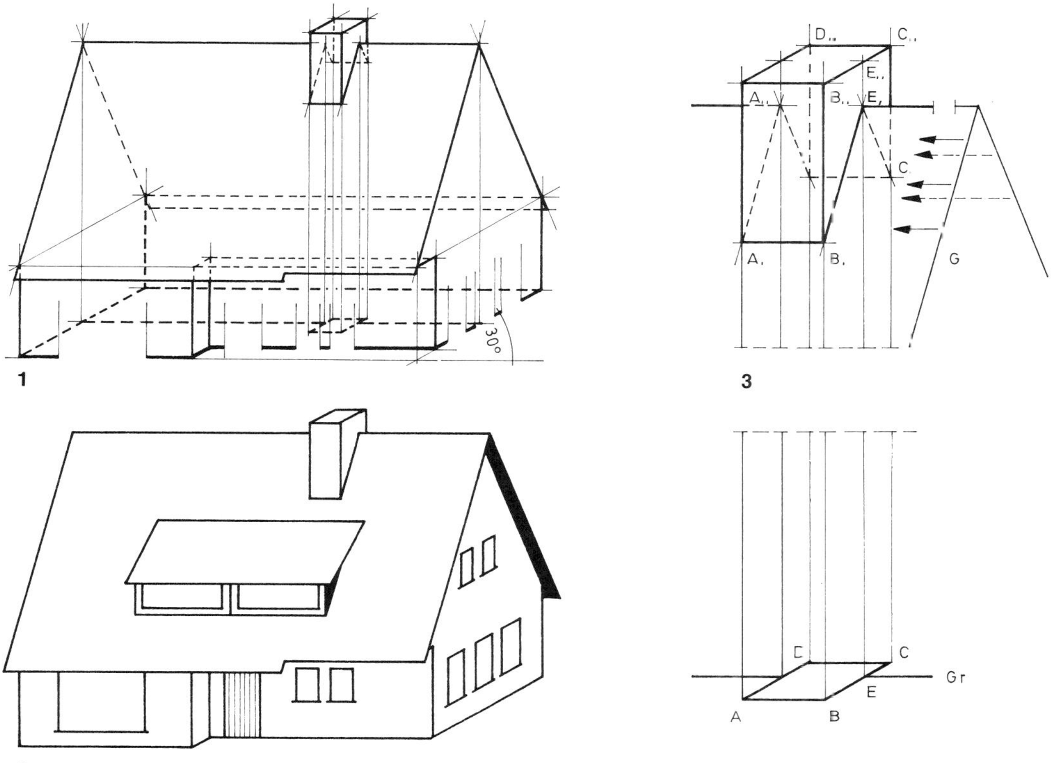

157 Axonometrische Konstruktion

gungen schneiden. – Abbildung **(157.3)** zeigt als Detail-Zeichnung den Konstruktionsgang. In den Kamingrundrißpunkten A, B, C, D und E (durch E geht im Grundriß die Firstlinie) sind Senkrechte zu errichten. Die Schnittkante B_I E_I erhält man durch Parallelverschiebung, die von der Giebelkante G auszugehen hat. Durch den Punkt B_I zieht man die Waagerechte, die beide Senkrechten über AB schneidet. Die Kaminhöhe A_I A_{II} ist maßstabgerecht aus der Aufrißzeichnung des Architekten zu entnehmen.

Um eine dimetrische Konstruktion von Außenarchitektur aus dem gegebenen Grundriß sicher entwickeln zu können, empfiehlt es sich, diese Darstellungen in einem großen Maßstab nachzuzeichnen.

In Abbildung **(157.2)** ist die fertige Konstruktion zu sehen.

Abbildung **(158)** zeigt die dimetrische Zeichnung einer modernen Architektur. Hierbei kann entweder vom stumpfwinklig übereck gestellten Grundriß ausgegangen werden oder von der schräg gesetzten, im natürlichen Maßstab gezeichneten Hauptansicht (Aufriß). Alle Tiefen sind etwa um die Hälfte zu kürzen. Auf diese Weise entsteht ein naturnahes Bild. Wenn bei der dimetrisch konstruierten Darstellung einer Außenansicht vom Grundriß ausgegangen wird, kann wie bei der Isometrie von Innenräumen jede gewünschte Grundrißstellung benutzt werden, siehe **(152.1–4)**. Vergleiche diese Darstellung mit der »Streichholzschachtel-Architektur« in Abbildung **(111)**. Die dimetrische Axonometrie eignet sich ebenfalls für die farbige Veranschaulichung von Einrichtungsgegenständen aller Art. Auch Messebauten, wie sie manchmal von Malern mit Farben und Formen zu gestalten sind, lassen sich in diesem Konstruktionsverfahren dreidimensional zeigen.

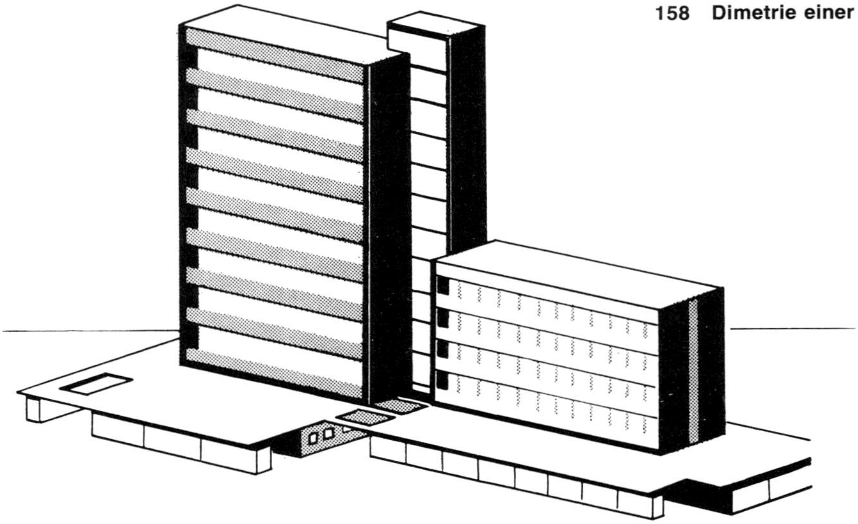

158 Dimetrie einer Außenarchitektur

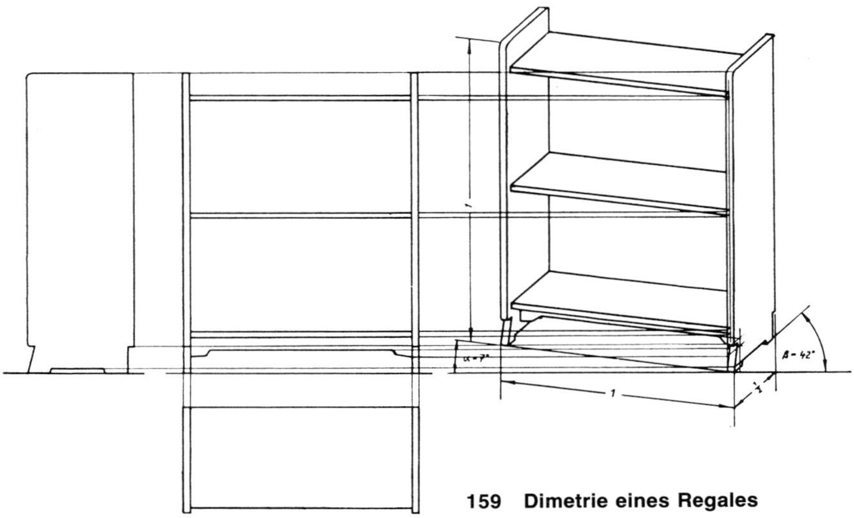

159 Dimetrie eines Regales

In Abbildung **(159)** sehen wir die Dimetrie eines Regales, die aus den drei Ansichten entwickelt wurde. Wer auch diese Darstellung in einem übersichtlichen Maßstab nachkonstruiert, erhält die nötige Sicherheit für das räumliche Zeichnen.

Die Abbildungen dieser letzten Kapitel sollen zusammen mit ihren Erläuterungen Anregungen für eigene Zeichenversuche geben. Es ist ratsam, zunächst mit Außenansichten von Gebäuden zu beginnen. Diese erfordern, wenn man sich Bauzeichnungen von klar gegliederter Architektur verschafft, weniger Zeichenarbeit **(160)**. Großen Reiz gewinnen solche Zeichnungen (sie müssen selbstverständlich sauber durchgeführt sein), wenn sie farbig mit wirkungsvoller Belichtung ausgestaltet werden. Die Farbe ist nur großflächig, ohne jede Schattierung anzubringen, denn die Parallelprojektion will kein fotografisches Abbild sein. Zu einer echten perspektivischen Darstellung würde unter Umständen die materialgetreue Farbgebung der Oberflächen mit Schattierungen, wie sie die Luftperspektive in der Natur hervorruft, besser passen. Das hier Dargelegte gilt gleichfalls für Einblicke in Räume, die danach geübt werden können. Hierbei ist wie-

160 Reihenhäuser in Dimetrie

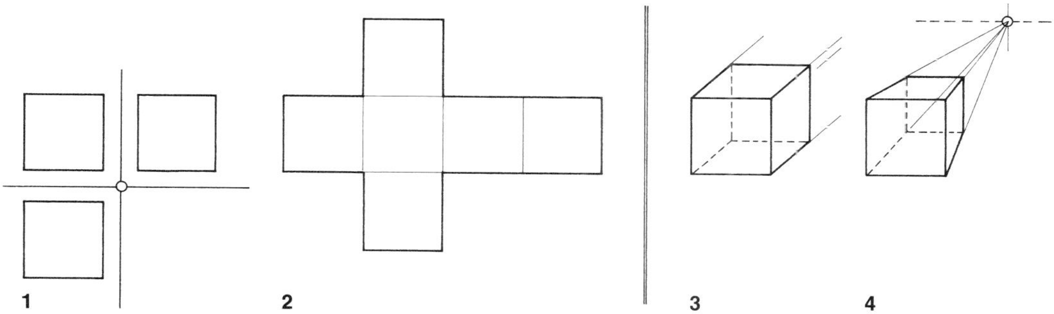

161 Methoden der Körperdarstellung

derum mit einfachen Grundrissen zu beginnen.
Isometrisch bzw. dimetrisch gezeichnete Anstrichobjekte bilden ein lohnendes Übungsfeld für wirklichkeitsnahe Auseinandersetzung mit der zweckmäßigen und ästhetischen Farbanwendung. In den letzten Abschnitten versuchten wir den gesehenen Raum durch gebundenes Zeichnen auf verschiedene Weise darzustellen. An einem Kubus sollen diese Möglichkeiten nochmals im Überblick gezeigt werden: Abbildung **(161.1)** stellt den Würfel in seinen drei Ansichten dar. In Abbildung **(161.2)** ist die geschlossene Oberfläche zu einem Plan abgewickelt. Bei den technischen Zeichnungen muß der Betrachter das wirkliche Abbild durch sein räumliches Vorstellungsvermögen selbst hervorrufen **(161.1, 161.2)**. Mit den Abbildungen **(161.3, 161.4)** ist bereits der fertige Raumeindruck erreicht. So vermittelt Abbildung **(161.3)** als dimetrische Zeichnung eine fast natürliche Körperlichkeit. Aber erst die Abbildung **(161.4)** gibt den Kubus mit letzter Wirksamkeit wieder. Es handelt sich hierbei um die Perspektive, deren Grundbegriffe in dem folgenden Abschnitt besprochen werden.

Diese Darstellung zum räumlichen Abbilden von Körpern wird auch als Zentral- oder Fluchtpunktperspektive bezeichnet. Da es für sie eine Vielzahl von Projektionsmöglichkeiten gibt, ist sie in der technischen Zeichnung nicht genormt. Es bleibt dem Zeichner selbst überlassen, unter den bekannten Verfahren frei zu wählen, um für seine Absichten – seien sie mehr gestalterisch oder mehr technisch – den wirkungsvollsten Ausdruck zu finden.
Für die technische Zeichnung des Ingenieurs, nach der gebaut oder gefertigt werden muß, ist die echte Perspektive nicht geeignet, weil die in der Wirklichkeit parallel verlaufenden Kanten in Fluchtpunkten zusammengeführt werden. Das bedeutet, daß einer Zentralprojektion keine echten Maße entnommen werden können.
Für den Maler aber bieten die verschiedenen Zentralprojektionen die beste Möglichkeit, sein Arbeitsfeld Architektur so anschaulich darzustellen wie die Wirklichkeit. Wenn er die vielfältigen Konstruktionen beherrscht, vermag er zusammen mit seinen gestalterischen Fähigkeiten Darstellungen anzufertigen, die bei seinem Auftraggeber Staunen und Bewundern auslösen.
Echte Perspektiven zeichnet deshalb der Maler für beeindruckende Architekturschaubilder. In ihnen kann er dem Betrachter zeigen, was vorn, direkt vor seinen Augen, was dahinter und weiter weg zu sehen ist. Auch mit perspektivischen Vorentwürfen läßt sich rasch ein erster Gesamteindruck veranschaulichen. Besonders schnell können solche Zeichnungen auf speziellen Rasterpapieren für Zentralprojektionen (siehe Seite 150) erstellt werden.
Jeder Maler muß im räumlichen Sehen und in der räumlichen Vorstellung geschult sein. Darüber hinaus muß er von Gegenständen und von Innen- und Außenarchitektur ein räumliches Bild skizzieren können, damit sein Auftraggeber die geplante Arbeitsausführung schon vorher anschaulich erkennen kann. Beides läßt sich durch die konstruierte oder auch frei skizzierte Perspektive wirkungsvoll erreichen.
Die perspektivische Darstellung von Objekten aller Art gehört in das Gebiet des technischen Zeichnens. Es muß nämlich mit dem üblichen Zeichengerät sorgfältig konstruiert werden, wobei verschiedene Konstruktionsverfahren zu bewältigen sind. Perspektivisches Zeichnen ist streng an geometrische Gesetze und an genaues Aufmessen gebunden. Da unser handwerklicher Bereich nicht in natürlichen Ausmaßen aufgezeichnet werden kann, muß das Darzustellende maßstäblich verkleinert werden. Für die nicht gebundene Freihandperspektive, die der Maler gleichfalls in ausreichendem Umfang beherrschen sollte, ist die exakte Lineal- und Zirkelkonstruktion Voraussetzung. Sie ist also Grundlage für jede zeichnerische Bewältigung des gesehenen Raumes.

Einführung in die Grundbegriffe

Perspektivisches Zeichnen heißt: Die Wirklichkeit – der gesehene Raum mit seinen drei Ausdehnungen – ist auf der nur zweidimensionalen Zeichenebene so abzubilden, daß in allen Teilen ein naturgetreuer Bildeindruck entsteht. Dieses läßt sich erreichen, wenn bestimmte Naturgesetze bekannt sind und beachtet werden.
Abbildung **(162)** lehrt uns folgende Tatsachen:
Alle Senkrechten in der Natur stehen auch in der Zeichnung senkrecht.
Alle Waagerechten, die parallel zum Betrachter liegen, verlaufen auch im Bild waagerecht (parallel zur unteren Bildkante).
Alle in die Tiefe weisenden Geraden streben im Unendlichen auf eine waagerechte Linie, den Horizont, zu.
Alle vom Betrachter aus in die Ferne fliehenden Geraden von ständig gleichem Abstand treffen sich im Unendlichen an einem Ort, dem Fluchtpunkt F. Dieser befindet sich immer auf dem Horizont.
Alle Strecken, Flächen und Körper, die vom Betrachter weiter entfernt liegen, erscheinen zum Horizont hin ständig kleiner werdend. Die wahren Größenverhältnisse bestehen nur im unmittelbaren Vordergrund, den wir später Bildebene nennen werden.

Es lohnt sich, an deutlich perspektivischen Bildern (Fotografien) diesen wichtigen Tatsachen nachzuspüren und mit einem Lineal den Fluchtpunkt ausfindig zu machen. Man sollte auch versuchen, diesen Zentralpunkt auf dem Horizont durch Abschätzen festzulegen, um erst dann beides durch Fluchten des Liniengerüstes zu prüfen. Solche Übungen geben Sicherheit für das zuverlässige räumliche Sehen, welches für die spätere Zeichenarbeit Vorbedingung ist **(163)**.
Würden wir durch ein geschlossenes Fenster schauen und bei unveränderter Blickrichtung die Hauptkonturen des draußen Gesehenen mit schwarzer Wachskreide auf der Glasscheibe nachziehen, so erhielten wir ganz von selbst eine natürliche Bildwiedergabe (Perspektive), die ohne unsere Gedankenarbeit alle oben aufgeführten Naturgesetze berücksichtigt. Wir würden erstaunt sein, wie grotesk schief manche Linie verliefe. Bald jedoch müßten wir erkennen, daß das richtige Gesehene nur so abzubilden ist **(164)**.
Übrigens bedeutet die Übersetzung des Wortes Perspektive soviel wie »hindurchschauen«. Um richtig sehen zu lernen, hat selbst Albrecht Dürer mit solch einer Glasplatte die Kunst des Hindurchschauens (ars perspectiva) geübt.
Im folgenden werden noch einige der gefundenen Tatsachen erläutert, da sie für die Bildwirkung unserer Zeichnungen besondere Bedeutung haben.

162 Der perspektivische Blick

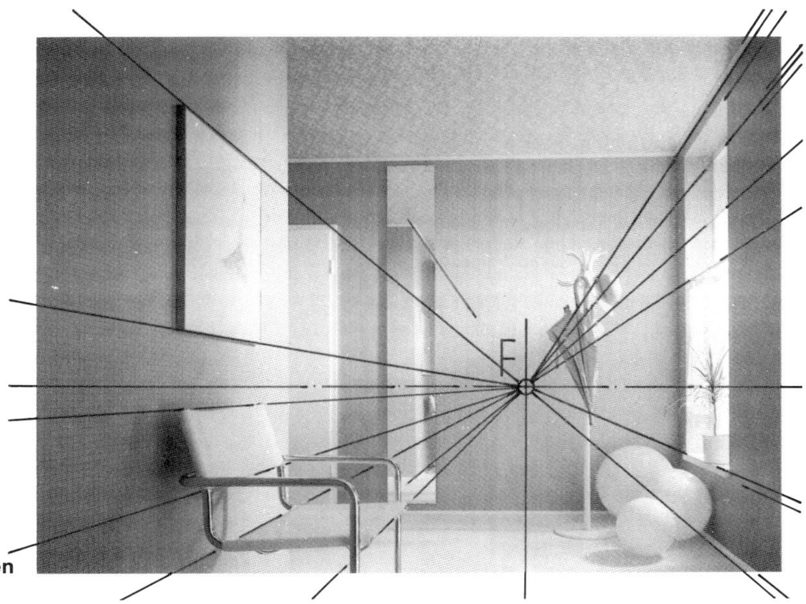

163 Fluchtpunkt orten

164 Durch die Scheibe geblickt

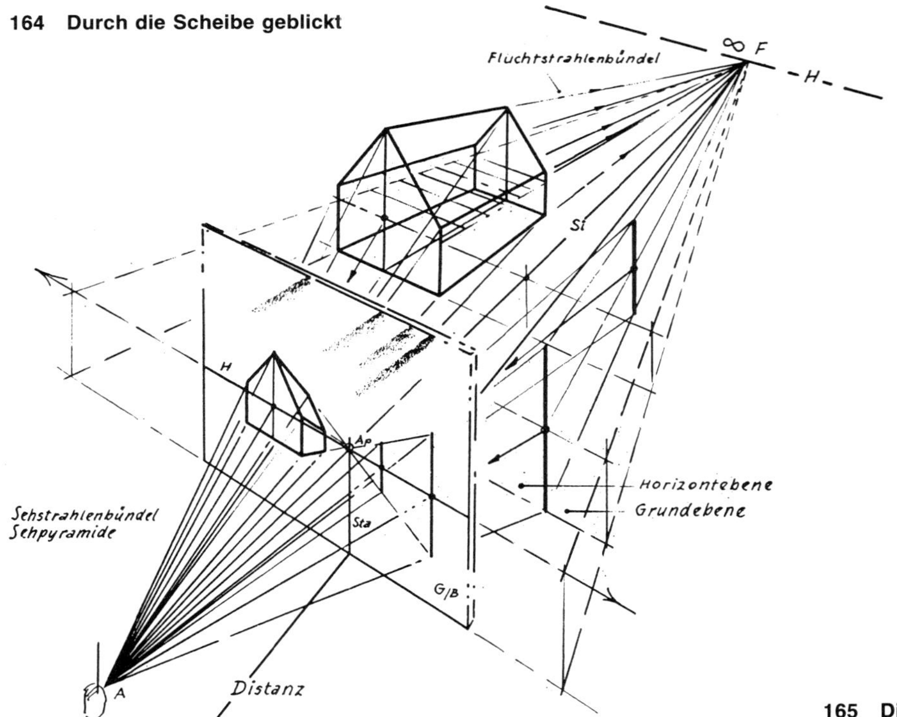

165 Die Augenhöhe

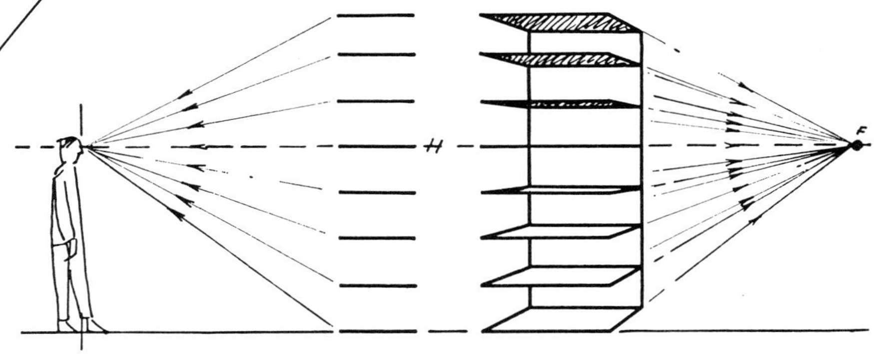

Der Horizont

Die Augenhöhe des Betrachters ist maßgebend für die Höhenlage des Horizontes. Was sich unter unserer Augenhöhe befindet, erleben wir in Draufsicht. Dinge über der normalen Augenhöhe sehen wir in Untersicht. Was sich uns gegenüber genau in Augenhöhe befindet, gestattet weder Drauf- noch Druntersicht.

In Abbildung **(165)** wird das Regalbrett in Augenhöhe des Betrachters nur als waagerechter Strich wahrgenommen. Dieser bildet dort, wo sich im Unendlichen Himmel und Erde scheinbar berühren, die Horizontlinie. Der Horizont verläuft also stets in Höhe unserer Augen. Ein Schwimmer besitzt nur einen nahen und sehr tiefen Horizont. Je höher der Standpunkt eines Betrachters liegt (Bergsteiger, Flieger, Astronaut), um so weiter und höher verlagert sich der Horizont. Daraus ergeben sich die Froschperspektive mit viel oder nur Untersicht **(166.d, 166.e)**, die Frontalperspektive mit natürlich verteilten Drauf- und Untersichten **(166.c)** und die Vogelperspektive mit vorwiegender oder alleiniger Draufsicht (Übersicht) in **(166.a, 166.b)**.

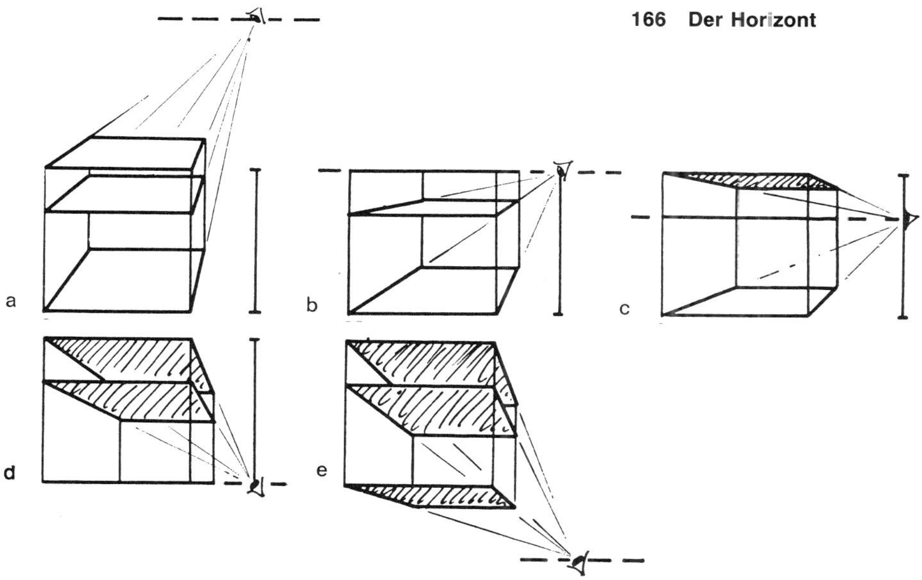

166 Der Horizont

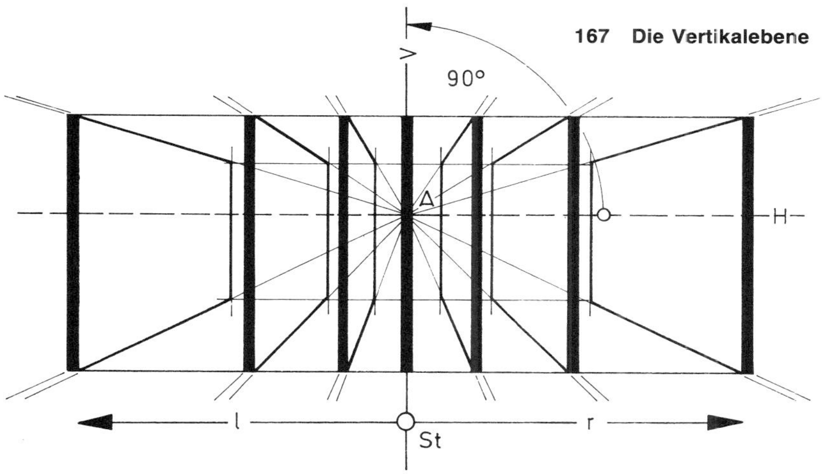

167 Die Vertikalebene

Dem Architekturzeichner sind folgende Maßangaben für die Augenhöhe zu empfehlen:
Frontalperspektive: Horizont in Augenhöhe ≈ 1,60–1,70 m. Das entspricht der Normalsicht, so wie unser Auge als »Kamera« die Umwelt aufzeichnet.
Vogelperspektive: Horizont ≈ 2 x Augenhöhe.
Froschperspektive: Horizont ≈ 1/2 Augenhöhe unterhalb der Grundebene.
Drehen wir die Ebene des Horizontes (H) um 90°, so erhalten wir eine Vertikalebene (V). Je weiter die Seitenwände rechts oder links von dieser »senkrechten« Ebene entfernt sind, um so größer wird ihre Flächenansicht. Die senkrechte Wand direkt gegenüber unserem Standpunkt (St) ist dann genau wie in Abbildung **(165)** nur als schmale Kante wahrzunehmen **(167)**.

Unter Horizontebene **(164)** ist die gedachte Fläche zu verstehen, die sich genau in Augenhöhe vom Standpunkt des Betrachters bis zum Horizont hin waagerecht, soweit unser Blickwinkel nach rechts und links reicht, erstreckt. Sie stellt unser Gesichtsfeld (unseren Gesichts*kreis*) dar. Wir werden sehen, am Horizont orientiert sich alles, was wir zu zeichnen wünschen.

Der Fluchtpunkt und Augpunkt

Wir haben gesehen, daß sich alle vom Betrachter zur Tiefe entfernenden Linien und Kanten von ständig gleichem Abstand in einem Fluchtpunkt (F) bündeln **(162)**. Dieser Fluchtpunkt liegt im Unendlichen auf dem Horizont (H) dem Betrachter genau gegenüber. Auf der Glasscheibe, die wir später Bildebene (G/B) nennen wollen, markiert er sich dort, wo die Standachse (Sta) – das ist die Senkrechte über der Position des Betrachters – die Horizontlinie schneidet. Hier bezeichnen wir ihn als Augpunkt (Ap). Das Auge (A) des Betrachters, der Augpunkt (Ap) auf der Bildebene (G/B), also unserem Zeichenblatt, und der Fluchtpunkt (F) auf dem wirklichen Horizont (H) liegen in der gleichen Ebene, die wir Horizontebene benannt hatten. Die Verbindung Auge – Augpunkt – Fluchtpunkt stellt die Sichtachse (Si) als eine gedachte Linie dar. Diese Sichtachse durchstößt also im Augpunkt die Bildebene. Abbildung **(164)** veranschaulicht das Geschehen beim Sehen und Zeichnen im Raum.

Die Fixierung des Augpunktes, in den alle fliehenden Geraden zentral einmünden, ist für die spätere Richtigkeit der Zeichnung ausschlaggebend. So wie ein hoch- bzw. niedriggelagerter Horizont eine dominierende Drauf- oder Druntersicht erleben läßt, so kann ein auf der Horizontlinie mehr nach rechts bzw. links versetzter Augpunkt die eine oder andere ihm gegenüberliegende Raumhälfte betonen. Ein Augpunkt, der in der senkrechten Bildmitte liegt, läßt nach beiden Seiten symmetrisch angeordnete Raumverhältnisse entstehen. Das führt in der Regel zu langweiligen Darstellungen. Wenn sich dazu noch die Horizontlinie in der waagerechten Mitte befindet, würde ein kontrastloses und damit unbefriedigendes Bild entstehen. So etwas sollte jedoch grundsätzlich vermieden werden.

Es gibt zwei Hauptgruppen von Perspektiven, die Zentralperspektive, auch Frontperspektive genannt, mit einer Fluchtung in dem zentral gelegenen Augpunkt und die Eckperspektive mit doppelter Fluchtung, auch Zwei-Punktperspektive genannt. Mit einem zentralen Augpunkt kommt man aus, wenn die darzustellenden Flächen, Körper oder Räume eine Kante bzw. Ansichtsfläche vollkommen unverzerrt, parallel zur Bildebene

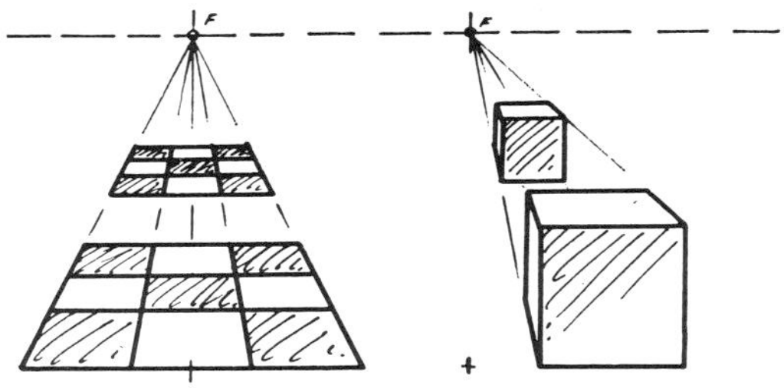

168 Die Zentralperspektive

liegen haben **(168)**. Zwei Fluchtpunkte sind erforderlich, wenn die zu zeichnenden Objekte zur Bildebene übereck gestellt sind, d. h., wenn nur eine Flächenecke oder eine Körperkante dem Auge am nächsten ist. Alle anderen Objektteile sind vom Betrachter weiter entfernt und daher zum Horizont hin immer stärker verkürzt **(169)**. Wie wir später sehen werden, verliert der Augpunkt bei der Eckperspektive für die Konstruktion völlig seine Bedeutung.

Im Gegensatz zu den bereits behandelten Parallel-»Perspektiven« (Axonometrien, die eigentlich keine Perspektiven sind) sprechen wir bei der wirklichen Perspektive von der Zentralprojektion, da alle fliehenden Linien zentral, entweder zu einem Fluchtpunkt oder zu zwei Fluchtpunkten gebündelt werden.

Nachdem die wesentlichsten Gesetzmäßigkeiten, die uns das Hindurchschauen durch eine Glasplatte verraten hat, geklärt sind, können wir uns der Konstruktion zuwenden. In dem folgenden Abschnitt sollen aber nur die einfachsten und wichtigsten Konstruktionsverfahren, mit denen jeder Maler und Raumgestalter auskommen kann, gezeigt werden. Wer tiefer in die Geheimnisse dieser Zeichenkunst eindringen möchte, findet in der Spezialliteratur weitere Anregungen.

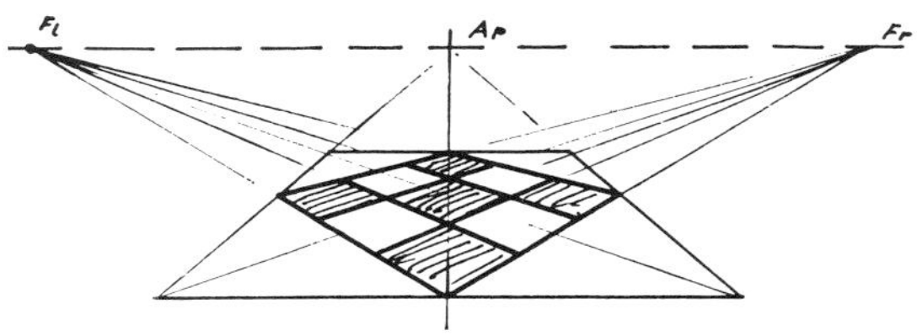

169 Die Eckperspektive

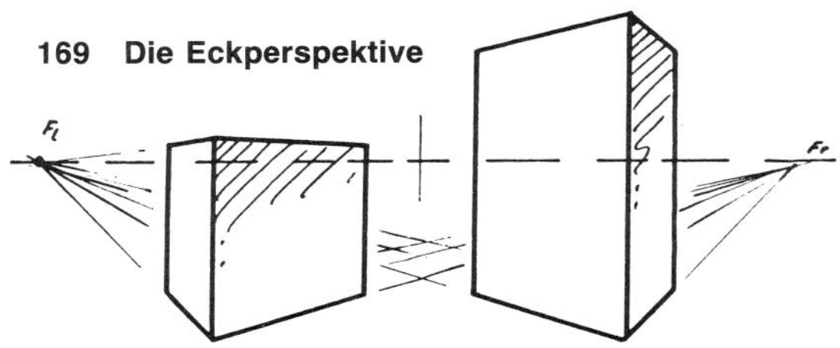

Sie erfordert mit Hilfe von Sehstrahlen den einfachsten Konstruktionsgang. Für den Maler und Raumgestalter ist sie außerdem die gebräuchlichste perspektivische Darstellungsart, da sie neben den Fußboden- und Deckenflächen drei Raumwände wirkungsvoll zeigen kann. Die Eckperspektive macht dagegen nur zwei Wände sichtbar **(170, 171)**. Mit einem Schachbrett, das ein Ausschnitt aus einem Fußboden sein könnte, und einer Glastafel soll noch einmal das perspektivische Sehen, das Hindurchsehen, demonstriert werden **(172)**. Betrachten wird den Grundriß G = Draufsicht:

Im Standpunkt St befindet sich der Beschauer (Zeichner) und blickt auf den Fußbodenausschnitt ABCD. Zwischen ihm und dem zu zeichnenden Objekt steht die bedeutungsvolle Glastafel (Bildebene) G/B. Sein Blick tastet nun die Fußbodenpunkte 8, 7 und D ab. Im Grundriß und sehr deutlich im Seitenriß S erkennen wir, wie sich die betreffenden Sehstrahlen Se auf der Glasplatte markieren (8_{II} 7_{II} D_{II}).

An dieser Stelle sei noch etwas zu den Sehstrahlen bemerkt: Aus dem physikalischen Bereich der Optik ist bekannt, daß unser Sehvorgang sich nur bei Licht ereignen kann. Dieses Sehen geschieht dadurch, daß von sämtlichen Gegenstandsbereichen, auf die gerade unsere Augen gerichtet sind, Licht auf die Netzhaut ins Augeninnere reflektiert wird. Diese gerichtete Lichtbewegung vom Objekt in das Auge des Betrachters wird in unseren Abbildungen durch das Sehstrahlenbündel verkörpert. Nun wenden wir uns dem darüberliegenden Aufriß A zu, der die volle Flächenansicht der Glastafel (Bildebene = Zeichenblock) zeigt. Der zentrale Augpunkt Ap liegt – wie wir schon wissen – dort, wo sich der Horizont H (= maßstäblich abgetragene Augenhöhe Ah) mit der Standachse Sta (= vom Standpunkt aus verlängerte Sichtlinie Si) schneidet. Da bei der zentralen Frontperspektive die vordere Objektkante AB unverzerrt, parallel zur Glasplatte verläuft, erhält man im Aufriß die Bildpunkte $A_I B_I$ und $1_I 2_I$ durch Errichten von Senkrechten in den Grundrißpunkten D, C und 6, 5. Von A_I und B_I und 1_I und 2_I fluchten wir zum Augpunkt. Die Lage der horizontalen Schachbrettlinien finden wir im Aufrißbild, wenn in den Grundrißpunkten 8_{II} und 7_{II} und D_{II} die Senkrechten errichtet werden, bis sie die Strecke $A_I Ap$ in den Punkten $8_I 7_I$ und D_I schneiden. Zuletzt sind durch diese drei Punkte die Waagerechten zu ziehen. Der Seitenriß S, der später für die eigentliche Konstruktion nicht benötigt wird, soll zusammen mit den beiden anderen Ansichten das Räumliche des Sehvorganges besonders plastisch werden lassen. Auch bei der Seitenansicht ist die Glastafel mit ihren Markierungspunkten nach hinten in die Position G/B gestellt worden. Die Markierungen der Sehstrahlen auf G/B sind mit Zirkelschlägen in die Ebene projiziert, so daß ihre waagerechten Verlängerungen im Aufriß ebenfalls die Schachbretthorizontalen ergeben. Jetzt ist die Draufsicht auf den Fußbodenausschnitt perspektivisch richtig dargestellt.

170 Zentralperspektive = 3 Wände

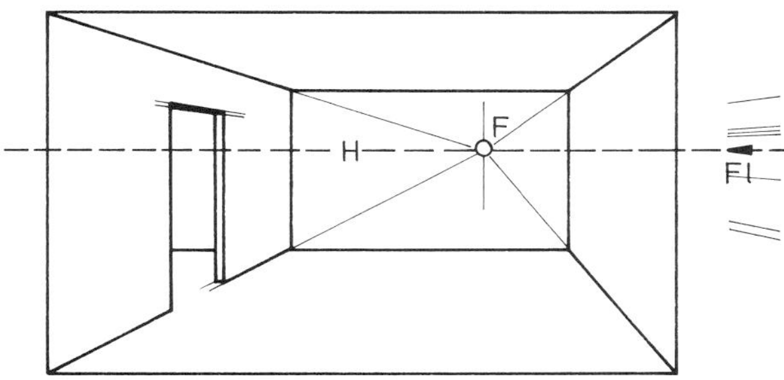

171 Eckperspektive = 2 Wände

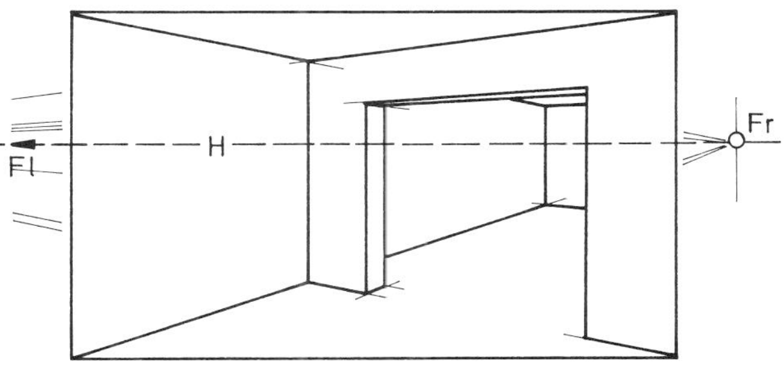

172 Sehvorgang im Grund-, Auf- und Seitenriß

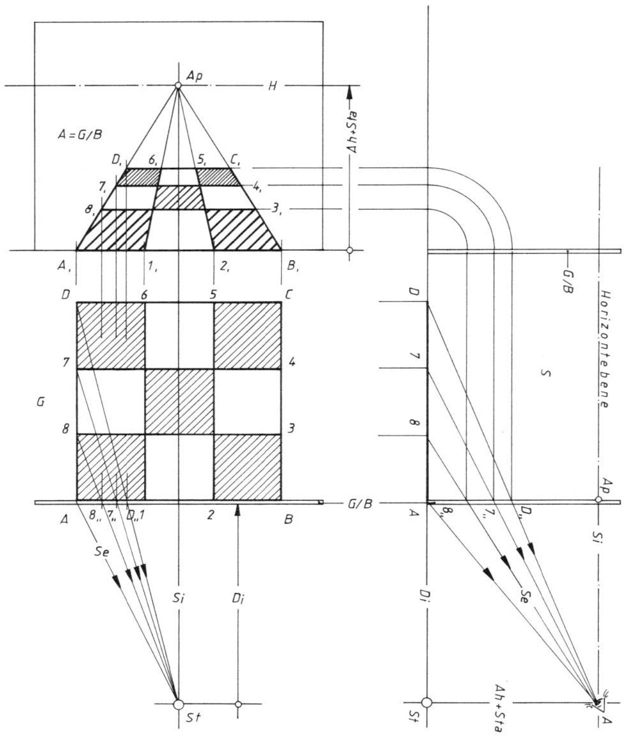

173 Zentralperspektive mittels Sehstrahlen

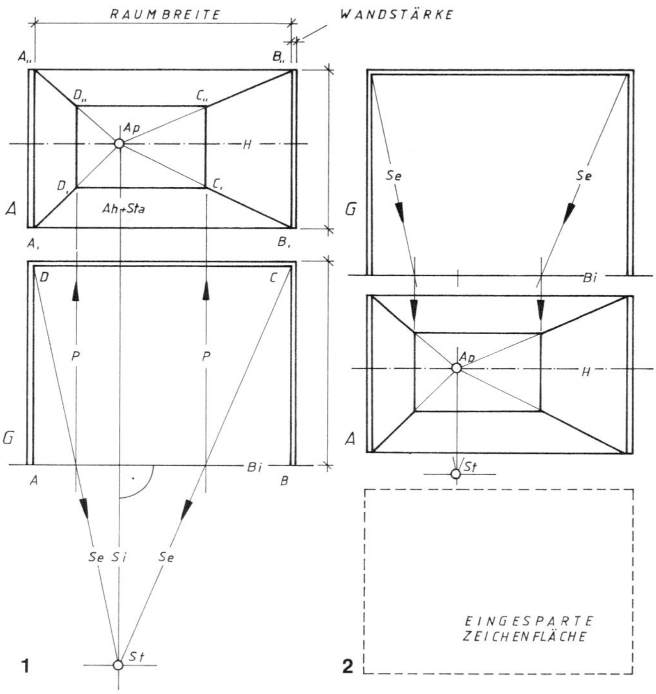

Dieses Beispiel mit Schachbrett und Glastafel haben wir mit Sorgfalt räumlich zu durchdenken. Es wird die Grundlage für alle weiteren Konstruktionen bilden. Jetzt ist es notwendig, nochmals Abbildung **(164)** zu betrachten. Wenn wir mit einem Lineal vom Giebel des Gebäudes und von den senkrechten Stangen rechts im Bild die Sehstrahlen zum Auge des Betrachters nachbündeln, erleben wir, wie sich auf der Glasscheibe die anvisierten Punkte markieren. Diese Bildpunkte brauchen nur noch mit dem Augpunkt verbunden zu werden, und die Perspektive ist fertig.

Die Zentralperspektive mittels Sehstrahlen

Nachdem die Gesetze des räumlichen Sehens gründlich studiert wurden und alle bisher behandelten Regeln des technischen Zeichnens sicher beherrscht werden, kann mit der perspektivischen Darstellung eines Raumes begonnen werden.
Die Konstruktion folgt genau dem Beispiel »Schachbrett-Glastafel« **(172)**.
Abbildung **(173)**: Der Grundriß mit dem darüberliegenden Aufriß ist im gewünschten Maßstab zu zeichnen. Unterhalb des Grundrisses ist der Standpunkt festzulegen. Je nachdem, ob die rechte oder die linke Wand betont sichtbar werden soll, ist er nach der einen oder anderen Seite aus der Mitte zu verlegen. Die Entfernung Standpunkt-Bildebene = Distanz D soll der Entfernung Bildebene-Grundrißrückwand gleichen. Das ergibt den günstigsten Raumeindruck. Im Aufriß, in dem das perspektivische Bild entstehen soll, ist die Horizontlinie (Augenhöhe = 1,65 m) maßstäblich einzutragen. Die Sichtachse über dem Standpunkt schneidet den Horizont im Augpunkt. Nun werden im Grundriß die hinteren Raumecken C und D mittels der Sehstrahlen anvisiert. Diese Strahlen schneiden die Bildebene. Über diesen Schnittpunkten werden bis in den Aufriß hinein als Projektionslinien (P) Senkrechte errichtet. Die Fluchtlinien der vorderen Raumecken $A_I B_I$ und A_{II} B_{II} schneiden die Senkrechten in den Punkten C_I D_I und C_{II} D_{II}. Damit sind Fußboden und Decke und drei Wände des Raumes festgelegt.
Diese Konstruktionsanordnung verlangt viel Papierfläche. Es empfiehlt sich daher, später so vorzugehen, daß der Aufriß unter den Grundriß, also zwischen Standpunkt und Bildebene zu liegen kommt **(173.2)**.
Bei diesem Verfahren werden in den Schnittpunkten auf der Bildebene keine Senkrechten als Projektionslinien errichtet, sondern Lote in den darunterliegenden Aufriß gefällt. Der weitere Konstruktionsgang bleibt der gleiche wie in Abbildung **(173.1)**. Selbstverständlich konstruieren wir perspektivische Darstellungen auf dem Reißbrett mit einer langen Reißschiene, besser auf großen Zeichenplatten. Nur so lassen sich alle Linien ohne unnötige Meßarbeit winkelgetreu ziehen. Es ist außerdem zu beachten, daß alle Konstruktionslinien – das sind die Projektionslinien (Senkrechte bzw. Lote), die Sehstrahlen und die Fluchtlinien – mit hartem Blei als feine Haarstriche zu ziehen sind. Nach einiger Zeichenerfahrung führen wir diese Konstruktionslinien nicht mehr von Punkt zu Punkt durch, sondern wir markieren sie nur noch dort, wo sie für die später fett auszuziehenden Bildkanten gebraucht werden. So entsteht durch das sonst unvermeidbare Liniengewirr kein heilloses Durcheinander. Außerdem ist für das Erreichen eines unverzerrten Abbildes genaues Konstruieren Vorbedingung.

Der wirkungsvolle Bildeindruck

Dieser wird erreicht, wenn je nach Absicht der Horizont und der Augpunkt **(174)**, die Distanz, das Format und der Ausschnitt **(175)** mit Überlegung gewählt werden. Die wichtigsten Bildfaktoren sind hier zusammengefaßt **(174)**:
Horizont in normaler Augenhöhe = natürlicher Blick über Fußboden und Decke **(174.1)**.
Horizont in der Mitte = Boden und Decke sind gleiche Trapeze **(174.5)**.
Horizont über normaler Augenhöhe = großflächiger Boden, der Raum erscheint niedriger und tiefer, er wird zum Keller **(174.4)**.
Horizont unter normaler Augenhöhe = großflächige Decke, der Raum wird zur Halle **(174.3)**.
Augpunkt in der Mitte = rechte und linke Wand sind gleich **(174.5)**.
Augpunkt seitlich verschoben = eine Wand ist mehr oder weniger betont **(174.2)**.
Wenn der Aufriß um 90° gedreht aufrecht ge-

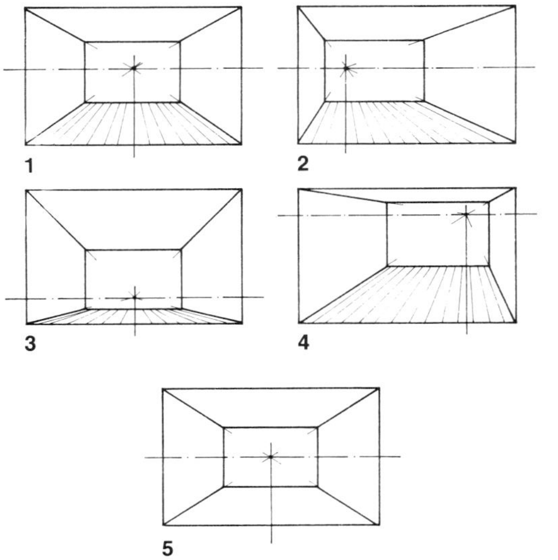

174 Bildfaktor – Horizont und Augpunkt

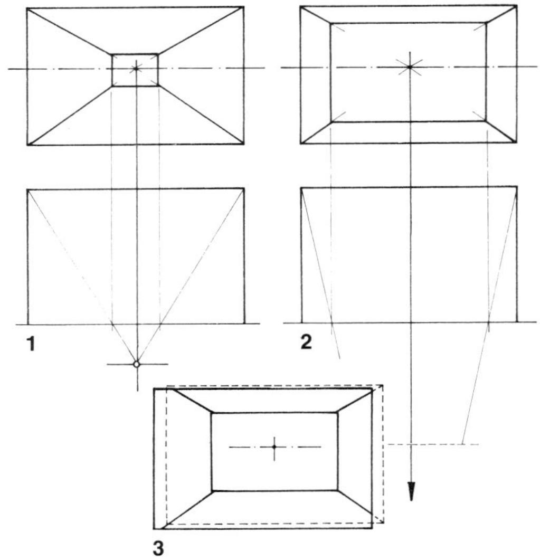

175 Bildfaktor – Distanz und Ausschnitt

stellt wird, dann kann die Standpunktlinie mit dem Augpunkt als »Horizont« für die Seitenwände angesehen werden.
Eine langweilige Ansicht kommt zustande, wenn der Horizont und der Augpunkt in der Bildmitte liegen. Dann entsteht eine kontrastlose Symmetrie der vier Raumflächen. Außerdem würden sich die Raumkanten mit den Bilddiagonalen decken **(175)**:
Distanz zur Bildebene überkurz = Raum wird zur tiefen Halle **(175.1)**.
Distanz zur Bildebene überlang = Raum wird zum flachen Schaufensterkasten **(175.2)**.
Format = muß zum Raum passen und die Bildwirkung steigern.
Ausschnitt = ist unvorteilhaft, wenn die Dekkenkanten und Fußleisten direkt in den Ekken beginnen. Daher ist das Bildrechteck nach abgeschlossener Konstruktion so zu verschieben, daß nicht jede Raumkante allen vier Ecken des Bildrechtecks zustrebt **(175.3)**.
Wenn diese Bildfaktoren, wie wir sie von der Fotografie her kennen, vor Konstruktionsbeginn beachtet und in meisterlichem Zusammenwirken eingesetzt werden, sind die Voraussetzungen auch für eine ästhetisch befriedigende Zeichnung gegeben.
Abbildung **(176)** zeigt, wie Wandöffnungen, Möbel und andere Gegenstände im Raum perspektivisch zu erfassen sind. Im Grundriß müssen die Standpunkte (siehe Deckenlampe) und Standflächen der darzustellenden Objekte eingetragen werden. Bei Wandöffnungen werden die Mauerstärken für die Futter- und Nischenbreiten eingezeichnet. An den Aufrißseiten markieren wir ebenfalls die Mauerstärken, und von den Öffnungen und Gegenständen die Höhenmaße. Nachdem die Raumflächen auf die uns schon bekannte Weise perspektivisch festgelegt sind, wird jedes Ding einzeln vom Standpunkt aus anvisiert. Die Schnittpunkte auf der Bildebene werden in den Aufriß gelotet. Nun ist die wahre Ansicht dieser Gegenstände vorn auf der Bildebene des Aufrisses (Glasscheibe) festzulegen, indem wir ihre Grundrißpunkte herunterloten (GL = Grundrißlote) und ihre Aufrißhöhen diese Lote schneiden lassen. Wenn jetzt die Vordergrundpunkte gefluchtet werden, so daß sie die Bildebenenlote (BL) schneiden, erblicken wir den Gegenstand perspektivisch verkleinert am richtigen Platz im Raum stehend.
Die Höhenlagen von Flächen oder Öffnungen auf der Rückwand (siehe die Bilder auf der Rückwand) werden folgendermaßen gefunden: Die wahren Höhen, die auf der rechten oder linken Aufrißseite abgetragen wurden, werden bis in die betreffende hintere Raumecke gefluchtet. Durch diese Schnittpunkte sind Waagerechte über die Rückwandfläche zu ziehen, bis diese die zum Objekt gehörenden Bildebenenlote schneiden.

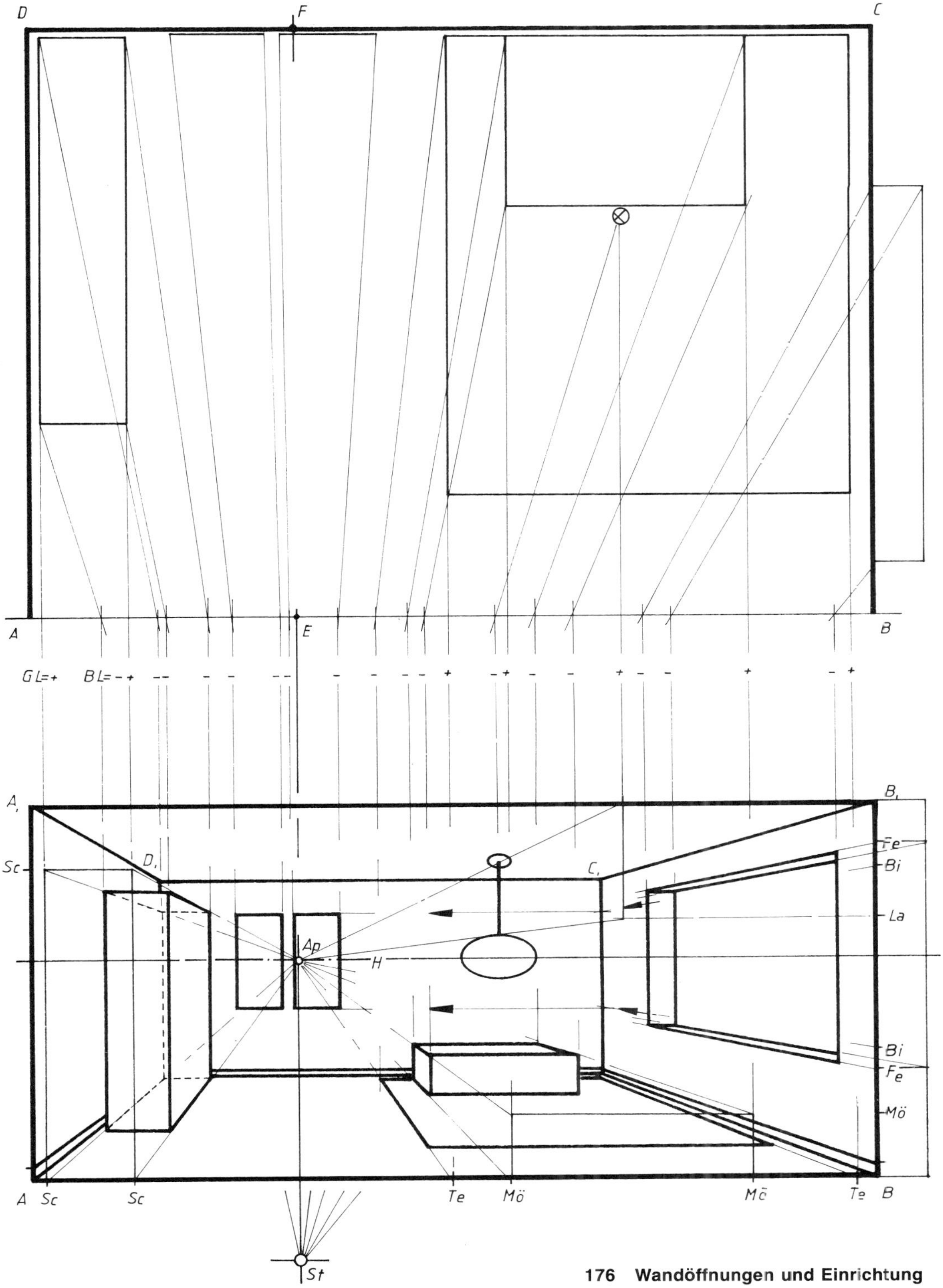

176 Wandöffnungen und Einrichtung

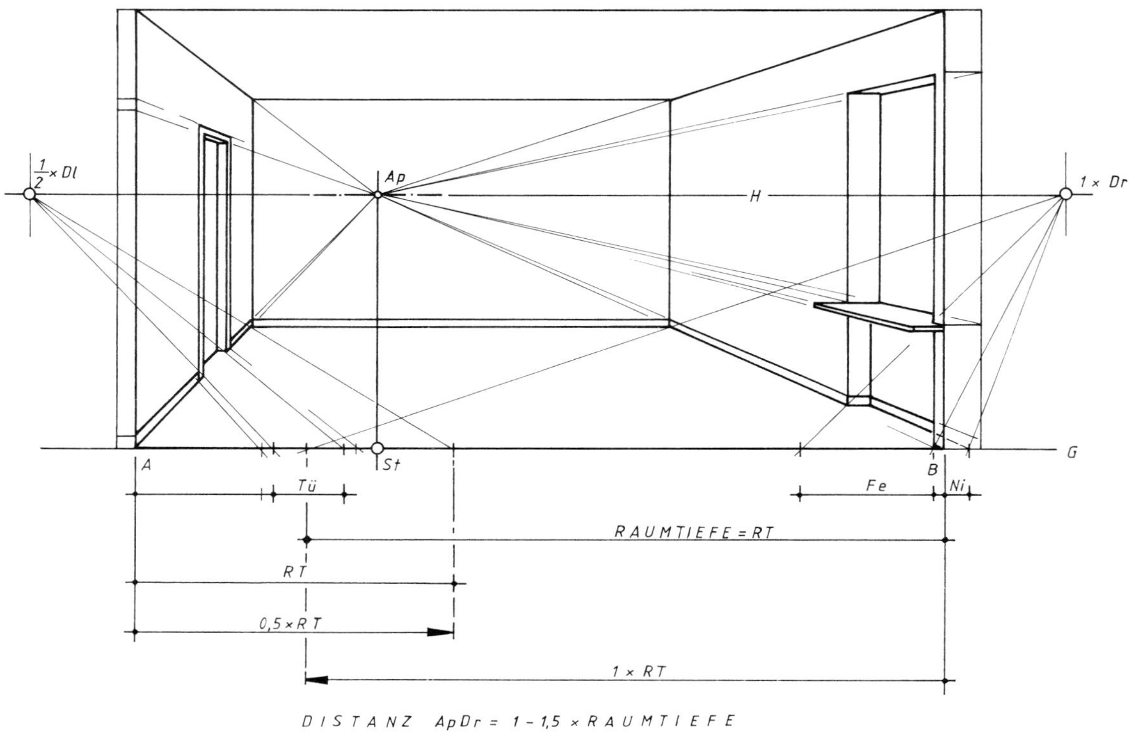

177 Zentralperspektive mittels Distanzpunkten

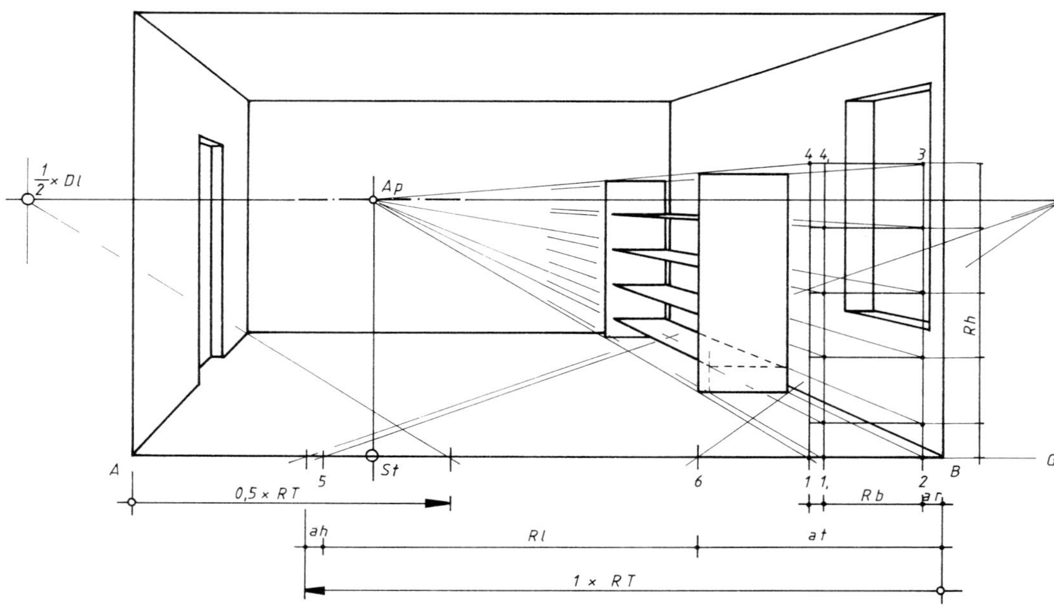

178 Einrichtungen mittels Distanzpunkten

Zusammenfassend nochmals der Arbeitsplan für das Erstellen einer Zentralperspektive:

1. Die maßstäbliche Vorarbeit

Festlegung des gewünschten oder möglichen Maßstabes.

Aufzeichnung des Grund- und Aufrisses.

Wahl des Standpunktes mit seiner Distanz und der Horizontlinie mit dem Augpunkt.

Einzeichnung der Mauerstärken mit den Wandöffnungen im Grund- und Aufriß.

Einzeichnung der Standpunkte und Standflächen aller darzustellenden Objekte in den Grundriß.

Einzeichnung der Objekthöhen an den senkrechten Aufrißseiten.

2. Die perspektivische Konstruktion

Raumflächen, Wandöffnungen und Gegenstände werden durch Anvisieren, Loten und Fluchten perspektivisch konstruiert.

Zum Maßstab sei noch folgendes angeführt: Nicht zu klein arbeiten, besonders nicht der Anfänger. Schaubilder von Innenarchitektur sollten möglichst im Maßstab 1:10 konstruiert werden. Bei Raumbreiten von 4 m käme man mit einem DIN A 2-Bogen im Hochformat aus. Die Perspektive mit Distanzpunkten (siehe Erklärungen zu **(177)**) gestattet auf DIN A 2-Querformat Raumbreiten bis zu 5,50 m. Bei größeren Objekten ist entweder ein kleinerer Maßstab zu wählen, oder wir arbeiten auf größeren Formaten.

Die Zentralperspektive mittels Distanzpunkten

Diese Konstruktion hat gegenüber dem Verfahren mit den Sehstrahlen einen beachtlichen Vorteil. Wir können für die Darstellung die ganze Papierfläche ausnutzen, weil kein Grundriß aufgezeichnet zu werden braucht. Bei der bisher dargestellten Perspektive werden die Tiefen durch Sehstrahlen bestimmt. Diese Konstruktion ist zuerst behandelt worden, weil sie dem Geschehen beim räumlichen Sehen besonders anschaulich folgt. Bei dem nun zu erarbeitenden Verfahren werden die Tiefen durch zwei Distanzpunkte ermittelt. Abbildung **(177)** zeigt uns den Konstruktionsgang für die Darstellung der Raumflächen mit ihren Wandöffnungen. Der Raum ist maßstäblich im Aufriß mit seiner Breite und Höhe als Rechteck zu umreißen. Die Horizontlinie wird in normaler Augenhöhe eingetragen. Auf ihr ist wieder der Augpunkt nach den uns bekannten Regeln zu markieren. Nun werden vom Augpunkt aus zwei Distanzpunkte Dl Dr auf der Horizontlinie festgelegt. Die Distanz ist, wie wir wissen, die Entfernung vom Standpunkt zur Bildebene. Sie soll bei diesem Konstruktionsverfahren die ein- bis anderthalbfache Raumtiefe betragen. Wenn der Zeichenbogen auf dem einen Horizontabschnitt für das Abtragen der vollen Distanz keinen Platz bietet (**177**, linke Distanz), so kann diese Distanz z. B. um die Hälfte gekürzt werden ($^1/_2$ Dl). Links und rechts von unserem Aufrißrechteck tragen wir alle erforderlichen Höhen ein. Auf der Grundlinie G messen wir sämtliche Tiefen von der Raumecke A oder B ausgehend ab. Dabei ist zu beachten, daß auf der Konstruktionsseite, wo nur die halbe Distanz abgetragen werden konnte, alle Tiefenabmessungen zu halbieren sind. Jetzt können alle Höhen der Reihe nach von den Aufrißseiten zum Augpunkt gefluchtet werden. Die räumlichen Tiefen bekommen wir, wenn die maßstabgetreuen Tiefenmarkierungen auf der Grundlinie mit dem seitenrichtigen Distanzpunkt verbunden werden. So erhalten wir Schnittpunkte auf den dazugehörigen Fluchtlinien. Wenn in diesen Schnittpunkten, die sich auf den rechten beziehungsweise auf den linken Fußbodenfluchtlinien befinden, Senkrechte bis zu den Höhenfluchtlinien errichtet werden, erblikken wir die betreffende Wandöffnung an dem räumlich richtigen Standort.

Abbildung **(178)** zeigt uns, wie Gegenstände, die sich im Raum befinden, mit Hilfe der Distanzpunkte gezeichnet werden. Die Höhen des in der hinteren rechten Raumecke stehenden Regals tragen wir neben oder direkt auf der rechten Aufrißseite ab. Die Regalbreite Rb mit dem Abstand ar von der rechten Wand wird auf der Grundlinie von B aus abgetragen. Alle in den Raum fliehenden Tiefen des Möbels (at = Tiefenabstand des Regals von der Bildebene, Rl = Regallänge) mit dem hinteren Wandabstand ah werden gleichfalls von B aus nach links eingezeichnet. Nun sind in den Breitenpunkten auf der Grundlinie Senkrechte zu errichten, welche durch die von der Seite herübergezogenen Höhen begrenzt werden. So erhalten wir vorn auf der Bildebene die echte Seitenansicht

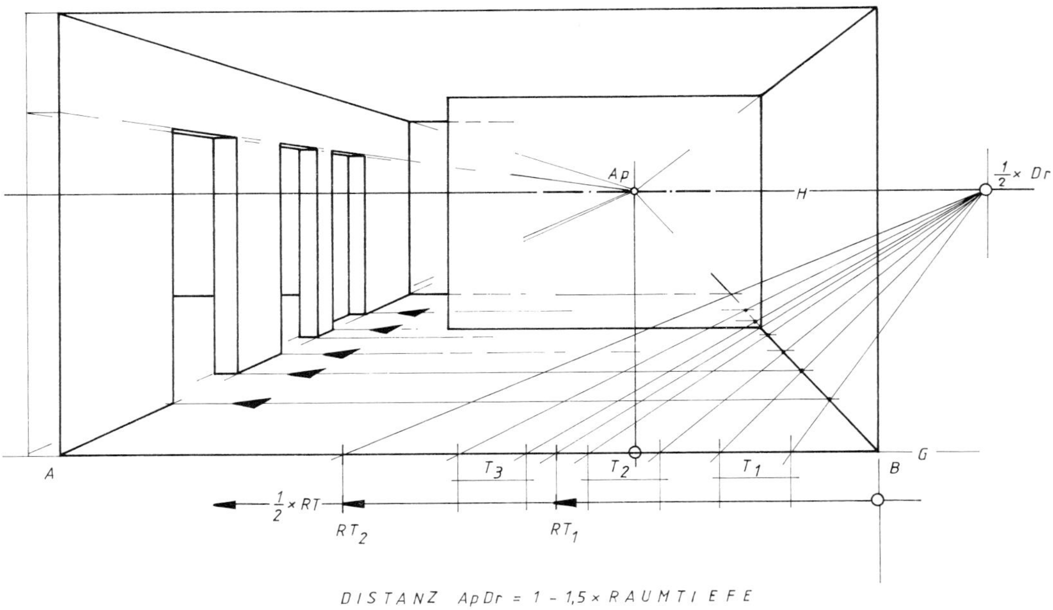

179 Zentralperspektive mittels einem Distanzpunkt

des Regals (siehe die Punkte 1/2/3/4). Danach sind alle Breitenpunkte $1/1_I/2$ auf der Grundlinie und alle Höhenlagen $4/4_I/3$ zu fluchten. Wir erkennen jetzt deutlich die perspektivische Verjüngung des prismatischen Körpers in Richtung Augpunkt. Die Verbindung der Tiefenpunkte 5 und 6 zum Distanzpunkt rechts schneidet ihre betreffende Fluchtlinie (2). Durch Waagerechte, die die Fluchtlinien 1 und 2 schneiden, ist die perspektivisch richtige Tiefenlage des Regals im Raumbild festgelegt. In diesen Schnittpunkten sind nur noch die Senkrechten bis zu den oberen Fluchtlinien 4 und 3 zu errichten, und die Umrisse des kastenförmigen Möbels sind deutlich erkennbar geworden.

Die Zentralperspektive (Frontperspektive) läßt sich auch mit nur einem Distanzpunkt konstruieren. Bei diesem Verfahren kann für das eigentliche Schaubild auf dem Zeichenkarton noch mehr Fläche gewonnen werden **(179)**. Die maßstäbliche Raumtiefe mit allen Tiefenmaßen für Türen, Fenster und andere darzustellende Raumobjekte wird hierbei auf der Aufrißgrundlinie nur auf der Seite abgetragen, auf der auch der Distanzpunkt festgelegt wurde. In unserem Beispiel ist die Entfernung des Distanzpunktes (= ½ × RT) verringert, um Zeichenfläche zu sparen. Es ist dann – wie bereits gesagt – zu beachten, daß auch alle Raumtiefen um ihre Hälften zu kürzen sind. Öffnungen, die sich auf der dem Distanzpunkt gegenüberliegenden Wand befinden, müssen allerdings von den sich in unserem Beispiel nur rechts ergebenden Fluchtlinienschnittpunkten zur links gegenüberliegenden Wand herüberprojiziert werden.

Die Distanzschnittpunkte für die Türen links entstehen auf der rechten Fußleistenfluchtlinie. Daher müssen diese Schnittpunkte über den Fußboden waagerecht verlaufend zur linken Fußleistenfluchtlinie projiziert werden. So erhalten wir die Punkte für die perspektivisch richtige Lage der Türen auf der linken Wand.

Hiermit sind alle Konstruktionsgänge für die beiden Arten der Zentral- oder Frontperspektive dargestellt und erklärt. Abschließend sei das Hauptsächliche dieser Raumbetrachtungs- und Raumdarstellungsweise zusammengefaßt:

Die Frontperspektive mit ihrer zentralen Fluchtung liegt nur dann vor, wenn der Be-

trachter seinen Standpunkt frontal gegenüber der Hauptansichtsfläche einnimmt. Mit diesem einen zentralen Fluchtpunkt, an dem sich unser ganzes Zeichnen orientiert, kommt man nur aus, wenn alle Körper mit ihren Grundrissen im Raum parallel zueinander angeordnet sind.
Daraus ergeben sich drei Richtungen:
Waagerecht = parallel zu der oberen und unteren Papierkante verlaufen alle Breiten.
Senkrecht = parallel zur rechten bzw. linken Papierkante verlaufen alle Höhen.
Zentral = zum Fluchtpunkt führen alle Tiefen.

Die wesentlichsten Richtungen sind die Fluchtlinien **(180)**. Hier sind unsere Richtlinien (Richtschnur). Durch sie finden und halten wir die zentrale Richtung. Wir brauchen nur innerhalb dieses Richtschnurbündels die Senkrechten und Waagerechten einzubinden, und wir werden uns nicht verirren. Unsere Zeichnung wird richtig. Diese Erkenntnis sollten wir einmal nachprüfen, indem wir mit unserem Zeichengerät dichte Strahlenbündel zu verschiedenen Fluchtpunkten ziehen, um danach durch Senkrechte und Waagerechte zunächst Flächen, später Kuben und Prismen einzuflechten (vgl. **188, 199**).

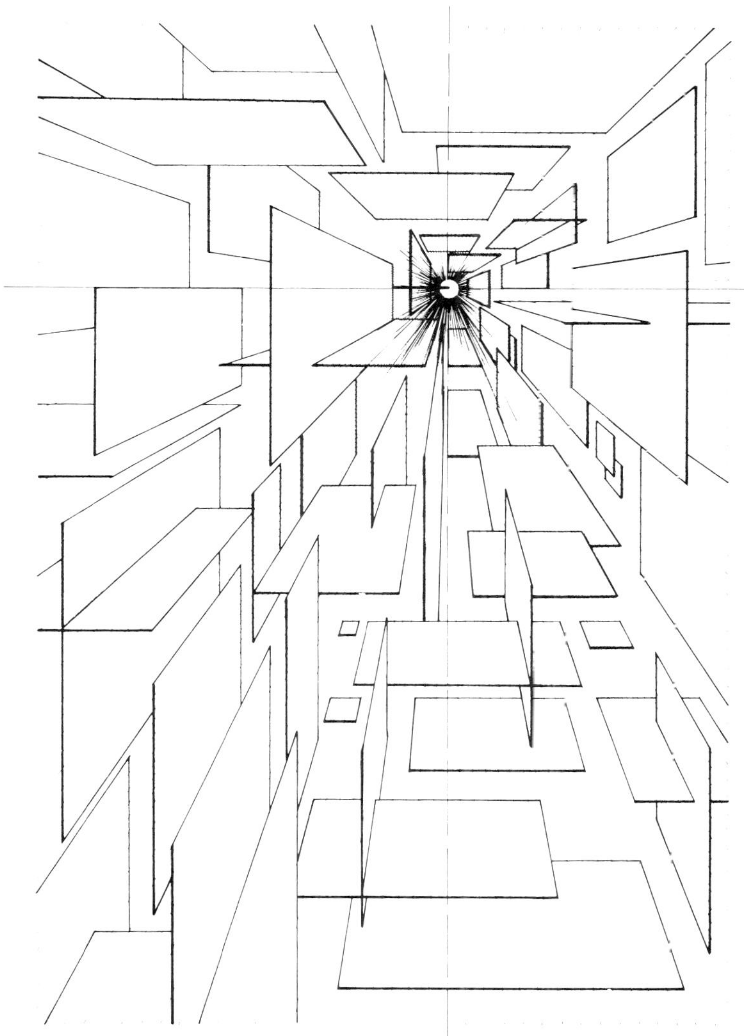

180 Fluchtlinien = Richtschnüre

DIE ECKPERSPEKTIVE MITTELS SEHSTRAHLEN

Diese Konstruktion – sie wird auch als Zwei-Punktperspektive bezeichnet – ergibt besonders eindrucksvolle Schaubilder von Innenarchitektur. Sie zeigt allerdings nur zwei Raumwände (vgl. **170, 171**). Für die Darstellung eines einzigen Körpers oder Gebäudes kann nur die Eckperspektive benutzt werden, da es bei der Frontansicht niemals eine Seitenansicht gibt (vgl. **140.1,2**). Abbildung **(181)** zeigt das Konstruktionsschema für die Darstellung eines Prismas. Um Platz zu gewinnen, wurde der Aufriß zwischen Standpunkt und Grundriß (Bildebene) gelegt.

1. Die maßstäbliche Vorarbeit

Festlegen des gewünschten oder möglichen Maßstabes.

Aufzeichnen des übereck gestellten Grundrisses (Winkel α und β sollen nicht gleich sein) an der oberen Zeichenbogenkante.

Wahl des Standpunktes und der Bildebene Bi. In unserem Beispiel berührt die Grundrißecke A die Bildebene Bi. Der Standpunkt liegt der Ecke A gegenüber. Der Lotstrahl L (eineinhalb- bis zweimal die größte Grundrißausdehnung DB) läuft also durch A. L stellt als Sichtachse die Distanz dar.

Festlegen der Horizontlinie H mit der Markierung des Augpunktes.

Ziehen der Grundlinie G mit den senkrecht darüberstehenden Höhenmaßen (h) für den Aufriß.

Der linke und rechte Fluchtort werden festgelegt, indem man durch den Standpunkt St die Parallelen zu den Grundrißkanten AB und AD zieht. Diese beiden Parallelen schneiden die Bildebene in den Punkten Pr und Pl. Die von hier aus gefällten Lote schneiden die Horizontlinie in den für die Eckperspektive notwendigen Fluchtorten Fr und Fl. Hier erkennt man deutlich einen Unterschied zur Frontperspektive. Die Eckperspektive hat zwei Fluchtorte, die nicht mit dem Augpunkt zusammenfallen. Er ist daher ohne jede Bedeutung.

181 Eckperspektive mittels Sehstrahlen

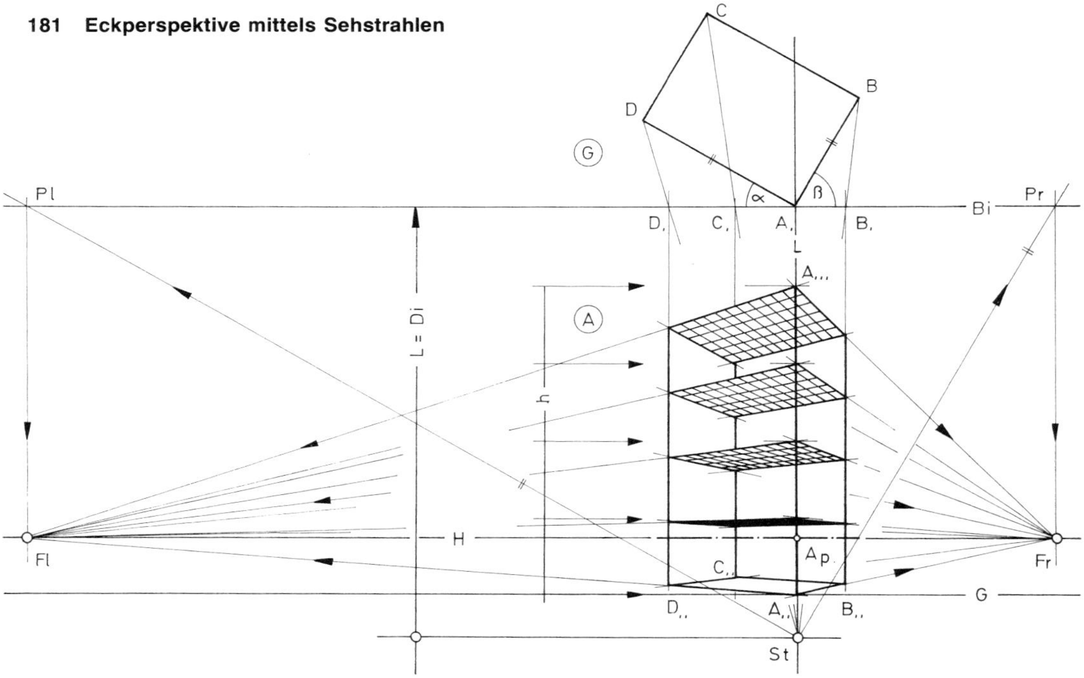

2. Die perspektivische Konstruktion
Die Grundrißpunkte B, C und D sind vom Standpunkt aus mittels Sehstrahlen anzuvisieren. Von den so erhaltenen Schnittpunkten auf der Bildebene werden Lote in den Aufriß bis auf die Grundlinie gefällt und die Höhenmarkierungen durch Horizontale auf den Lotstrahl (= Distanz) abgetragen. Die Linie A_{II} und A_{III} ist die maßstäbliche Kante des Prismas, da sie vorn in der Bildebene liegt. Sie wird auch als »Maßkante« bezeichnet, weil auf ihr alle Höhenmaße maßstäblich abgetragen werden können.
Von den Höhenpunkten auf A_{II} A_{III} sind alle Kanten, die nach links beziehungsweise rechts fliehen, mit dem linken oder rechten Fluchtort zu verbinden. Durch die so erhaltenen Schnittpunkte auf den Bildebenenloten gelangen wir zur fertigen perspektivischen Ansicht.
Wenn wir die Körperumrisse fetter nachziehen, erkennen wir, wie die untereinander parallelen Kanten in den entsprechenden Fluchtorten zusammenlaufen.

Konstruktionsschritte

Als Beispiel verwenden wir die Darstellung eines Gebäudes mit Satteldach.
1. Die Grundkonstruktion **(182.1)**
Den Grundriß ABCD legen wir schräg auf den Zeichenkarton. Soll der linke Giebel gezeigt werden, muß die Hauptfassade nach rechts zeigen. Der Winkel von 30° ergibt ein natürliches Bild.
Durch die Grundrißecke A ziehen wir waagerecht die Bildebene Bi.
Die Grundrißdiagonale DB wird halbiert, um von hier aus den Lotstrahl L für den Standpunkt St nach unten zu ziehen. Für ein proportionsgerechtes Schaubild soll die Entfernung von der Bildebene zum Standpunkt $1^1/_2$–2 × DB (= Grundrißdiagonale) betragen.
Vom Standpunkt sind nun zu den Grundrißkanten AB und AD Parallelen als Hauptsehstrahlen Hr und Hl zu ziehen. Diese schneiden die Bildebene in Pr und Pl.
2. Fluchtorte und Höhen **(182.2)**
Zum besseren Verständnis der Konstruktionsschritte sind in Abbildung **(182.2)** die nicht mehr benötigten Linien aus Abbildung **(182.1)** fortgelassen worden. In beliebigem Abstand zu Bi ist die Horizontlinie H zu ziehen. Die Lote von Pr und Pl ergeben auf H die Fluchtorte Fr und Fl.
Von der vorderen Grundrißecke A fällen wir das Lot als »Maßkante« Ma zum maßstäblichen Abtragen aller benötigten Höhenpunkte des Gebäudes.
Nun wird die Seitenansicht des Hauses ABEF so plaziert, daß der Horizont etwa 1,70 m über der Grundrißkante AB zu liegen kommt.
Die Gebäudehöhe AE wird nach links auf die Maßkante projiziert.
Von A und E fluchten wir nach Fr und Fl.
Jetzt sind vom Standpunkt aus die Hauptsehstrahlen HS zu den Gebäudeecken E und D zu ziehen. Diese schneiden die Bildebene in B_I und D_I. Die Lote (Projektionslinien) von B_I und D_I schneiden die Fluchtlinien und begrenzen somit die perspektivische Ausdehnung der Fassade und des Giebels.
3. Die Dachkonstruktion **(182.3)**
Auch in dieser Darstellung werden alle aus Abbildung **(182.2)** nicht mehr gebrauchten Linien weggelassen, um den Fortgang der Konstruktion deutlicher erscheinen zu lassen.
Der Sehstrahl nach G schneidet Bi in G_I. Von G_I fällen wir das Lot. Um die Lage des Firstes zu bestimmen, wird die Firsthöhe aus der Seitenansicht nach rechts zur Maßkante Ma projiziert. Wir erhalten den Punkt G_{II}. Die Fluchtlinie G_{II} Fl schneidet das Lot von G_I in G_{III}. Dieser Schnittpunkt markiert die perspektivische Firstlage. Die Länge des Firstes liegt auf der Fluchtlinie G_{III} Fr. Sie wird in H_{II} durch das Lot von H_I begrenzt. Nun können die Dachschrägen durch Verbinden mit den oberen Fassadenpunkten gefunden werden.
4. Das Detail **(182.4)**
Am Beispiel des Schornsteins ist zu erkennen, wie alle weiteren Einzelheiten (Türen, Fenster, Gesimse, Treppen und anderes) zu konstruieren sind.

Die Objektivität des Schaubildes

Objektivität läßt sich, besonders bei der Eckperspektive, nur erreichen, wenn bestimmte Grundgesetze beachtet werden. Im anderen Falle entstehen Bildtäuschungen, die nicht den Proportionen der Wirklichkeit entsprechen.
1. Der Standpunkt
Seine Distanz von der Bildebene ist maßge-

182 Konstruktionsschritte bei der Eckperspektive (182.1–182.4)

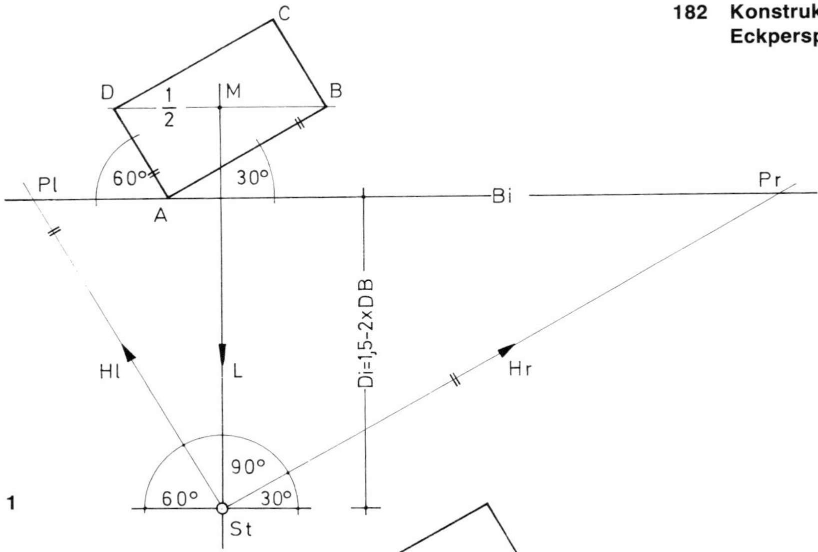

1

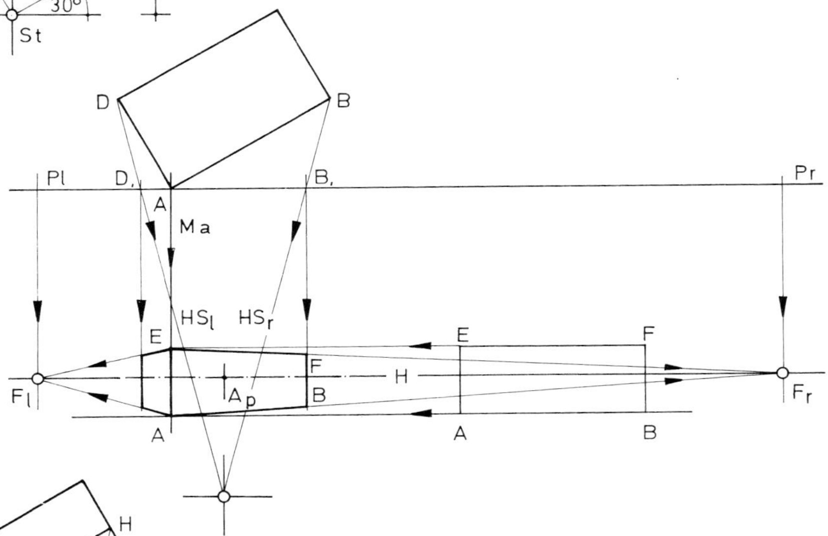

2

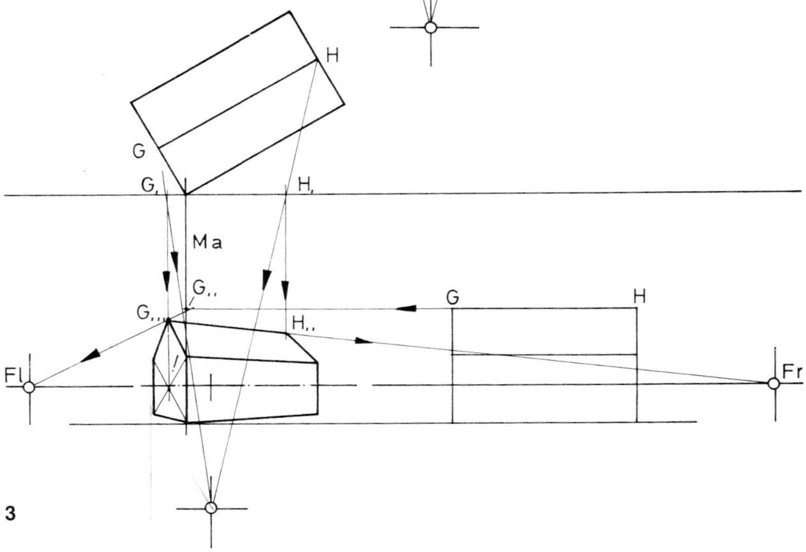

3

4

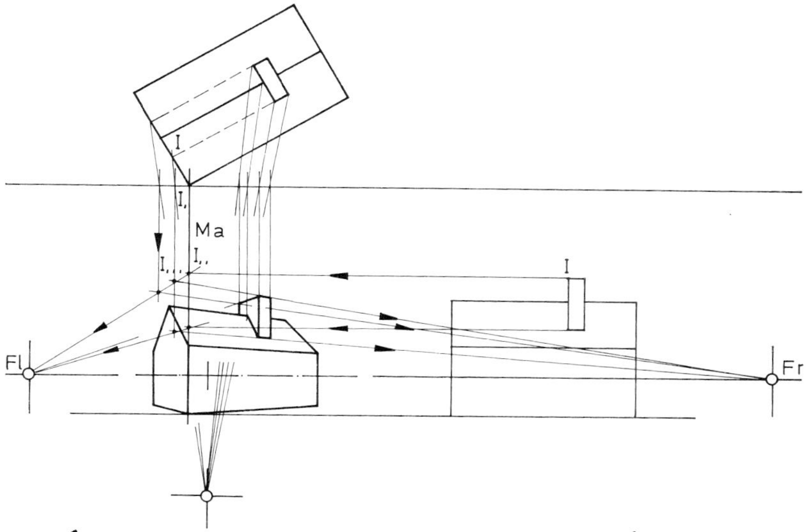

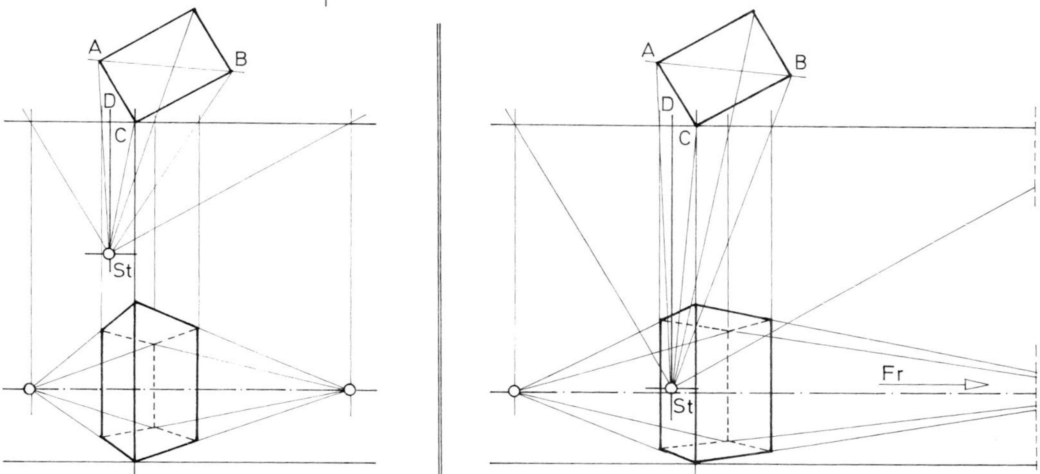

183 Vorteilhafte Distanz 1 2

bend für die natürlichen Bildverhältnisse, denn sie bestimmt den Abstand der beiden Fluchtorte zueinander. Ohne Verzerrung entsteht eine Darstellung, wenn der Standpunkt von der Bildebene das Anderthalbfache bis Zweifache der Grundrißdiagonale AB beträgt **(183.1, 183.2)**. Beträgt die Distanz StD weniger als das Anderthalbfache von AB, so entstehen zu nahe Fluchtorte, die dann eine verzerrte Ansicht ergeben.

2. Der Blickwinkel **(184.1–3)**

Er bewirkt die natürliche Anschaulichkeit. Mit Hilfe des Zeichendreiecks ist es praktisch, die Winkel für die Hauptsehstrahlen 30°/60° oder 60°/30°, je nachdem welche Ansicht betont werden soll, zu wählen. Sollten beide Ansichtsflächen eines Objektes gleichwertig erscheinen, dann können die Winkel 45°/45° benutzt werden. Wie bereits erklärt, folgen die beiden Hauptsehstrahlenwinkel, die vom Standpunkt ausgehen, genau dem Winkel der Übereckneigung des Grundrisses zu seiner Bildebene. Die Winkel 30°/60° entsprechen unserem natürlichen Blickwinkel.

3. Die Stellung des Grundrisses

Sie muß im richtigen Abstand zum Lotstrahl, der die Distanz markiert, stehen. Im anderen

Fall werden die natürlichen Maßverhältnisse verzerrt.
In Abbildung **(185.1–3)** finden wir drei Beispiele:
Zu weiter Abstand = Körperbreite proportional überbetont **(185.1)**.
Zu enger Abstand = Körperhöhe proportional überbetont **(185.2)**.
Grundriß im Lotstrahlbereich = Längen, Breiten und Höhen entsprechen den natürlichen Proportionen **(185.3)**.
4. Die Horizonthöhe (Augenhöhe)
Die Horizonthöhe, die bei einer Eckperspektive nie unter der normalen Augenhöhe festgelegt werden sollte, wurde in ihrer besonderen Bedeutung für das objektive Schaubild bereits auf Seite 120 im Kapitel »Der Horizont« behandelt.

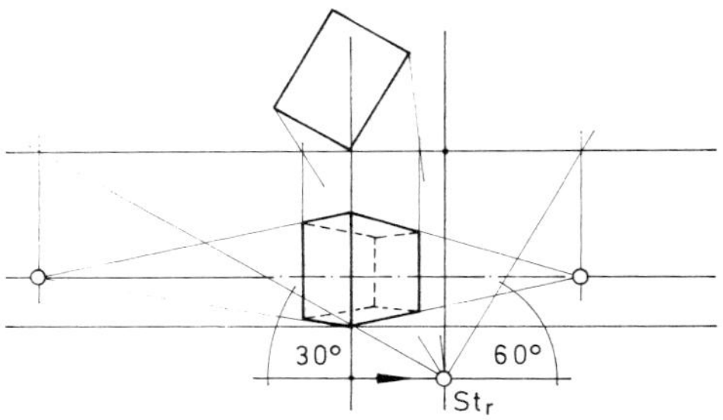

1

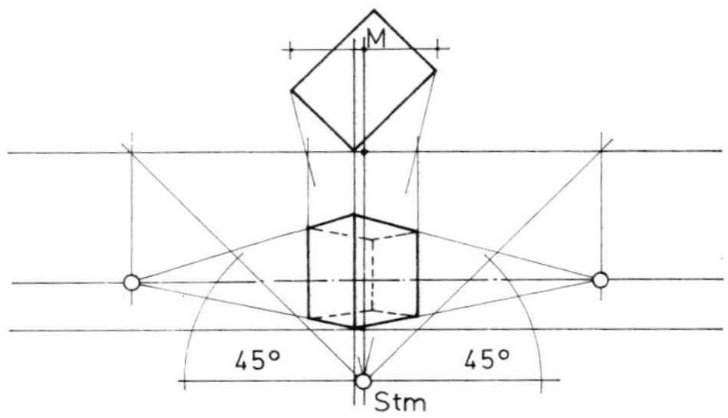

3

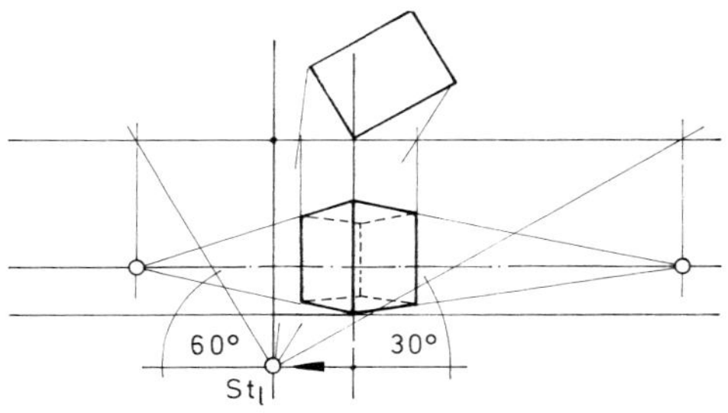

2

184 Natürlicher Blickwinkel

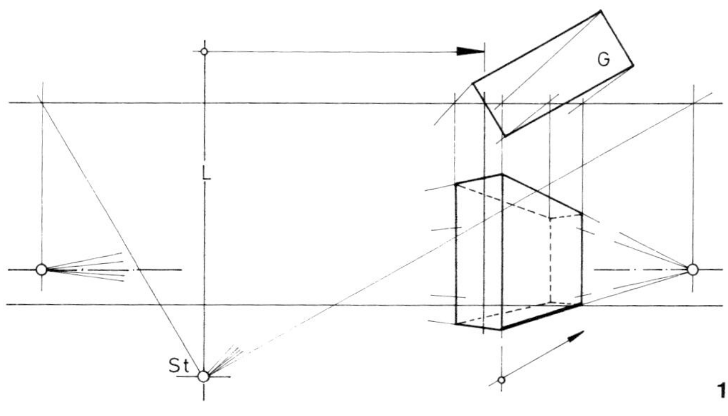

1

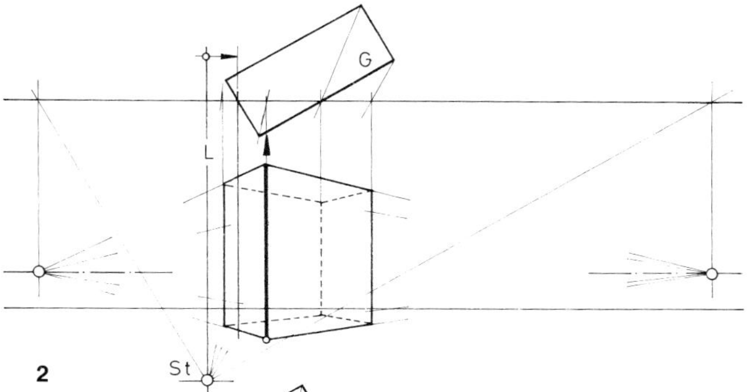

2

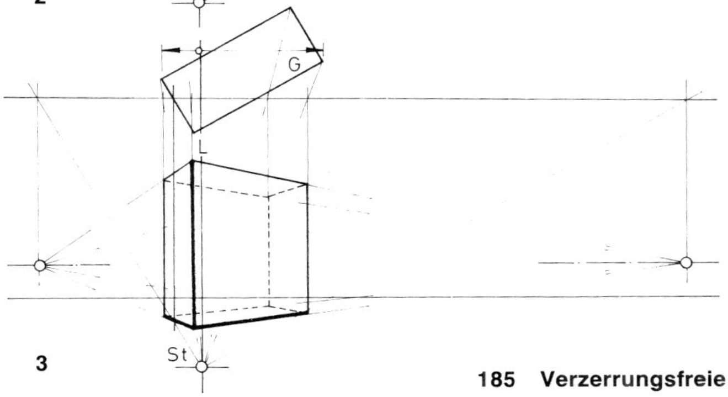

3

185 **Verzerrungsfreie Grundrißstellung**

186 Fluchtort-Probleme

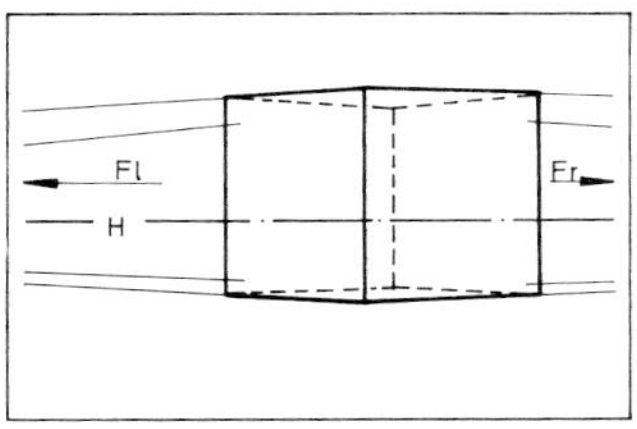

1

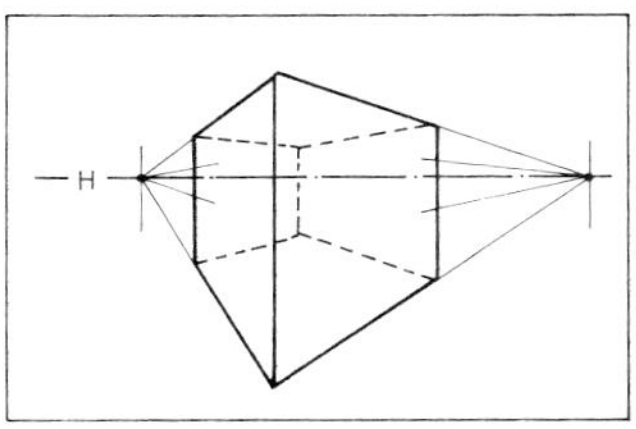

2

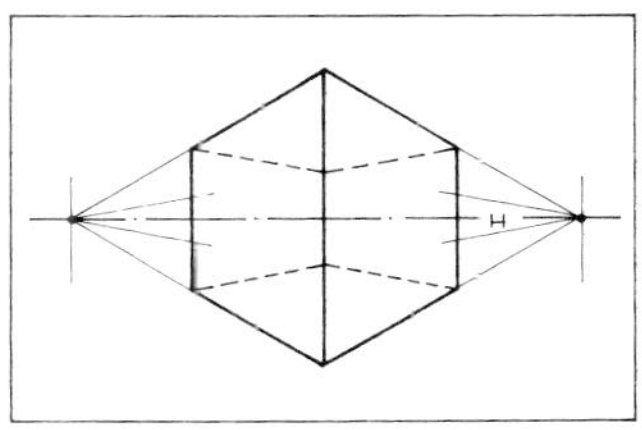

3

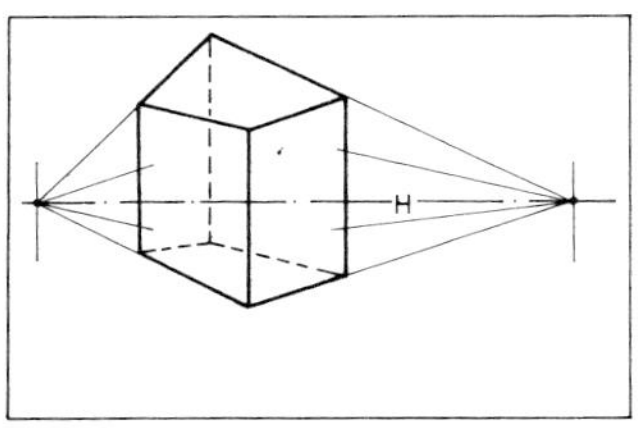

4

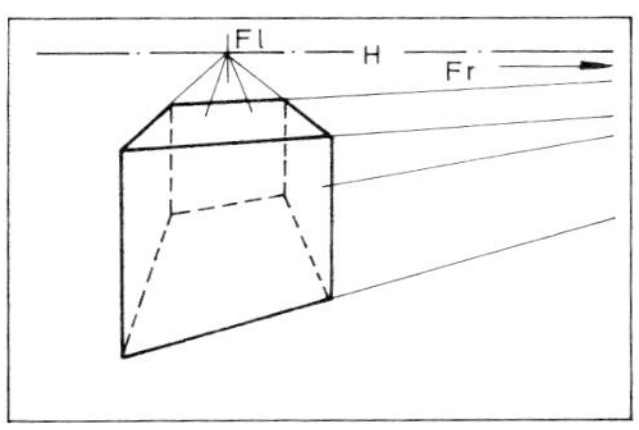

5

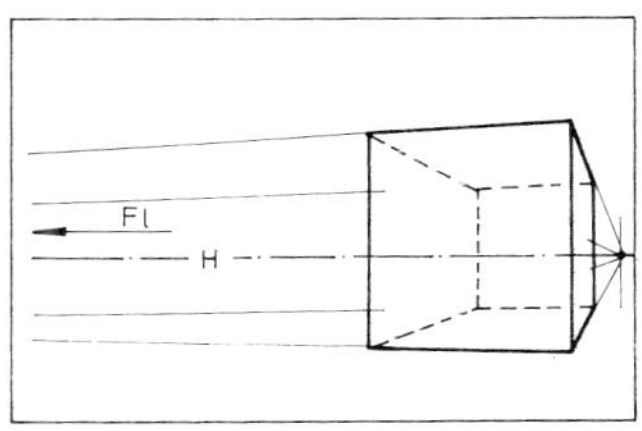

6

Schwierigkeiten mit den Fluchtorten

Bei der Eckperspektive muß man vor allem auf einige besondere Schwierigkeiten mit den Fluchtorten achten: In Abbildung **(186.4)** hat der Zeichner die Fluchtorte verwechselt. Beide Fluchtorte müssen links und rechts außerhalb der Zeichnung liegen, sonst gibt es Verzerrungen, wie sie Abbildung **(186.5)** zeigt. Wenigstens ein Fluchtort soll außerhalb des Zeichenbogens festgelegt werden. Bei einer Fluchtung, die zu nah an der Zeichnung erfolgt (bei zu dichtem Standpunkt mit übergroß von unten nach oben geöffnetem Sehwinkel), erhielten wir eine riesenhafte Vordergrundkante. Außerdem würden Boden und Decke maulartig auseinanderklaffen **(186.2)**. Die Folge von sehr großer Distanz (Fernblick) sind weit nach links und rechts ausbrechende Fluchtorte. Das mit ihnen konstruierte Bild wirkt flach und ist beinahe ohne Raumwirkung **(186.1)**. Je näher der eine Fluchtort an den Gegenstand rückt, um so weiter wandert der andere über das Zeichenblatt hinaus **(186.6)**. Bei zentralem Standpunkt (gegenüber der übereck gestellten Kante) befinden sich beide Fluchtorte gleich weit von dem darzustellenden Gegenstand entfernt. Sollte außerdem der Horizont in der waagerechten Mitte liegen, dann bekämen wir nur eine symmetrische Fläche **(186.3)**.
Die beiden letzten Lektionen sind gewissenhaft durchzuarbeiten. Ehe wir uns an Darstellungen wagen, sollten einige Abbildungen in großem Maßstab nachkonstruiert werden. Wenn wir die dabei erforderliche Arbeitsfolge beherrschen und durch wachsende räumliche Vorstellung das gesamte Konstruktionsgeschehen als Naturgesetz empfinden, dürfen wir mit Einfachem beginnen, um später auch den vielschichtigen Raum zu meistern. Durch perspektivisches Konstruieren verschafft man sich einen sicheren Blick und lernt genaues Sehen und Zeichnen.

Die Konstruktion eines übereck gestellten Gebäudes

In Abbildung **(187)** wollen wir verfolgen, wie ein übereck gestelltes Gebäude konstruiert wird. In diesem Beispiel ragt der Grundrißpunkt B nach vorn über die Bildebene hinaus (vgl. **181**). Im Aufriß schneidet also die Bildebene, die immer noch als Glasscheibe anzusehen ist, senkrecht durch die dem Betrachter am nächsten liegende Gebäudeecke. Das kann im Aufriß dieser Darstellung an der Grundrißlinie G, die bekanntlich die Standlinie der »Glasscheibe« markiert, verfolgt werden. Auf der Giebelwand zeichnet sich die Schnittstelle in den Punkten F_I und F_{II} deutlich ab. Der Standpunkt ist so gewählt, daß die rechte Fassade mit der dazugehörigen Dachfläche betont sichtbar wird. Auf der im Punkt O der Grundrißlinie errichteten Senkrechten sind alle wichtigen Höhenmaße abgetragen. Über dem Punkt O könnte auch zur Arbeitserleichterung die Seitenansicht des Gebäudes montiert werden.
Die maßstäbliche Vorarbeit mit der Bestimmung aller wichtigen Punkte und Linien und das Festlegen des linken und rechten Fluchtortes erfolgen wie schon bei Abbildung **(181)** geschildert.
Nun die perspektivische Konstruktion:
Die Hauptpunkte des Grundrisses A/B/C/D und E und danach jeder andere für die Darstellung benötigte Punkt müssen wieder vom Standpunkt aus mit Hilfe der Sehstrahlen angepeilt werden. Alle so gewonnenen Bildebenenschnittpunkte werden auf die Grundlinie gelotet. Die Verbindung F_I F_{II} stellt, wie oben angedeutet, den senkrechten Schnittverlauf der Bildebene durch die Giebelwand dar. Auf F_I F_{II} als »Maßkante« können daher sämtliche Höhen unmittelbar maßstabgerecht abgetragen werden. Sie sind aber auch von der Senkrechten, die über dem Punkt O errichtet wurde, waagerecht herüberziehbar. Auf der Senkrechten über F_{II} liegen demnach die Ausgangspunkte für alle im Raum gestaffelten perspektivischen Höhen, die den einzelnen Gebäudeloten zukommen. Alle Lote, die zur Giebelfläche gehören und sich rechts von dieser Schnittlinie befinden, liegen dem Betrachter näher als die maßstabgetreue Schnittlinie F_I F_{II}. Sie haben deshalb größere Höhen. Diese nun perspektivischen Höhen erhält man, indem vom linken Fluchtort aus die Fluchtlinien durch die Höhenmarken auf F_I F_{II} gezogen werden, bis sie die dazugehörigen Giebellote rechts von ihr schneiden. So entstehen zum Beispiel aus den Loten über B_{II} und E_{II} die perspektivisch richtigen Höhen der Giebelkante B und der Firsthöhe E. Alle

187 Übereck gestelltes Gebäude

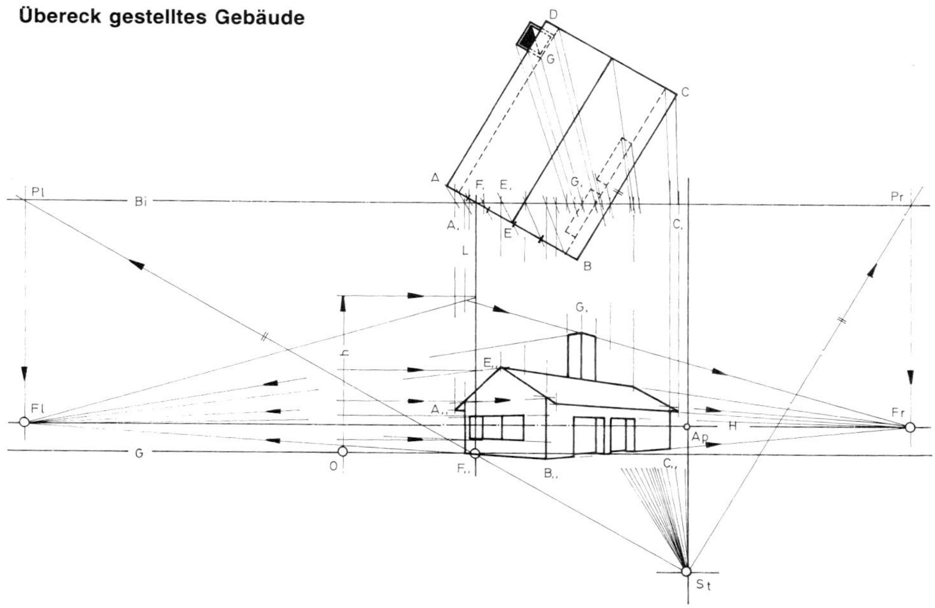

188 Eine Raumecke

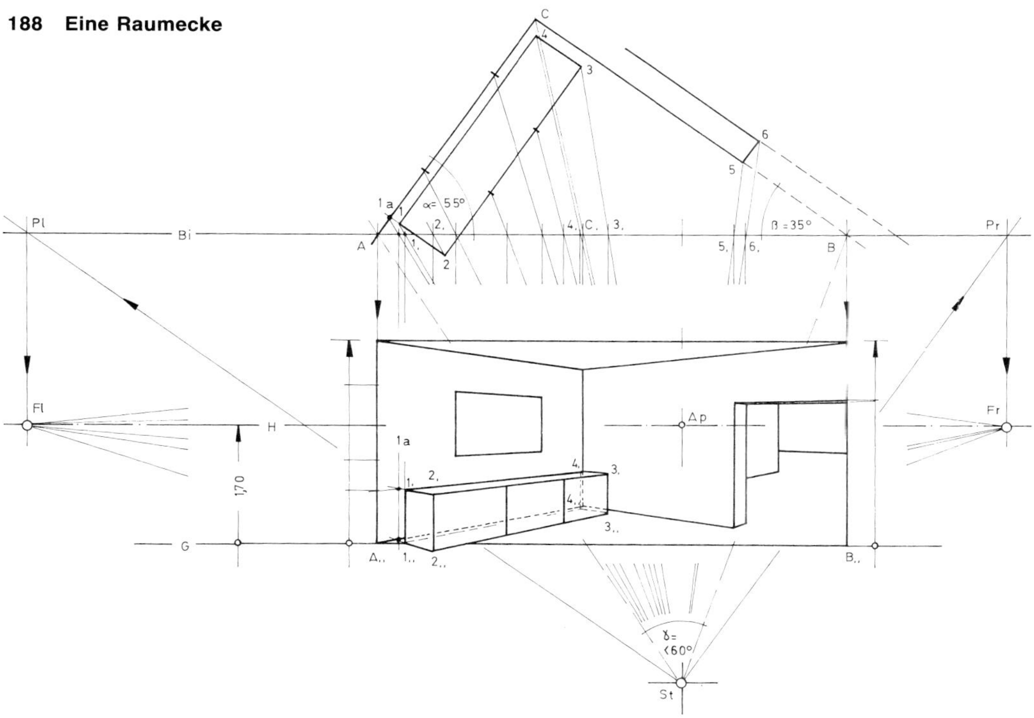

Lote, die zur Giebelfläche gehören und links von F_I F_{II} liegen, befinden sich vom Betrachter weiter entfernt als der Bildebenenschnitt und haben deshalb niedrigere Höhen. Es ist in Abbildung **(187)** genau zu untersuchen, wie auf dem mittleren Kaminlot die perspektivische Höhe gefunden wurde. Das Lot L, welches die Gebäudekante auf der linken Giebelseite A ergibt, bildet hierfür die Ausgangslinie. Wenn auf diese Weise die wichtigsten Höhen des Giebels, des Kamins und aller Wandöffnungen gefunden wurden, brauchen nur noch die fliehenden Gebäudekanten konstruiert zu werden, indem zum linken beziehungsweise rechten Fluchtort verbunden wird. Alle untereinander parallel laufenden Körperkanten finden in ihren Fluchtorten zusammen. So bildet sich nach und nach der Raumeindruck.

Die Konstruktion einer Raumecke

In Abbildung **(188)** wird erläutert, wie eine Raumecke konstruiert wird. Um die Fläche des Zeichenbogens günstiger nutzen zu können, entsteht das Raumbild auch bei dieser Darstellung zwischen dem Grundriß und dem weit unten liegenden Standpunkt. Der Grundriß ist so übereck zu stellen, daß die Winkel α und β auf keinen Fall gleich sind. So vermeiden wir die langweilige Symmetrie mit genau in der senkrechten Mitte liegender Raumecke, die das Aufrißbild in zwei gleiche Wandflächen mit gleichen Fluchtwinkeln teilen würde. Die Bildebene, die unsere Raumecke schaukastenähnlich wie mit einer Glastafel abschließt, soll möglichst eine Gegenstandsecke anschneiden. Auch von der Wahl des Standpunktes und seiner Distanz zur Bildebene hängt der spätere Raumeindruck ab. Der Blickwinkel soll kleiner als 60° sein. Über der Grundlinie wird der Horizont maßstäblich gezogen. Die Konstruktion der beiden Fluchtorte kennen wir bereits von den Erklärungen zu den vorausgegangenen Abbildungen. Aus den Loten von den Punkten A und B und der maßstäblich auf ihnen abgetragenen Raumhöhe ergibt sich das Bildrechteck. Da die Raumpunkte A und B auf der Bildebene liegen, können auf deren Loten – sie funktionieren als »Maßkanten« – die für die Wandöffnungen und Raumobjekte nötigen Höhen im Maßstab abgetragen werden. Nach diesen Vorarbeiten zieht man wieder die Sehstrahlen vom Standpunkt aus, und zwar zunächst auf die Hauptpunkte des Grundrisses, die in unserem Bild mit Buchstaben und Ziffern bezeichnet sind. Die Bildebenenschnittpunkte sind sodann in das Aufrißrechteck zu projizieren (loten). Wer sich bis jetzt schon durch fleißige Zeichenarbeit ein sicheres räumliches Vorstellungsvermögen angeeignet hat, braucht diese Lote nur dort auszuziehen, wo sie als tatsächliche Objektkanten benötigt werden. Durch entsprechendes Fluchten nach links und rechts begrenzen wir die Lote durch Fuß- und Kopfpunkte. Auf diese Weise werden aus den nun begrenzten Loten die Gegenstandskanten mit den perspektivisch richtigen Höhen. Wenn wir die Sehstrahlen, Lote und Fluchtlinien dieser Zeichnung durch Anlegen eines transparenten Lineals verfolgen, erkennen wir am leichtesten den Konstruktionsablauf.
Das prismaförmige Möbel steht von der linken Wand etwas abgerückt. Wie läßt sich dies im Schaubild deutlich machen? Im Grundriß verlängern wir die vordere Bodenkante des Prismas (sie ist durch die Ziffern 1 und 2 gekennzeichnet), bis sie im Punkt 1 a auf die Wand trifft. Den Punkt 1 a visieren wir mit einem Sehstrahl an. Seinen Bildebenenschnittpunkt loten wir bis zum Bodenpunkt der Wand (siehe Lot 1 a). Nun wird vom Fluchtort Fl durch diesen Punkt die Fluchtlinie gezogen, bis sie das Lot 1_I im Punkt 1_{II} und das Lot 2_I im Punkt 2_{II} schneidet. Die Strecke 1_{II} 2_{II} ist die gesuchte untere Möbelkante. Die dazugehörige obere Kante wird nach der gleichen Methode gefunden. Wenn wir nun die vier Eckpunkte dieser Seitenfläche zum rechten Fluchtort herüberziehen, bis diese Linien die Lote 3_I und 4_I schneiden, gewinnen wir die Vorderansicht und die Draufsicht des Prismas.

Die Eckperspektive mittels Distanzpunkten

Dieses Konstruktionsverfahren eignet sich für die Darstellung eines einzelnen Körpers. Einen Grundriß braucht man nicht aufzuzeichnen. Die Breiten, Tiefen und Höhen sind aus technischen Zeichnungen oder aus Bauzeichnungen zu entnehmen. Die Konstruktion wird in Abbildung **(189)** und **(190)** ge-

189 Eckperspektive mittels Distanzpunkten, I

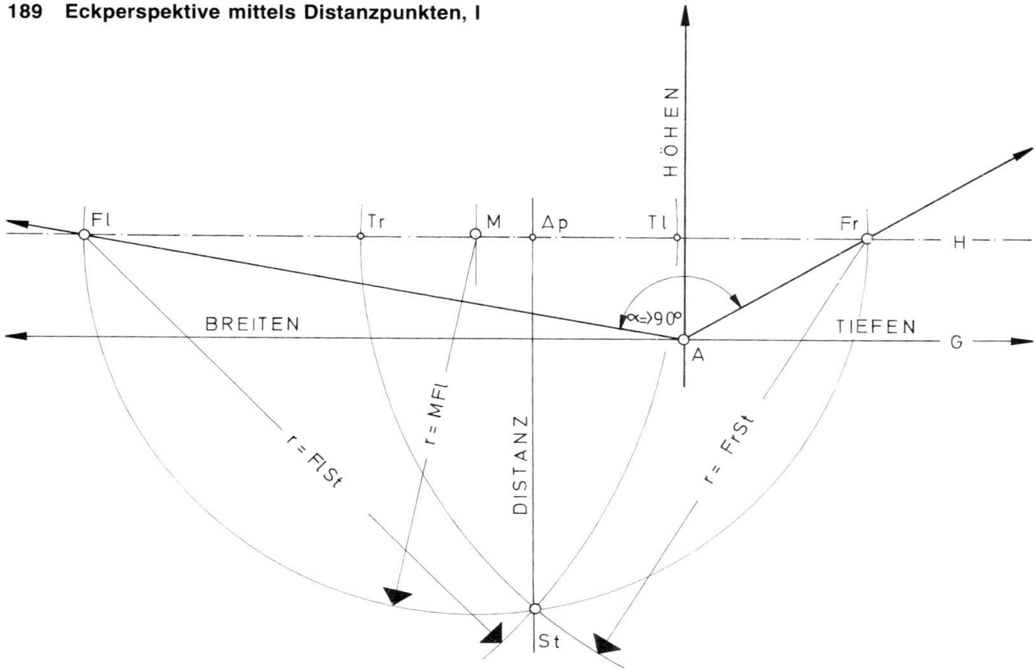

190 Eckperspektive mittels Distanzpunkten, II

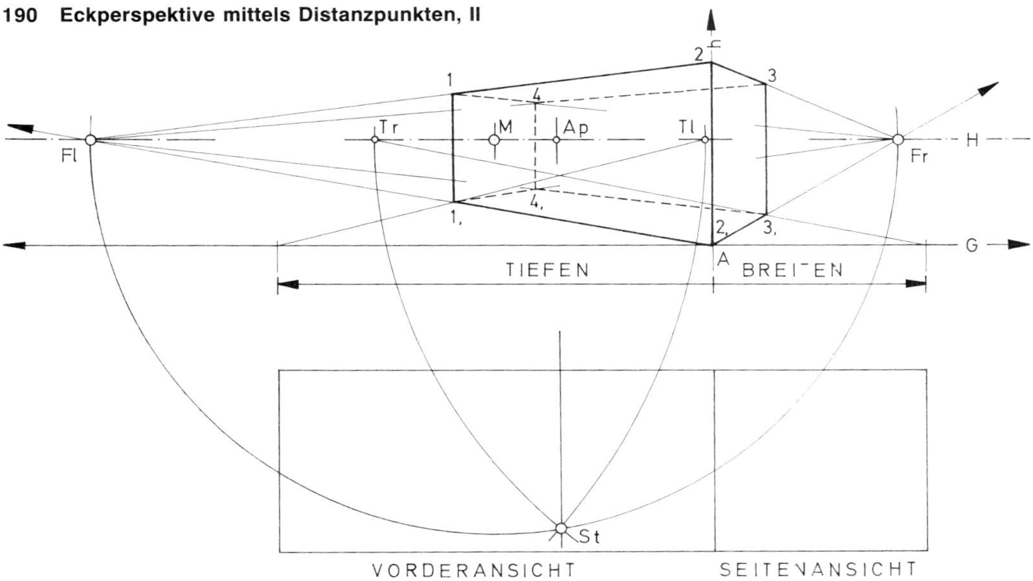

zeigt, in Abbildung **(189)** die maßstäbliche Vorarbeit. Wir beginnen mit der Grundlinie G. Auf ihr tragen wir die dem Betrachter am nächsten liegende Höhenkante ein, in unserem Beispiel im Punkt A. Der Winkel α, der die Übereckstellung festlegt, muß ein stumpfer Winkel, also größer als 90° sein. Die Senkrechte über A darf diesen Winkel nicht halbieren, um keine langweilige Symmetrie zu erhalten. Für die Körperfläche, die wir in unserer Darstellung betonen wollen, muß daher der Schenkel von Winkel α flach über der Grundlinie verlaufen. Nun wird über der Grundlinie im gewünschten Maßstab der Horizont gezogen, der die beiden Schenkel des Winkels α links und rechts in den Fluchtorten schneidet. Den Standpunkt findet man auf dem Halbkreis um M (die Mitte auf der Horizontlinie zwischen den beiden Fluchtorten) mit dem Radius MFl. Wir erhalten auf diesem Halbkreisbogen den günstigsten Standpunkt, indem wir zwischen dem Punkt M und der Höhenkante über A das Lot fällen. Der Ausgangspunkt dieses Lotes befindet sich auf der Horizontlinie und stellt daher gleichzeitig den Augpunkt dar. Dieser darf nicht zu nah an die Höhenkante über A gerückt werden. Jetzt sind die beiden Teilpunkte, die zum Begrenzen der fliehenden Breiten- und Tiefenlinien benötigt werden, zu suchen. Um Fl schlägt man mit FlSt als Radius den Kreis, der den Horizont im Punkt Tl schneidet. Tl ist der linke Teilpunkt, der in unserem Beispiel die perspektivisch verkürzten Breiten bewirkt. Um Fr wird mit FrSt als Radius ebenfalls der Kreis gezogen, der den Horizont im Teilpunkt Tr schneidet, den man für das perspektivische Verkürzen der Tiefenlinien verwendet. Sind nun alle Breitenmaße von Punkt A nach links und alle Tiefen von A nach rechts im Maßstab abgetragen, kann die eigentliche Darstellung konstruiert werden. Vorher sei noch angemerkt, daß sich das Abtragen der Breiten- und Tiefenmaße danach richtet, ob die breite Wandung des Gegenstandes links oder rechts von der Höhenkante A liegt. Würde sich also die Breitenansicht des Körpers rechts von der Höhenkante befinden, so wären die Breitenmaße von A aus nach rechts abzutragen. Außerdem sei darauf hingewiesen, daß die waagerechte Grundlinie mit der senkrechten Höhenkante als Achsenkreuz anzusehen ist. Der Punkt A stellt den Schnittpunkt dar. Mit der Grundlinie beginnend, ist dieses Achsenkreuz immer zuerst aufzuzeichnen. Danach werden auf ihm die Breiten, Tiefen und Höhen im Maßstab eingetragen.

Die Konstruktion des Prismas, das in unserem Beispiel ein Gebäude darstellen könnte, ist aus Abbildung **(190)** abzulesen. Unter der Grundlinie erkennen wir die Vorder- und Seitenansicht des Körpers. Diesen Ansichten, die hier nur zur Veranschaulichung der wahren Ausdehnung gezeichnet wurden, entnehmen wir die Maße. Die von A nach Fl fliehende Bodenkante des Prismas wird perspektivisch begrenzt, indem das Breitenmaß auf der Grundlinie mit dem Teilpunkt Tl verbunden wird. Diese Verbindung schneidet die Fluchtlinie im Punkt 1_I. Das ist die hintere Begrenzung des perspektivisch richtig verkürzten Körpers, in der wir eine Senkrechte errichten. Die Fluchtlinie von A nach Fr begrenzen wir in ihrer Tiefe durch die Verbindung des auf der Grundlinie abgetragenen Tiefenmaßes mit dem Teilpunkt Tr. So erhalten wir den Punkt 3_I, in dem ebenfalls eine Senkrechte zu errichten ist. Von der maßstäblichen Höhe, dem Punkt 2 auf der Höhenachse, wird nun nach Fl beziehungsweise Fr gefluchtet. Diese Linien schneiden die senkrechten Gebäudekanten in den Punkten 3 und 1. Alle verdeckten, also gestrichelten Körperkanten, erhält man, wenn von den Eckpunkten 1 und 1_I und von 3 und 3_I nach rechts beziehungsweise links gefluchtet wird; niemals darf jedoch auf die Teilpunkte gefluchtet werden. Mit ihrer Hilfe werden allein die fliehenden Objektkanten in Breite und Tiefe perspektivisch verkürzt.

DIE PERSPEKTIVE DES KREISES

Wenn der Maler Architektur, Einrichtungen oder Einzelobjekte perspektivisch darstellen will, muß er damit rechnen, daß auch Kreisflächen oder Kreisbögen in ihrer räumlichen Anordnung zu zeichnen sind. Nach den bisherigen Übungen wird die Perspektive des Kreises keine besonderen Schwierigkeiten bereiten.

Die Konstruktion einer liegenden Kreisfläche mit Hilfe von Sehstrahlen zeigt Abbildung **(191)**. Zunächst zeichnen wir den Grundriß. Um Punkt M eines Achsenkreuzes schlägt man mit dem erforderlichen Radius den Kreisbogen, um den das Quadrat ABCD zu zeichnen ist. Durch das Achsenkreuz (horizontaler und vertikaler Durchmesser) und durch die beiden Diagonalen des Quadrates haben wir auf dem Kreisumfang bereits acht Punkte festgelegt. Die Quadratseite AB fällt mit der Bildebene Bi zusammen. Unter dem Grundriß ist der Standpunkt zu bestimmen. Seine Distanz von der Bildebene soll für eine bessere Bildwirkung der ein- bis anderthalbfache Kreisdurchmesser sein. Um eine verzerrte Kreisfläche zu vermeiden, darf der Standpunkt weder rechts noch links außerhalb des Grundrißbereiches liegen, da es beim Betrachten eines Einzelgegenstandes bei der Frontalschau keine Seitenansicht geben kann. Zwischen Standpunkt und Bildebene legen wir die Grundlinie Gr. Darüber verläuft in nicht geringem Abstand der Horizont, der die Sichtachse (Lotstrahl) im Augpunkt schneidet. Diese zeichnerische Vorarbeit ist genau wie bei jeder anderen Frontperspektive mit Sehstrahlen auszuführen.

Nun beginnt die Konstruktion, indem die Grundrißpunkte A, B und E auf die Grundlinie Gr gelotet werden. Die so erhaltenen Punkte A_I B_I und E_I werden zum Augpunkt gefluchtet. Der Sehstrahl von St nach D schneidet die Bildebene in d. Das von hier aus gefällte Lot schneidet die Fluchtlinie A_I Ap im Punkt D_I. Wenn durch D_I die Parallele zur Grundlinie gezogen wird, erhalten wir auf der Fluchtlinie B_I Ap den Punkt C_I. Damit wird das den Kreis umschreibende Quadrat perspektivisch sichtbar. Die beiden Diagonalen A_IC_I und B_ID_I schneiden sich in M_I, der räumlich fixierten Kreismitte. Die Parallele durch M_I stellt den horizontalen Durchmesser dar und ergibt bereits die Kreisbogenpunkte F_I und H_I. Die Fluchtlinie von E_I aus wird zum senkrechten Durchmesser und ergibt die Bogenpunkte E_I und G_I. Von den vier Diagonalpunkten auf der Peripherie des Kreises brauchen wir nur einen mittels Sehstrahl anzuvisieren. In unserem Beispiel ist das mit dem Punkt i geschehen. Das Bildebenenlot BL von i aus schneidet die Diagonale A_IC_I in dem Kurvenpunkt i_I. Die Parallele zur Grundlinie durch I ergibt den entsprechenden Bogenpunkt auf der rechten Diagonalen. Wenn dieser Punkt gefluchtet wird, erhalten wir auf der Diagonalen A_IC_I den hinteren Bogenpunkt. Die durch ihn gezogene Grundlinienparallele führt zum vierten und letzten Diagonalpunkt. Jetzt haben wir acht Kreispunkte (vier dort, wo die Durchmesser die Quadratseiten halbieren, und vier auf den Diagonalen des Außen- und Innenquadrates) räumlich bestimmt. Damit wäre die Konstruktion abgeschlossen, denn mit diesen acht symmetrisch gelagerten Hauptpunkten ließe sich die ellipsenförmige Kurve des Kreises ziehen. Wer aber noch mehr Anhaltspunkte und damit Sicherheit für eine exakte Kurve benötigt, könnte noch vier weitere Orte bestimmen. In unserem Beispiel ist das mit dem Punkt x geschehen. Sein Grundrißlot GL schneidet die Grundlinie im Punkt X, der wieder zu fluchten ist. Der Sehstrahl Stx schneidet die Bildebene, und das von hier aus gefällte Bildebenenlot BL ergibt auf der Fluchtlinie XAp den gesuchten Kreisbogenpunkt x_I.

Seine drei entsprechenden Punkte findet man auf dem gleichen Wege wie die bereits konstruierten Diagonalpunkte. Mit 12 geometrischen Orten läßt sich der perspektivische Kreis sicher mit freier Hand oder mit einem Kurvenlineal ziehen. Es empfiehlt sich, auch beim Gebrauch eines Kurvenlineals vorher die Umfanglinie freihändig zu zeichnen, weil man danach die passenden Abschnitte des Kurvenlineals leichter herausfinden und anlegen kann. Ein gründliches Betrachten der nun abgeschlossenen Konstruktion vermittelt ein besonders anschauliches Raumerleben.

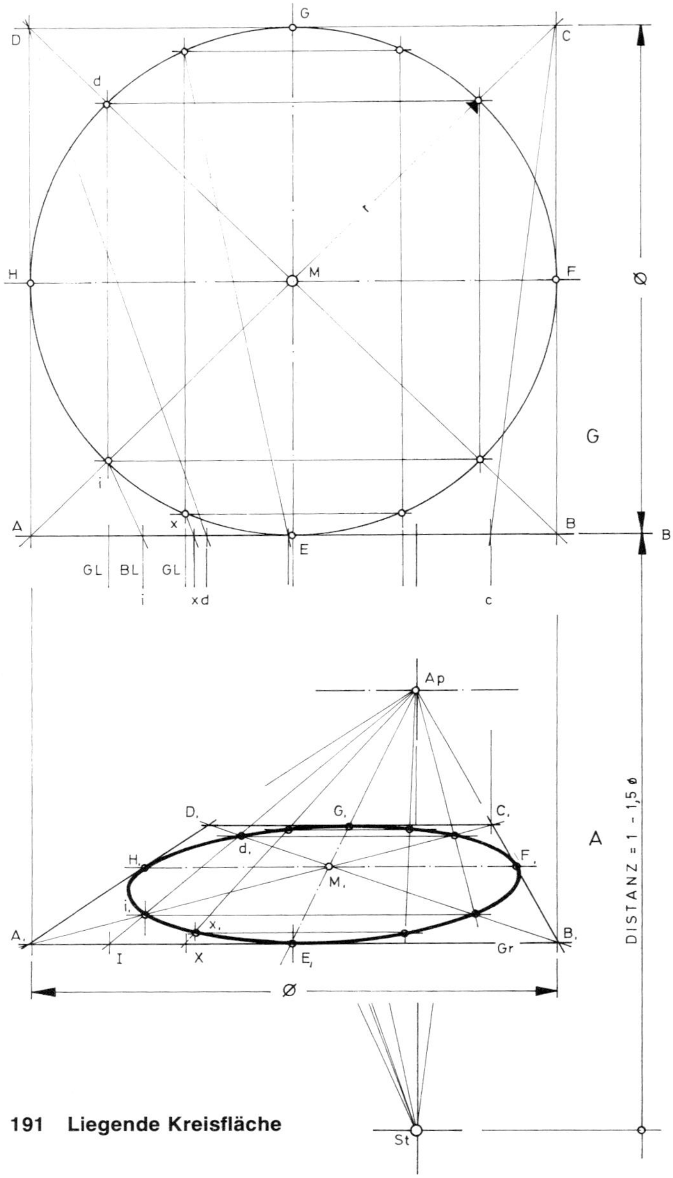

191 Liegende Kreisfläche

Die Konstruktion einer stehenden Kreisfläche, die z. B. für die Perspektive von Rundbögen, Tonnengewölben und ähnlichen Architekturelementen unbedingt benötigt wird, ist aus Abbildung **(192)** zu ersehen. Wir haben die gleiche Vorarbeit zu leisten, wie sie zu Abbildung **(191)** geschildert wurde. Allerdings braucht man im Grundriß nur die »obere« Kreishälfte mit der umschreibenden Quadrathälfte HFCD maßstäblich zu zeichnen. HF ist deshalb der »horizontale« Durchmesser, auf dem mit Hilfe der Sehstrahlen die Tiefen abgetastet werden. Der »vertikale« Halbmesser GM ist im Grundriß in die Zeichenebene geklappt und bestimmt alle Höhen. Im Aufriß ist die linke Kreishälfte maßstäblich abgebildet, die ebenfalls in die Zeichenebene geklappt wurde. Der Durchmesser EG deckt sich jetzt mit seinem natürlichen Lot und gibt daher die maßstäblichen

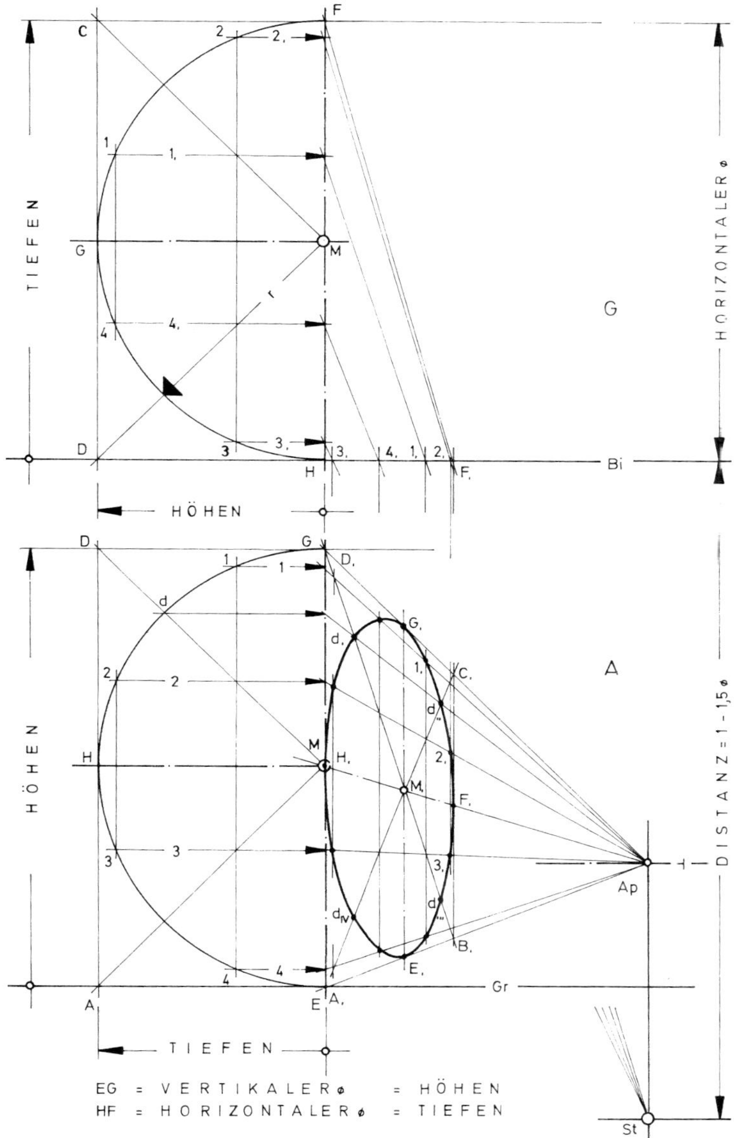

192 Stehende Kreisfläche

Höhen an. Die Konstruktion in Abbildung **(192)** müssen wir eingehend betrachten, um die wahren Raumverhältnisse, im Grundriß als Draufsicht und im Aufriß als Vorderansicht, erkennen zu können. Im Aufriß fluchten wir E, G und M. Die Tiefe F ist mit einem Sehstrahl anzuvisieren, so daß wir durch das Bildebenenlot f die Schnittpunkte B_I und C_I erhalten. Jetzt erkennt man das aufrechtstehende, den Kreis umschreibende Quadrat, dessen Diagonalen sich im räumlichen Mittelpunkt M_I schneiden. Wenn wir die Senkrechte durch M_I gezogen haben, liegen bereits die lotrechten und waagerechten Kreisdurchmesser mit ihren vier Umfangspunkten fest. Die vier Diagonalpunkte sind folgendermaßen zu finden: Der Aufrißpunkt d ist auf die Höhenlinie EG zu übertragen und von dort aus zu fluchten, so daß wir die beiden oberen Diagonalhälften vorn in d_I und hinten

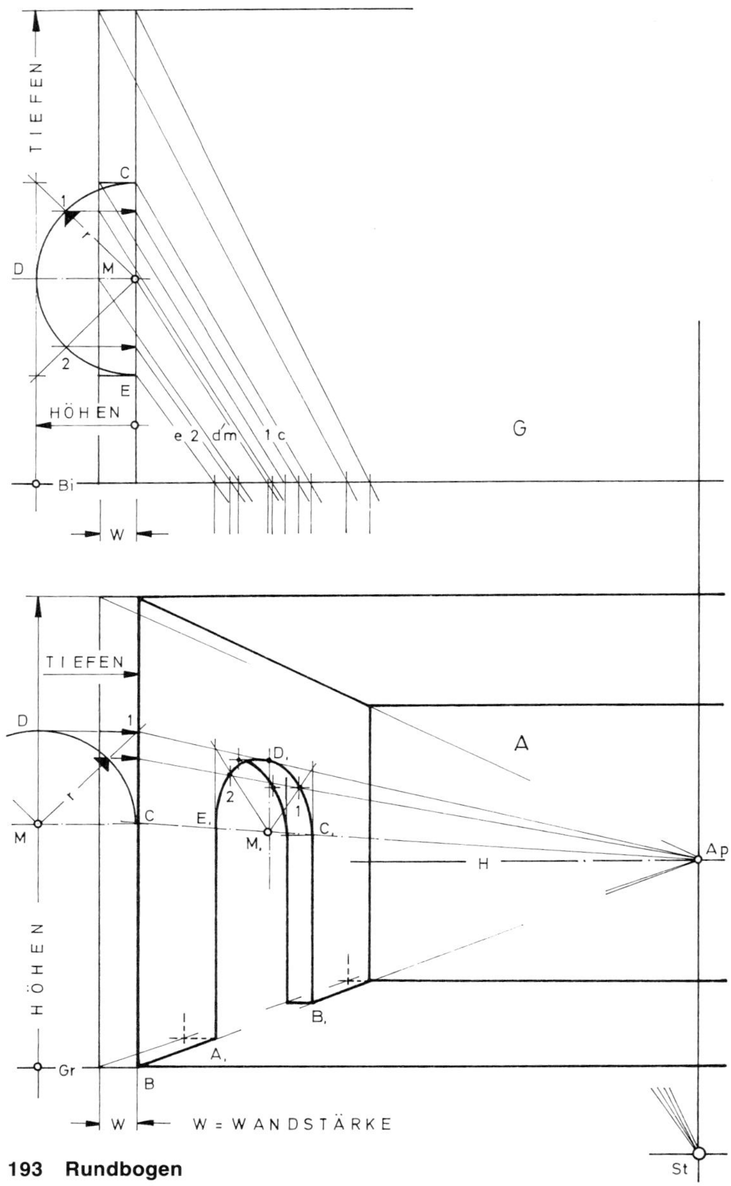

193 Rundbogen

in d_{II} schneiden. Die Lote durch d_I und d_{II} ergeben die beiden unteren Diagonalpunkte d_{III} und d_{IV}. Diese acht Kreispunkte reichen aus, um die stehende ellipsenförmige Kurve zu ziehen. Sollten noch vier weitere Punkte für einen exakten Kreisumfang gebraucht werden, so ist wie bei der Konstruktion des liegenden Kreises zu verfahren. Vom Aufrißpunkt 1, der nach der Fluchtung schon die perspektivische Höhenlage ermöglicht, ist auszugehen. Bei der weiteren Konstruktion zur Bestimmung dieses Punktes und aller anderen, die ihm auf dem eingeschriebenen Rechteck entsprechen, muß man sich den Wechsel der Höhen und Tiefen in den beiden Rissen deutlich vorstellen können. Dazu könnte uns das Studium der Abbildung **(193)** verhelfen, die die Anwendung der Konstruktion eines stehenden Kreises für die perspektivische Darstellung eines Türbogens zeigt.

Dies ist für ein anschauliches Schaubild erforderlich. Bevor der Maler farbige und betont gestalterische Arbeiten ausführt, sollte eine sorgfältige Entwurfsarbeit vorausgegangen sein. Er hat also die Konstruktionstechniken für Grund- und Aufrisse, maßstäbliche Abwicklungen und Projektionen zu beherrschen.

Die Perspektiven sind als Zentralprojektionen, wie bereits erwähnt, nicht genormt. Für eine gute Überschaubarkeit einer reinen Konstruktion sind jedoch zum Ausziehen mit Tusche folgende Linienbreiten anzuraten:

0,5 mm für die sichtbaren Objektkanten der Perspektive.

0,35 mm für den Horizont als Strichpunktlinie, für die verdeckten Objektkanten der Perspektive.

0,25 mm für die Bildebene und den Lotstrahl (Distanz), für verdeckte Objektkanten in der Drauf- und Ansicht, für die Sehstrahlen, Projektionslinien (Lote) und Fluchtlinien.

Bei der Meisterprüfung im Malerhandwerk ist zum Beispiel das Auftragsobjekt als Farbskizze in Form einer Abwicklung oder einer einfachen Perspektive, ohne die Abbildung von Einrichtungsgegenständen, vorzulegen. Darüber hinaus muß das Meisterstück als Gesamtfarbplan (Schaubild) in Gestalt einer Perspektive diesmal mit den wesentlichen Einrichtungen gezeichnet werden. Farbskizzen sollen einfache Konstruktionen sein, die bei der Kundenberatung als Farb- und Gestaltungsvorschläge eingesetzt werden. Ein Gesamtfarbplan ist dagegen eine vollkom-

194 Perspektiven ausgestalten, I

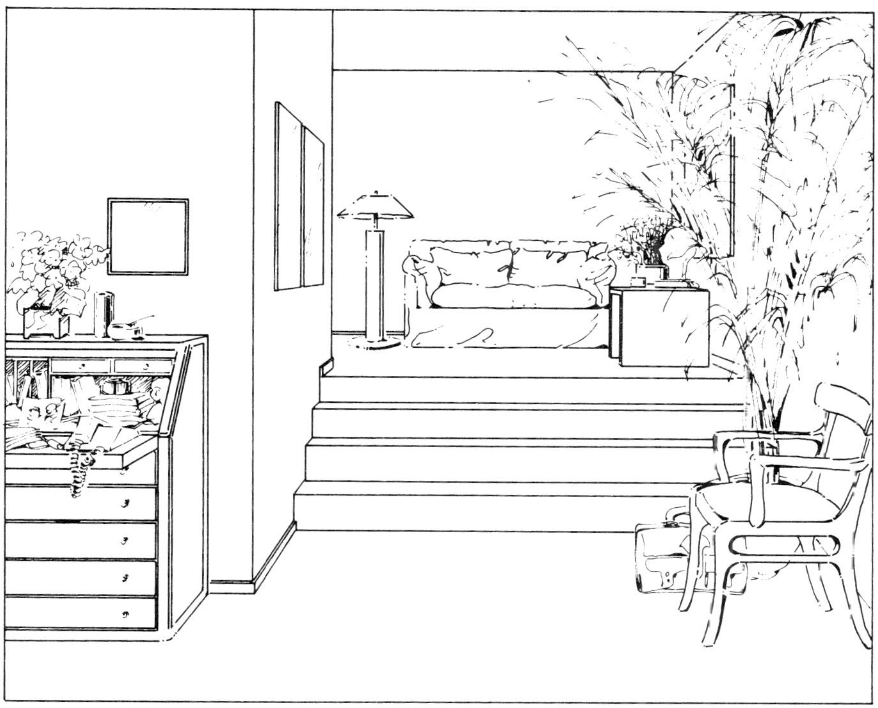

mene Perspektive, die einmal der eigenen gestalterischen, aber auch technischen und rechnerischen Planung nutzt und außerdem dem Auftraggeber einen geschlossenen Eindruck von der fertigzustellenden Leistung vermitteln soll. Die Bildbeispiele **(194–198)** zeigen Möglichkeiten für die weitere Ausgestaltung perspektivischer Konstruktionen. In Abbildung **(194)** sind alle Hauptelemente in reiner Linealarbeit entstanden. Da das technisch Konstruierte allein meist nüchtern und leblos wirkt, sind kleinere schmückende Details, wie Vasen, Blumen, Lampen, Gardinen und anderes, mit freier Hand recht großzügig hineingezeichnet. Auf diese Weise fällt die

195 Perspektiven ausgestalten, II

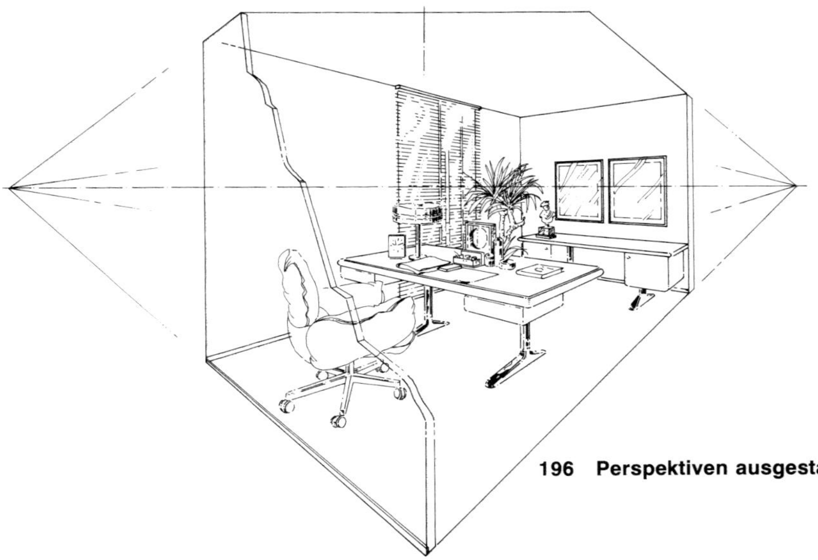

196 Perspektiven ausgestalten, III

sonst zu weit ins Einzelne führende Konstruktionsarbeit fort, und das Schaubild wirkt lebendiger. Bei diesem Freihandzeichnen hält man sich selbstverständlich an das Fluchtliniengerüst.

Beim Zeichnen von Abbildung **(195)** wurden beinahe alle mit Bleistift ausgeführten Konstruktionslinien freihändig nachgezogen. Um das Bild dieser Raumecke offener wirken zu lassen, kann die begrenzende Rechteckkontur fortfallen.

Die Konstruktion in Abbildung **(196)** zeigt, wie man bei der Eckperspektive eines Raumes unter Umständen auch die dritte Wand für die Farbgebung sichtbar machen könnte. Alle Einrichtungen und Gegenstände wurden auch hier mit eiligen Freihandstrichen eingezeichnet.

Die Perspektive einer Außenarchitektur sollte man in die Landschaft stellen. Mit verschiedenen Strich- und Formarten, die natürlich bei einer Darstellung nicht wechseln dürfen, lassen sich zum Beispiel Vorder- und Hintergrund, Pflanzen, Bäume und Himmel mehr oder weniger naturnah oder nur symbolhaft abbilden. Zu viel Umgebung würde allerdings unser zweckgerichtetes Anliegen stören.

Diese letzten Bildbeispiele machen deutlich, daß die Perspektive die Grundlage für ein richtiges Freihandzeichnen bildet. Wer perspektivische Konstruktionen beherrscht, kann mit dem Bleistift »fotografieren«. Versuchen wir einmal, durch kleine Zeichen Leben in unsere kahlen Konstruktionen hineinzubringen.

197 Perspektiven ausgestalten, IV △ **198 Perspektiven ausgestalten, V ▽**

Der Zeichenbedarf-Handel bietet Papiere mit blauen Rasterlinien für die Zentralperspektive mit einem Fluchtpunkt (Frontperspektive) und für die Eckperspektive mit zwei Fluchtorten an (siehe Anmerkungen hierzu auf den Seiten 100 und 118). Maler können diese praktischen Hilfen nutzen. Sie eignen sich natürlich nicht für vollendete Schaubilder, wohl aber für Vorentwürfe und Skizzen. Hier braucht der Rasterdruck nicht zu stören. Auf solchen Papieren läßt sich leicht und schnell eine verblüffende Gesamtschau zur Verständigung mit dem Auftraggeber erzielen. Vor allem eignen sich solche Papiere für komplizierte Einzelobjekte wie Fahrzeuge, Maschinen und Möbel, aber auch zum Abbilden ganzer Straßenfluchten und weitläufiger Anlagen. Eine zusätzliche gestalterische Möglichkeit böte sich dem entwerfenden Maler, wenn er in solchen Fluchtpunktnetzen mit Raumgebilden phantasievoll spielen wollte **(199)** – beachte auch Abbildung **(180)**! Dort haben wir Flächen in Fluchtpunktlinien vielgestaltig eingeflochten.

199 »Phantasia« – eine Gitternetzstadt

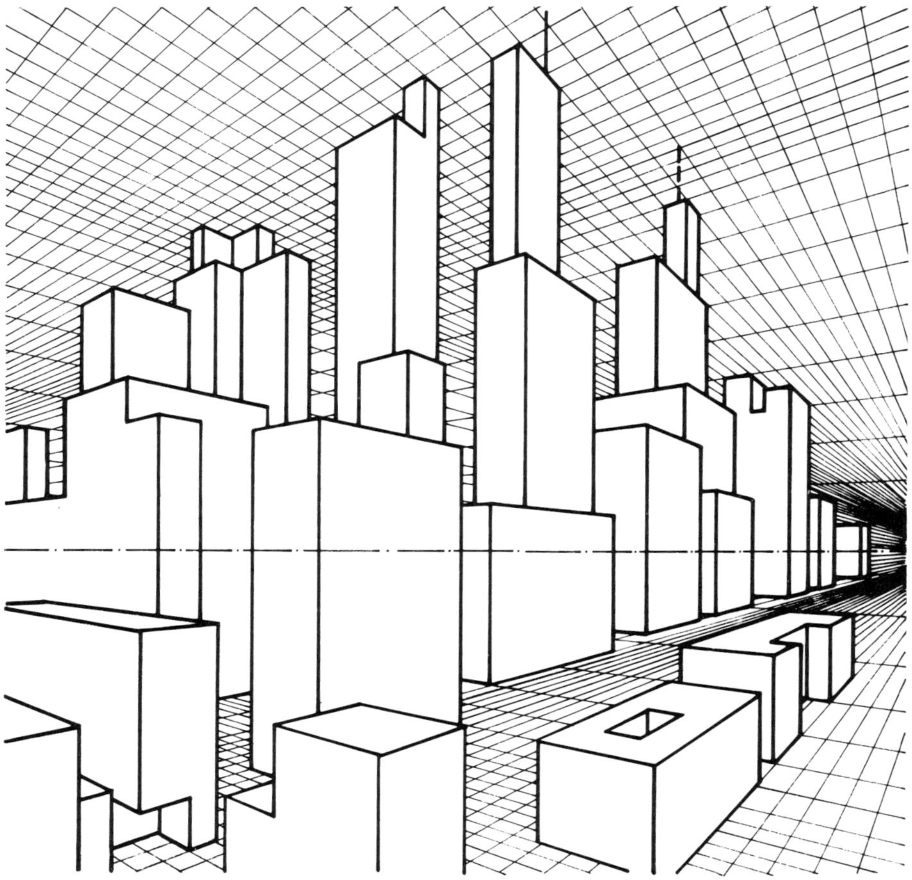

GRAPHISCHE EFFEKTE

Diese Mittel benutzt der Bauzeichner und Architekt, um seine Abwicklungen, isometrische bzw. dimetrische Projektionen oder aber Schaubilder in Perspektive lebendiger wirken zu lassen. Mit skizzierten Freihandzeichen kann er Gebäude in ihre natürliche Umwelt setzen. Auf gleiche Weise versucht er, Räume anschaulicher wirken zu lassen. Was der technische Zeichner des Architekten nutzt, sollte der Maler für seine farbigen Arbeiten erst recht verwerten.

Beim Einfügen graphischer Effekte in Zeichnungen ist folgendes zu beachten: es darf nichts überladen und verziert werden. Wenige Zeichen sind wirkungsvoller. Die Klarheit und Sachlichkeit der eigentlichen Arbeit dürfen nicht beeinträchtigt werden. Graphische Details sollen möglichst skizzenhafte Gebilde sein. Naturalistische Bilder verfehlen ihren Zweck. Die Größe solcher Zeichen, seien es Bäume, Menschen oder Möbel, muß dem Maßstab der Zeichnung entsprechen. Bei Perspektiven ist auf ihre räumlich richtige Plazierung im Vorder-, Mittel- und Hintergrund zu achten. Bei farbigen Arbeiten lassen sich graphische Effekte mit Blei- bzw. Farbstiften oder mit anderem passenden Zeichengerät auch nachträglich über die fertigen Farbflächen zeichnen. Man könnte zum Beispiel bei einem farbigen Schaubild von Gebäuden die Fläche des Himmels gleichmäßig graublau anlegen und nach dem Trocknen der Farbe mit einem blauen Stift die Bewegung einer Wolkenformation hineinbringen **(200.1)**. So kann man auch Bäume nachträglich über mit grüner Farbe zugelegtem Gelände in stilisierten Umrissen zeichnen.

Abbildung **(200.3)** zeigt Anregungen für solche graphischen Details. Man kann vielgestaltige Bildzeichen nach den Objekten der Natur oder nach fotografischen Aufnahmen entwerfen, indem man alles Unwesentliche fortläßt, um bis zu einem mehr oder weniger stark stilisierten Zeichen zu gelangen. Mit ganz einfachen Linien können Himmel und Schornsteinrauch angedeutet werden **(200.1)**. Die Abbildungen **(200.2–5)** zeigen Bäume von fast natürlicher Gestalt. Anregungen für Gras, Platten und niederen Bewuchs finden sich in Abbildung **(200.6)**. Der Mensch, der bei Architekturdarstellungen nicht fehlen darf, ist am schwersten abzubilden. Abbildung **(201.2)** zeigt, wie man aus geometrischen Figuren die Gestalt des Menschen entwickeln kann. Die Abbildungen **(201.3, 201.4)** zeigen einige Vorschläge für Innendetails.

Wer solche graphischen Effekte nicht selbst entwerfen möchte, dem helfen die einwandfrei gestalteten Anreibefolien und Anreibekarten des Handels (siehe Kapitel »Der Zeichenbedarf«, Seite 12ff. und Abb. **(151)**.

1

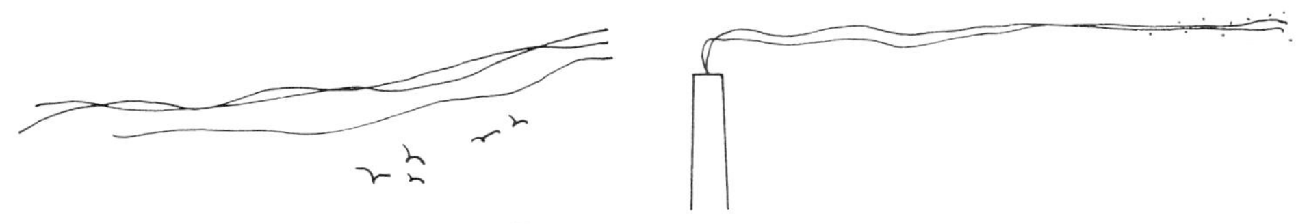

2

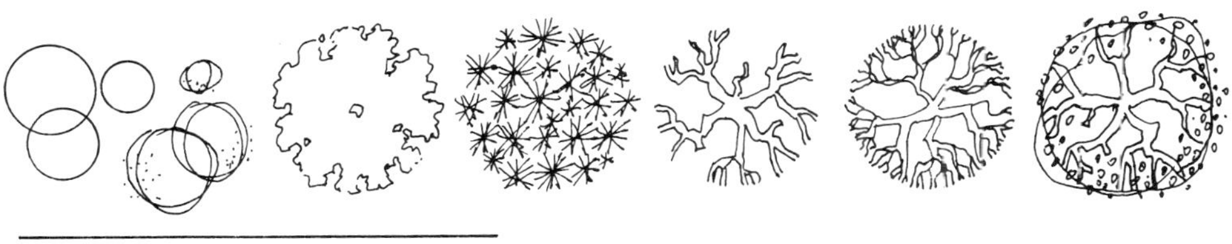

3

4

5

6

200 Graphische Effekte, I

1

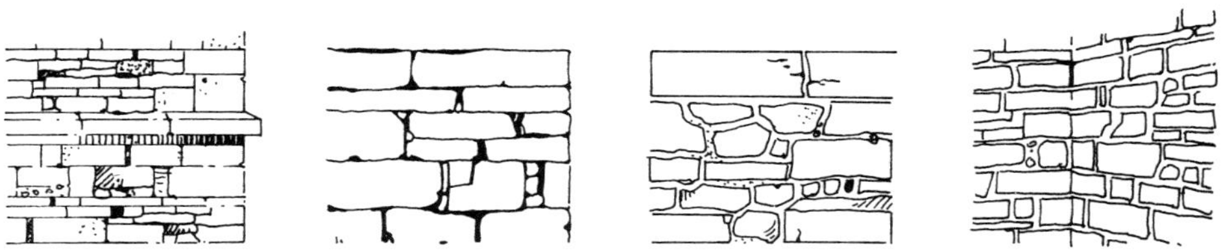

2

3

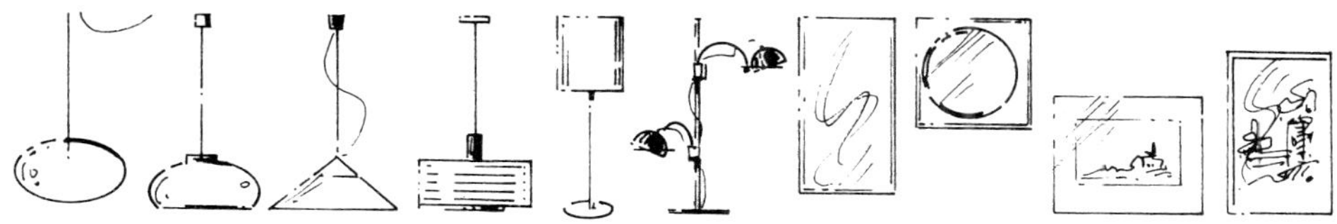

4

201 Graphische Effekte, II

DER GOLDENE SCHNITT

Wir haben nun nach Durcharbeit der einzelnen Kapitel das technische Rüstzeug für das Zeichnen mit Lineal und Zirkel erlernt, so daß wir alle im Malerhandwerk vorkommenden Konstruktionsdarstellungen bewältigen können. Unsere Zeichenarbeit soll aber nicht nur technisch vollkommen sein, sondern muß sie darüber hinaus auch nach ästhetischen Gesichtspunkten gestaltet werden.
Abmessungen, Flächen und Körper müssen gut gegliedert sein und in schönen Verhältnissen zueinander stehen. Das Ornament, die Schrift und jede Architektur verlangen das wohlgestaltete Maß. Harmonische Proportionen, die wir einfach schön nennen, unterliegen ebenfalls bestimmten mathematischen Gesetzen. Dadurch kann auch das Ästhetische meßbar, berechenbar und konstruktionsfähig werden. Das wichtigste Grundgesetz hierfür ist die mathematische Formel vom Goldenen Schnitt. Was die Natur in vollkommener Gestalt hervorbringt, unterliegt dieser göttlichen Regel. Darum unterwirft sich auch der Handwerker bewußt, meist aber unbewußt, dieser Maßordnung.
Die Natur ist sein Vorbild, sein großer Lehrmeister. Dem Quadrat und dem Kreis, dem ausgewogenen Rechteck, dem gleichseitigen Dreieck, dem Sechseck, meist aber dem Sternfünfeck folgen die biologischen Baupläne **(202)**. Selbst die Wachstumsperioden, zum Beispiel bei den Pflanzen, setzen sich in naturgegebenen Proportionen fort **(203)**.

202 Baupläne der Natur, I

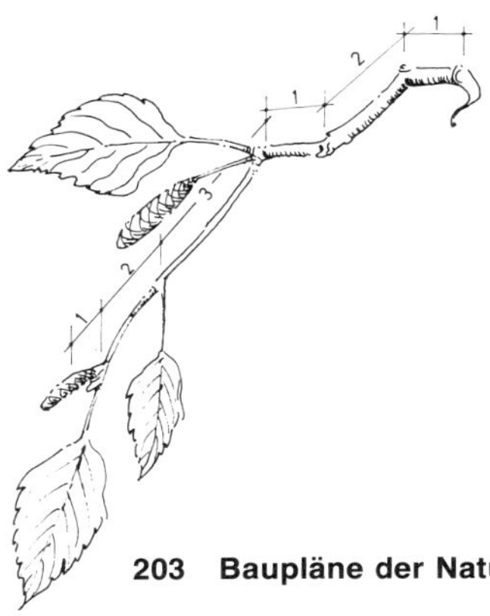

203 Baupläne der Natur, II

Der Mensch ist für alles, was er baut und mit seiner Hand bildet, das Maß seiner Dinge **(204)**. Auch seine Gestalt weist bis in die kleinsten Gliederungen fortgesetzt die harmonische Teilung im Verhältnis des Goldenen Schnitts auf **(205)**. Sein Nabel bildet hierbei den Richtpunkt. Nur wenn der Arm erhoben wird, liegt er in der Körpermitte. Sonst teilt der Nabel die Standachse so, daß die Entfernung Fußsohlen-Nabel größer ist als der Abstand vom Nabel bis zum Scheitel. Das Verhältnis dieser beiden Abmessungen liegt genau im Goldenen Schnitt, wie es die Konstruktion in Abbildung **(206)** ergibt.
In der vorliegenden Abhandlung kann nicht ausführlich auf die allumfassende Wirkung dieses Naturgesetzes eingegangen werden. Einige bedeutsame Punkte seien hier angeführt:

Das völlige Gleichmaß, die restlose Symmetrie ist bei jeder Gestaltung langweilig und ohne jede Spannung. Das Kontrastlose empfinden wir als widernatürlich, uninteressant und nicht schön. Das rechte Maß einer Teilung ist nicht die Mitte, sondern ein benachbarter Punkt rechts oder links neben dieser Mitte (s. **206**). Das ausgewogene Rechteck erhält seine Seiten nach dieser Teilung (s. **207**). Am häßlichsten ist ein Vieleck mit beinahe gleichen Seiten. Es wäre weder ein Quadrat noch ein wirkliches Rechteck. Der Teilpunkt, der das vollkommene Maß bestimmt, läßt sich konstruieren. Abbildung **(206)** zeigt die Konstruktion, bei der die Strecke AB im Verhältnis des Goldenen Schnitts geteilt werden soll. Im Punkt A errichten wir die Senkrechte. Um A wird mit $\frac{AB}{2}$ als Radius der Kreis geschlagen, der die Senkrechte über A im Punkt C schneidet. C verbinden wir mit dem Punkt B der zu teilenden Strecke. Um C wird der Kreis mit AC als Radius geschlagen. Er schneidet die Strecke BC im Punkt D. Der dritte und letzte Kreisbogen wird mit BD als Radius um B geschlagen. Sein Schnittpunkt G auf der Strecke AB heißt der Goldene Schnitt. Der große Abschnitt wird major (ma), der kleine Abschnitt minor (mi) genannt. Es verhalten sich der minor zum major wie der major zur ganzen Strecke AB. In Ziffern ausgedrückt entsteht folgende Zahlenkette:

2 : 3 = 3 : 5
3 : 5 = 5 : 8
5 : 8 = 8 : 13
8 : 13 = 13 : 21
13 : 21 = 21 : 34
21 : 34 = 34 : 55
2 : 3 / 3 : 5 / 5 : 8 / 8 : 13 / 13 : 21 / 21 : 34 / 34 : 55 / ...

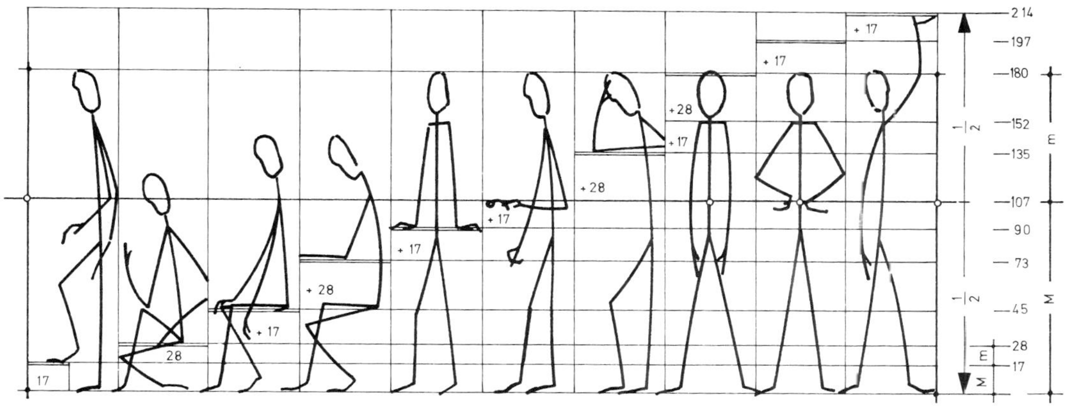

204 Der Mensch, das Maß aller Dinge

Diese Zahlenreihe (Lamésche Reihe) entspricht nicht völlig genau den Werten, wie sie uns die Konstruktion liefert. Je höher wir das Zahlenverhältnis wählen, um so näher kommt es dem Ergebnis der genauen Konstruktion. Wenn der Maler Flächen aufteilt oder mit Formelementen schmückt, genügt ihm für das ausgewogene Gliedern und Ordnen nach der Regel des Goldenen Schnitts das Maßverhältnis 8 : 13.

Flächenaufteilungen ließen sich reizvoll entwickeln, wenn man auf Millimeter-Papier oder auf Bögen mit 5-Millimeter-Karos Quadratflächen durch fortgesetzte senkrechte und waagerechte Teilung in den Verhältnissen der Zahlenreihe gliedern würde. Man käme zu unerschöpflichen Lösungen, die sich für die verschiedensten Gestaltungsbereiche der Praxis nutzen ließen (s. **208**).

Abbildung **(206)** zeigt die mathematisch genaue Konstruktion. Für den Gestalter gibt es eine einprägsame Schnellkonstruktion mit erstaunlich angenähertem Teilungsergebnis **(209.1)**. Die Strecke AB wird in M_I halbiert. Das Hälftenhalbieren ist zweimal über M_{II} bis M_{III} fortzusetzen. M_{III} ergibt den gesuchten Goldenen Schnitt.

Abbildung **(209.2)** ermöglicht eine ästhetisch ansprechende Konstruktion für die »Goldene Zweiteilung« in G_I und G_{II} (s. **211**). Diese schöne Zirkelarbeit kann zur Konstruktion der »Goldenen Ellipse«, deren Achsen sich harmonisch verhalten, weitergeführt werden **(209.3)**. Vergleiche mit Abbildung **(63.1)**.

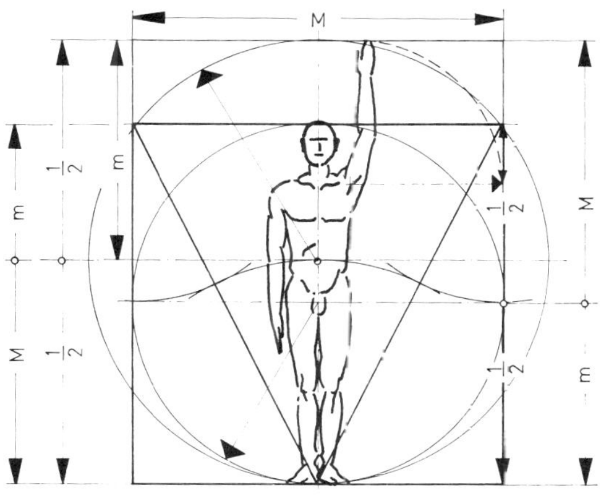

205 Der Bauplan des Menschen

206 Konstruktion des Goldenen Schnitts

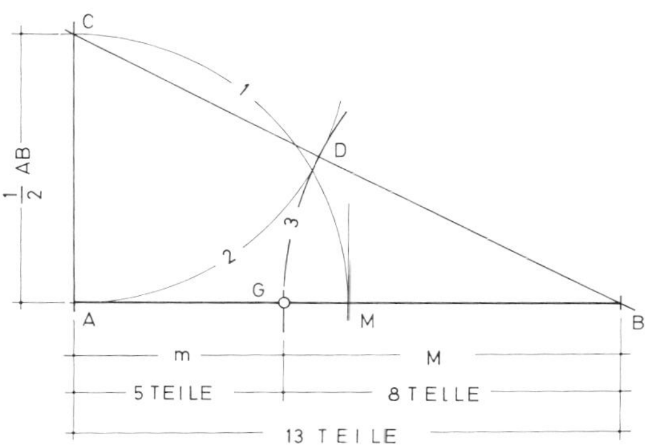

Die Konstruktion **(209.1)** bildet die Grundlage für eine schnelle rechnerische Teilung jeder beliebigen Strecke. Sie ist hier am Beispiel für die Strecke AB = 1 Meter vorgeführt:

1000 mm : 2 =	500 mm : 2 =	250 mm : 2 =	125 mm
	+ 125 mm	+ 125 mm	
	ma = 625 mm	mi = 375 mm	

Wie ausreichend genau die beiden Konstruktionen **(209.1, 209.2)** für die Arbeit des Malers sind, beweist die Gegenüberstellung (Tabelle VII) am Beispiel der Strecke AB = 24 cm:

Tabelle VII

	mathematisch	angenähert	Differenz
ma =	148,3272 mm	150,00 mm =	0,8364 mm
mi +	91,6728 mm	90,00 mm =	0,8364 mm
AB +	240,0000 mm =	240,00 mm =	1,6728 mm

Die Konstruktion des Sternfünfecks – es verkörpert einen der Hauptbaupläne der Natur – steht in allen Teilen zueinander in den Proportionen des Goldenen Schnitts **(210,** vgl. **64)**. Dieses Geheimnis faszinierte die Menschheit seit frühen Zeiten derart, daß man diesem fünfzackigen Stern mächtige Zauberkraft zutraute. So wurde er zum Beispiel im Mittelalter und später als »Drudenfuß« zum Bann gegen alles Böse in die Haustürschwellen gebrannt oder geschnitten.

Es soll nochmals erwähnt werden, daß jede Strecke zwei harmonische Teilungen hat, so daß alle Teile zueinander im Verhältnis des Goldenen Schnitts stehen **(211.1)**.

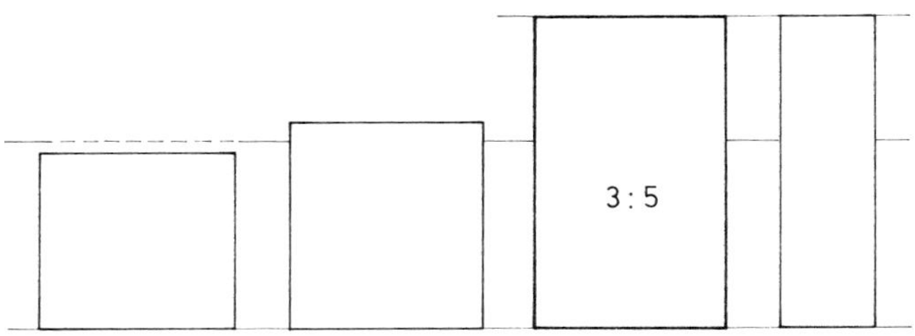

207 Die ausgewogene Fläche

208 Ornamentale Teilungen

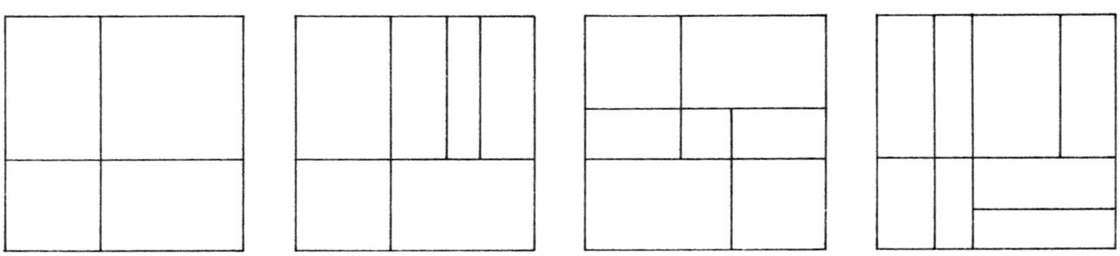

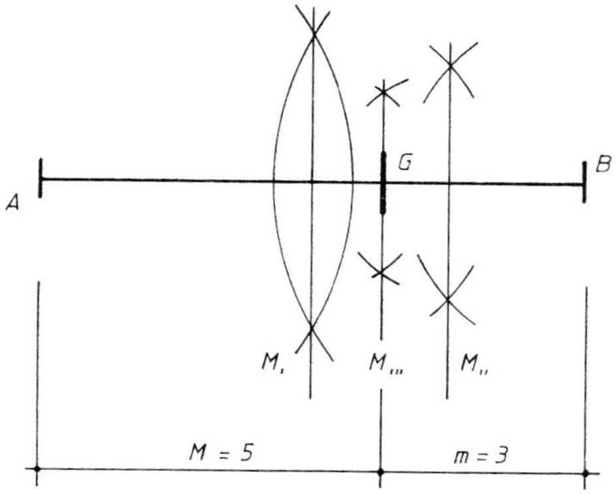

1

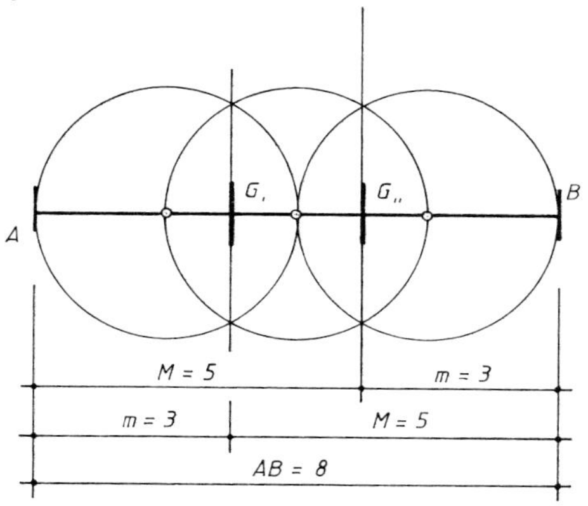

2

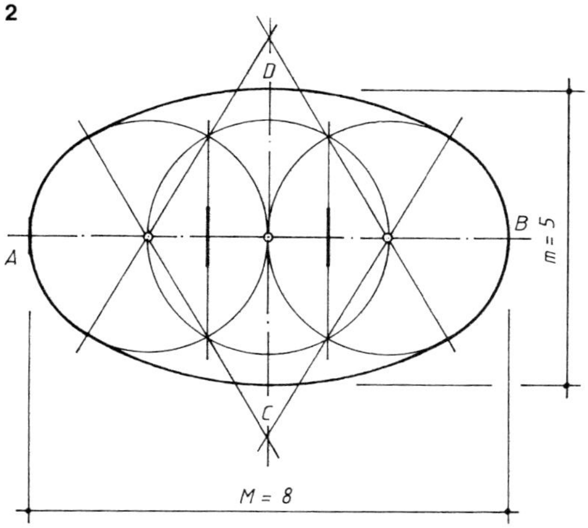

3

209 GS-Konstruktionen für Gestalter

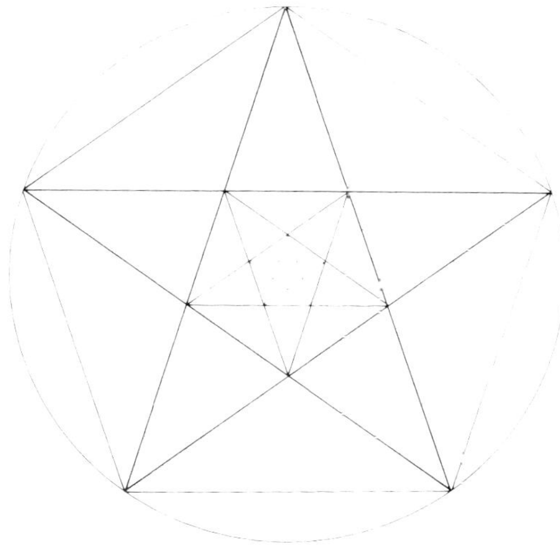

210 Das Sternfünfeck

Die »Goldene Reihe« **(211.2)** erhält man, wenn die Strecke AB über B hinaus mit sich selbst bis A_I verlängert wird. Ihre Teilungen C und D werden zur Kette gereiht, so daß ihre Folge harmonisch proportioniert ist. Diese Reihung ließe sich bis ins Unendliche fortführen. Mit der Goldenen Reihe können Maler wie auch Konstrukteure ausgewogene Gestaltungen finden.

Zum Messen und Überprüfen dieses ewig schönen Teilungsprinzips an bereits erstellten Zeichnungen, aber auch zum schnellen Auffinden dieser Teilungsverhältnisse, ohne dabei rechnen oder gar konstruieren zu müssen, kann sich der Zeichner einen Goldenen-Schnitt-Zirkel, wie er in Abbildung **(212)** zu sehen ist, herstellen.

Zwei flache Leisten werden scherenförmig in einem Drehpunkt verbunden, der dort liegt, wo die gesamte Leistenlänge im Goldenen Schnitt geteilt werden kann. Mit diesem Zirkel lassen sich Strecken abgreifen, wobei die lange Schenkelseite den major und die gegenüberliegende kurze Seite gleichzeitig den dazugehörigen minor anzeigt. Wer dieses Naturgesetz gründlich durchforscht, wird bald erkennen, daß selbst wesentliche Bereiche der bildenden Kunst und der gute Geschmack meßbar und konstruierbar sind. Es ist anzuraten, dieses interessante Harmoniegesetz und seine Anwendung in der reichhaltigen Fachliteratur zu studieren.

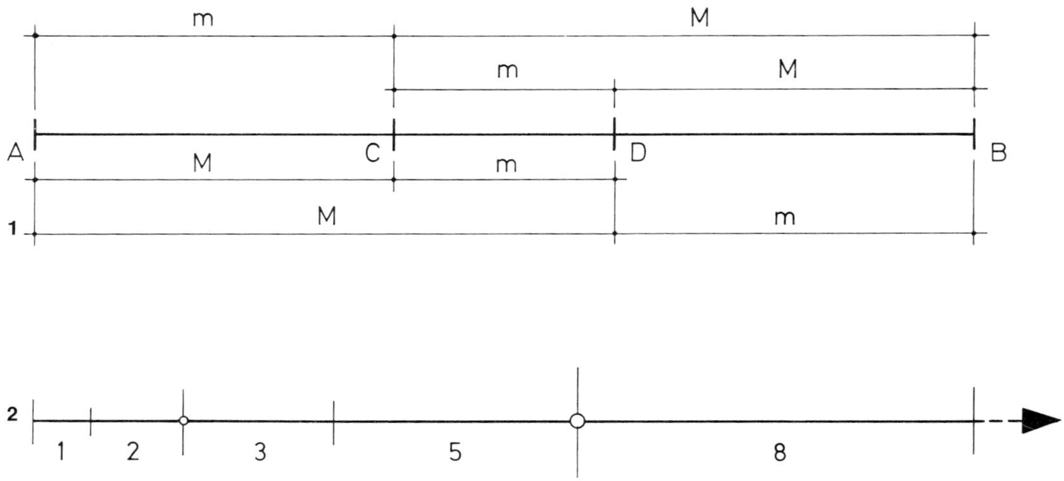

211 Die Goldene Zweiteilung – die Goldene Reihe

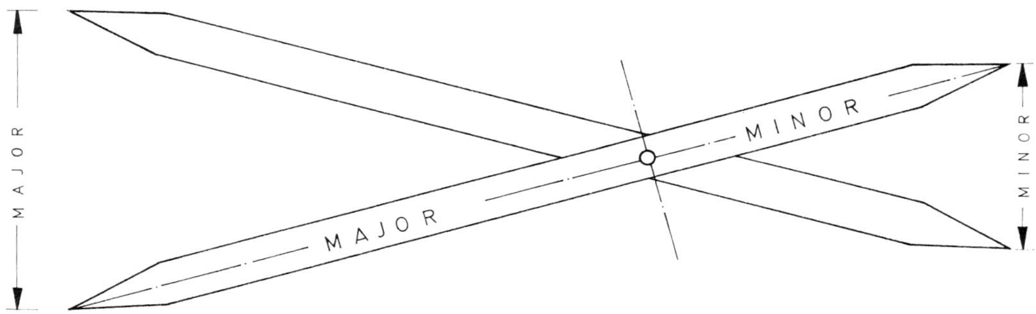

212 Der Goldene-Schnitt-Zirkel

DAS ZEICHENGERÄT ALS AUSDRUCKSMITTEL

Zeichengerät gestattet auch dem technischen Zeichner unzählige Gestaltungsmöglichkeiten (siehe auch das Kapitel über den Zeichenbedarf, S. 12 ff.). So ist zum Beispiel bei jeder Zeichenarbeit der richtig gewählte Härtegrad (es gibt eine 18teilige Härteskala vom hauchzarten Grauton bis zum tiefschwarzen tuscheähnlichen Kernschatten) eines Bleistiftes für den genormten Zweck und für die gestalterische Absicht von ausschlaggebender Bedeutung. Mit gut gespitzten Bleistiften, rationeller noch mit Dünnminenstiften, erreicht man einen hohen Grad von Anschaulichkeit. Bei Grund- und Aufrissen, Bemaßungen, Skizzen jeder Art und graphischen Darstellungen dient der Farbstift zum Hervorheben wichtiger Elemente und Funktionen, außerdem der Gliederung und Übersicht. Farbstifte eignen sich für Schraffuren. Sie schmücken und beleben räumliche Darstellungen. Keine zu starke Buntheit!

Sichere Linien lassen sich mit Kugelschreiberminen, die in verschiedenen Farben, auch im Bleistiftton erhältlich sind, erzielen. Feinste Haarstriche ergibt besonders die Dünnmine, wie sie für Vierfarbstifte gebraucht wird. Für den Anfänger ist der Kugler ein sicheres Zeichengerät, das noch nicht die lokkere Hand erfordert und nicht klecksen kann. Da die Linien sofort trocknen, kann zügig durchgearbeitet werden. Saubere Striche werden allerdings nur erreicht, wenn die Kugel vor jedem Strichansatz über ein Leinenläppchen gewischt wird. Als Zeichenunterlage eignet sich am besten eine Glas- oder Kunststoffplatte.

Die neuartigen Filz- oder Dochtschreiber verschiedener Systeme, schwarz oder farbig, sind auch für den wenig Geübten ein willkommener Zeichenstift mit vielgestaltigen Möglichkeiten. Sie gestatten Linealarbeit, aber auch schwungvolle Freihandlinien, da sich bereits bei leichtester Handführung Strichspuren ergeben. Je nach Schräghaltung und Druck erhält man unterschiedliche Strichstärken mit einem einzigen Werkzeug.

Für den geübten Zeichner ist die mit Tusche oder farbiger Tinte gefüllte spitze Zeichenfeder das ideale Gerät. Mit ihr lassen sich schwungvolle bewegte Freihandlinien ziehen. Auch der Anfänger sollte mit dieser Feder, die auf die leiseste Regung der Hand und sogar auf Temperament und Stimmung des Zeichners reagiert, üben.

Mit all diesen Werkzeugen muß man sich gut vertraut machen. Man kann mit ihnen auch über die Farbflächen fertiger Skizzen und Schaubilder zeichnen. Bei Perspektiven können nachträgliche Liniengerüste und Konturen die Bildwirkung steigern. Mit Bleistiftstrichen, die nicht zu sehr glänzen dürfen, und besonders mit passenden Farbstiften können auf den Farbflächen Schattenwirkungen, die die Plastizität steigern, erreicht werden. Mit Tusche, deren Schwärze auch zu hart wäre, kann nicht über Tempera gezogen werden. Sie würde abplatzen.

Die Ziehfeder aus dem Zirkelkasten arbeitet mit allen Temperatönen, sogar mit Deckweiß, wenn die Farbe auf Tuschekonsistenz verdünnt wird.

Maler werden dem Drang zum farbigen Zeichnen stärker folgen als der professionelle technische Zeichner. Das ist vorteilhaft, denn Farbe stärkt die Wirkung und die Information der Zeichnung. So kann es sogar vorkommen, daß die Grenze zwischen technischer Zeichnung und graphischer Kunst nicht sichtbar wird.

Die modernen »Art Marker«, wie sie Designer und Graphiker, aber auch Techniker nutzen, ermöglichen die eigene Kreation für schnelle Farbentwürfe, kunstvolle Schaubilder und informative Farbpläne. Es darf aber nicht unerwähnt bleiben, daß sogar in die Ingenieurszeichnung zum Kenntlichmachen von Bedeutungen und Funktionen genormte Farbtöne eingesetzt werden müssen. Hierzu dienen neben den praktischen Markern zusätzlich die transparenten Farbfolien zum Anreiben, auch die deckenden Farbpapiere zum Aufkleben.

Abbildung **(213)** weist abschließend nochmals darauf hin, daß jede technische Konstruktion für sämtliche Bereiche der Entwurfs- und Zeichenarbeit des Malers beherrscht werden muß. Das gilt für die Schrift, für Embleme und Wappen für Ornamente und Schmuckformen und für geometrische Flächenaufteilungen.

213 Konstruktion als Gestaltungsgrundlage

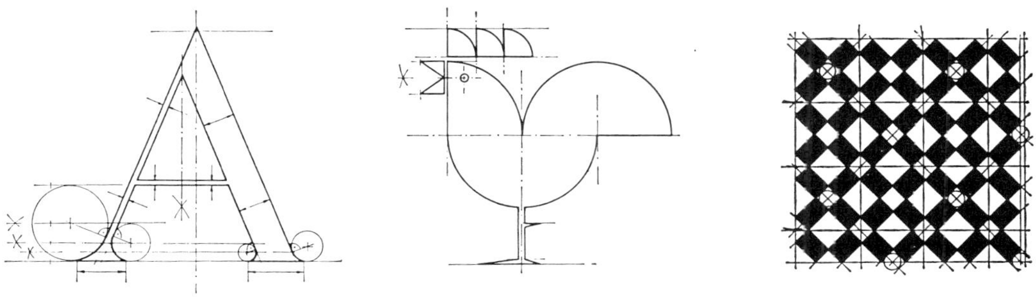

LITERATUR

DIN-Normenblätter Deutsches Institut für Normung e. V., Berlin und Köln

Dahmlos, Heinrich-Jürgen u. *Witte, Dr. Karl-Hermann* »Bauzeichnen«, Hannover 1981[13]

Sommer, Carl »Technisches Zeichnen in allgemeinbildenden Schulen«, rotring Zeichenschule, rotring-werke, Riepe KG, Hamburg

Heine, Hugo »Der technische Zeichenbedarf«, rotring-werke, Riepe KG, Hamburg

Lange, Ulrich »Technisches Zeichnen im Technikunterricht«, Bad Heilbrunn/Obb.

Lange, Ulrich »rotring Zeichenschulen«, Nr. 1 u. 2, 8/80 u. 2/81 und Mappe 1, 4, 5, rotring-werke, Riepe KG, Hamburg

Lange, Ulrich »Die neue Normschrift, vertikal«; »Die neue Normschrift, kursiv«, aus der rotring Zeichenschule, rotring-werke, Riepe KG, Hamburg

Peters, Hugo »Äugel und der eingebildete Raum«, Ravensburg 1964

Peters, Hugo »Zeichnen«, Fachzeitschrift für alle Bereiche des technischen Zeichnens

Hagenmaier, Otto »Der Goldene Schnitt«, Gräfelfing 1984[5]

Alle Zeichnungen in diesem Buch wurden vom Verfasser angefertigt.